汽车商务礼仪

主　编　黄　锋
副主编　倪　聪　彭菊生　何浩瀛

北京理工大学出版社
BEIJING INSTITUTE OF TECHNOLOGY PRESS

内 容 简 介

本书以"汽车销售顾问"这一具体工作岗位为导向，课程内容的难易程度按照从简到难的顺序排列并体现了学生从毕业到入职成为一名合格的汽车销售顾问的过程。本书涉及内容包括仪容、仪表、仪态等销售顾问常用的礼仪标准。在汽车营销活动中，汽车销售顾问的个人礼仪代表着汽车4S店的形象，因此提高其礼仪素养刻不容缓。本书特意在章节后面加入课堂实训环节，让学生能够更好地掌握礼仪规范。

版权专有　侵权必究

图书在版编目(CIP)数据

汽车商务礼仪 / 黄锋主编. -- 北京：北京理工大学出版社，2020.8(2024.7重印)
ISBN 978-7-5682-8959-7

Ⅰ. ①汽… Ⅱ. ①黄… Ⅲ. ①汽车-商业服务-礼仪 Ⅳ. ①F766

中国版本图书馆CIP数据核字(2020)第159780号

责任编辑：钟　博	文案编辑：毛慧佳
责任校对：刘亚男	责任印制：李志强

出版发行 / 北京理工大学出版社有限责任公司
社　　址 / 北京市丰台区四合庄路6号
邮　　编 / 100070
电　　话 / (010)68914026（教材售后服务热线）
　　　　　(010)68944437（课件资源服务热线）
网　　址 / http://www.bitpress.com.cn
版 印 次 / 2024年7月第1版第3次印刷
印　　刷 / 北京虎彩文化传播有限公司
开　　本 / 787 mm×1092 mm　1/16
印　　张 / 12
字　　数 / 282千字
定　　价 / 38.00元

图书出现印装质量问题，请拨打售后服务热线，负责调换

前　言

在中国五千年的文明发展过程中，礼仪文化扮演了重要的角色。现在，人们的生活、工作等都离不开交际，而成功的交际则离不开礼仪。良好的礼仪可以赢得陌生人的好感、朋友的关心和同事的尊重。良好的礼仪不仅代表了个人形象，也代表了企业形象。在汽车营销活动中，汽车销售顾问的个人礼仪代表着汽车4S店的形象，因此提高其礼仪素养刻不容缓。

本书的显著特征是简明易懂，即学生能很容易地理解和接受书中相关的知识理论。本书在编写的过程中，特意在每章后面增加了课堂实训环节，让学生通过实践将礼仪知识内化为自己的行为规范。

本书力求体现以下特点：

（1）进行"互联网+"教学：本书为浙江省精品在线开放课程立项课程"汽车职业形象"配套教材，学生可以登录网站，搜索课程，进行线上学习。

（2）贴合汽车行业：本书以"汽车销售顾问"这一具体工作岗位为导向，内容按照从易到难的顺序排列，展现了学生从毕业到面试成功，再到入职成为一名合格的汽车销售顾问的过程。

本书由湖州职业技术学院黄锋担任主编，湖州交通技师学校倪聪、湖州职业技术学院彭菊生、浙江工贸职业技术学院何浩瀛担任副主编。本书的具体编写分工如下：黄锋编写第一章、第二章、第三章、第五章、第八章，倪聪编写第四章、第六章、第七章，彭菊生编写第九章，何浩瀛制作配套微课视频并参与第一章的编写。

在本书编写的过程中，编者参阅了大量的参考文献、教材和网络资料，在此对相关作者表示感谢。

由于编者水平有限，书中难免有不足之处，敬请广大读者指正。

编　者

目录

第一章 绪论

第一节　礼仪概述 / 001
第二节　礼仪的原则和作用 / 004
第三节　商务礼仪在汽车行业的应用 / 006

第二章 面试礼仪

第一节　面试前礼仪准备阶段 / 011
第二节　面试礼仪 / 015
第三节　面试后续礼仪 / 018

第三章 汽车销售顾问仪容礼仪

第一节　基础仪容 / 021
第二节　妆容礼仪 / 034

第四章 汽车销售顾问仪表礼仪

第一节　基础礼仪 / 041
第二节　男性汽车销售顾问仪表规范 / 043
第三节　女性汽车销售顾问仪表规范 / 064

第五章 汽车销售顾问仪态礼仪

第一节　走姿礼仪 / 076
第二节　坐姿礼仪 / 077
第三节　站姿礼仪 / 078

第四节 蹲姿礼仪 / 082
第五节 手势礼仪 / 083
第六节 表情礼仪 / 085

第六章 汽车销售顾问见面礼仪

第一节 见面礼仪的基本内容 / 092
第二节 见面礼仪的重要内容 / 095
第三节 名片礼仪 / 116

第七章 汽车销售顾问接待礼仪

第一节 基础接待礼仪 / 127
第二节 接待常用礼仪 / 131

第八章 汽车销售顾问电话礼仪

第一节 电话礼仪 / 144
第二节 接打电话的具体礼仪 / 149
第三节 手机使用礼仪 / 158

第九章 汽车销售顾问沟通礼仪

第一节 基本语言礼仪 / 164
第二节 有效选择话题 / 168
第三节 销售沟通技巧 / 172

参考文献 / 180

第一章

绪 论

学习目标

（1）了解礼仪的起源及发展历程。
（2）熟悉礼仪的原则和作用。
（3）掌握商务礼仪在汽车行业的应用。

案例引导

《林肯传》中有这样一个故事：一天，林肯总统与一位南方的绅士乘坐马车外出，途遇一个老年黑人深深地向他鞠躬。林肯向老年黑人点头微笑并摘帽还礼。同行的绅士问道："为什么你要向黑鬼摘帽？"林肯回答说："因为我不愿意在礼貌上不如别人。"可见，林肯深受美国人民的爱戴是有原因的。1982年，美国举行了一次民意测验，要求人们在40位历届美国总统中选出一位"最佳总统"。在这次民意测验中，林肯名列前茅。

思考：林肯向老年黑人脱帽行礼说明了什么？

第一节 礼仪概述

礼仪是人们在生活和社会交往中约定俗成的规范。人们可以根据各种礼仪规范，正确把握人际交往尺度，合理地处理好人与人之间的关系。如果没有这些礼仪规范，那么人们在交往中往往会感到手足无措，乃至失礼而闹出笑话，因此，熟悉和掌握礼仪，就可以触类旁通，待人接物恰到好处。

一、礼仪的起源

礼仪作为人际交往的重要行为规范，既不是随意臆造的，也不是可有可无的。了解礼仪的起源，有利于人们认识礼仪的本质并自觉按照礼仪规范的要求进行社交活动。礼仪的起源可以大致归纳为以下几种。

1. 起源于祭祀

东汉许慎的《说文解字》中对"礼"字的解释是这样的："履也，所以事神致福也，从示从豊，豊亦声。"意思是实践约定的事情是用来给神灵看的，以求得赐福。"礼"字是会意字，"示"指神从中可以分析出，"礼"字与古代祭祀神灵的仪式有关。古时，祭祀活动不是随意进行的，而是严格按照一定的程序和方式进行的。古代祭祀礼仪如图1-1所示。郭沫若在《十批判书》中指出："礼之起，起于祀神，其后扩展而为人，更其后而为吉、凶、军、宾、嘉等多种仪制。"

图1-1 古代祭祀礼仪

2. 起源于风俗习惯

人是不能离开社会和群体的。在长期的交往活动中，人们渐渐地产生了一些约定俗成的习惯，久而久之，这些习惯成了人们交往的规范。当这些交往规范以文字的形式被记录并被人们自觉地遵守后，就逐渐成为人们交际的固定礼仪。遵守礼仪，不仅使人们的社会交往活动有序，同时，也能使人们在交往中更具亲和力。1922年，《西方礼仪集萃》一书问世，开篇中这样写道："表面上礼仪有无数的清规戒律，但其根本目的却在于使世界成为一个充满生活乐趣的地方，使人变得平易近人。"

3. 起源于人伦秩序

亚里士多德在其著作《政治学》中提到："从本质上讲，人是一种社会性动物；那些生来离群索居的个体，要么不值得我们关注，要么不是人类。"古代群居在一起的人们为了更好地维护部落内部秩序，逐步积累和自然约定出一系列的"人伦秩序"，这就是最初的"礼"，如"尧舜之时，五礼兼备"中的"五礼"，即父义、母慈、兄友、弟恭、子孝。

二、礼仪的发展

中国历来被称为"礼仪之邦"。中华文明使礼仪文化源远流长，从古代的祭祀礼仪到"五礼"，再到当今社会的商务礼仪，礼仪在中国社会中发挥了极其重要的作用。中国礼仪从形成时间上分为两类：中国古代礼仪和中国现代礼仪。

1. 中国古代礼仪的发展历程

从历史发展的角度来看，中国古代礼仪的发展过程大致可以分为以下四个阶段。

1）古代礼仪的孕育期

古代礼仪起源于夏朝建立之前，当时还处于原始社会时期，国家尚未诞生，原始部落为了更好地维护部落人际关系，制定了相应的准则和规范，如明确血缘关系的婚嫁礼仪、区别部族内部尊卑等级的礼制等。这一时期的礼仪还不具有阶级性。

2）古代礼仪的成形期

古代礼仪成形于奴隶社会时期，主要集中在夏、商、周至两汉时期。这一时期，社会劳动生产力有了较大的提高，剩余产品的出现使一部分人摆脱了繁重的体力劳动，从而为他们专职从事社会管理和文化科学活动提供了可能。奴隶主阶级为了巩固自己的统治地位，召集专人制定了较为完整的礼仪和制度，其中，对历代礼制影响最为深远的有《周礼》《仪礼》和《礼记》，合称"三礼"。《周礼》所记载的"礼"的体系最成系统，既有祭祀、朝觐、封国、巡狩、丧葬等国家大典，也有用鼎制度、乐悬制度、车骑制度、服饰制度、礼玉制度等具体规范，还有关于各种礼器的等级、组合、形制、度数的记载。许多制度仅见于此书中，因此尤其宝贵。

3）古代礼仪的变革期

古代礼仪变革于春秋战国时期，随着周王室权力的衰落，曾经建立起来的礼乐制度也开始崩溃。学术界百家争鸣，以孔子、孟子、荀子为代表的诸子百家对礼教给予了研究和发展。

孔子："不学礼，无以立"。在答复弟子颜渊时，孔子说："克己复礼为仁。""克己"是自觉地约束自己。"复礼"是一切言行要纳于礼。这里强调的是人的道德自觉，人们通过克制自己，达到自觉守礼的境界，即"非礼勿视，非礼勿听，非礼勿言，非礼勿动"。

孟子："尊敬之心，礼也"，即"礼"为对尊长和宾客严肃而有礼貌。

荀子："人无礼则不生，事无礼则不成，国不礼则不宁"，即"礼"是做人的根本目的和最高理想。人若不守礼，则难以生存。

4）古代礼仪的强化期

古代礼仪强化于封建社会时期。这一时期礼仪的特点是"尊君抑臣、尊夫抑妇、尊父抑子、尊神抑人"。礼仪成为统治阶级维护封建社会等级制度的工具，因此，礼仪中处处体现着尊卑之别。以跪拜之礼为例，臣子见皇帝要行三跪九叩大礼；百姓见官员须行跪拜礼；下级官员晋见级别相差较大的上级官员时要行跪拜礼；晚辈拜见长辈时要跪地磕头请安。

在漫长的历史演变过程中，一方面，礼仪起着调节、整合、润滑人际关系的作用；另一方面，又成为阻碍人类思想自由发展的精神枷锁。

2. 中国现代礼仪的发展历程

自从辛亥革命推翻封建制度后，中国古代礼仪受到冲击，礼仪进入了一种自由发展、新旧交替的时代。例如，见面称呼发生了改变，从老爷、大人改为先生、君；人们的服装也发生了改变，由马褂、长袍改为西装、中山装；见面礼仪也发生了改变，由行跪拜礼改为行握手礼等。新文化运动提倡民主和科学，对封建思想进行抨击，符合当时时代新的礼仪标准和价值观念，因此得到传播和推广。

中华人民共和国的成立，奠定了中国现代礼仪的基础。国家成立初期，确立了以平等相处、友好往来、相互帮助、团结友爱为主要原则的具有中国特色的新型社会关系和人际关系。改革开放后，现代礼仪进入了蓬勃发展时期，各行各业都掀起了学习礼仪的热潮，随之诞生了一批优秀的礼仪教材。广阔的中华大地再度兴起礼仪文化的热潮。随着改革开放的深入，中国与世界各国之间的经济文化交流越来越频繁，中国现代礼仪与国际礼仪接轨，形成了符合国际通行原则的礼仪规范。

第二节 礼仪的原则和作用

一、礼仪的原则

在商务活动中，商务人员要做到灵活应用礼仪，熟练掌握礼仪中具有普遍性、共同性、指导性的规律。若掌握并遵守了商务礼仪原则，则人们在人际交往、商务活动中就有可能成为待人诚恳、彬彬有礼的人，并受到他人的尊重。商务礼仪的具体原则包括以下内容。

1. 尊重原则

礼仪的本质就是反映对他人的尊重。尊重是礼仪的情感基础。在现实社会中，人与人的地位是平等的。尊重长辈和关心客户，说明一个人具有良好的个人素质。"敬人者恒敬之，爱人者恒爱之""人敬我一尺，我敬人一丈"。"礼"的良性循环就是借助这样的机制而生生不息。当然，礼待他人也是一种自重，不应以伪善取悦他人，更不可以富贵骄人。与此同时，还应做到入乡随俗，尊重他人的喜好与禁忌。总之，对他人尊敬和友善，是商务活动中处理人际关系的一项重要原则。

2. 自律原则

毕达哥拉斯说："不能约束自己的人不能称他为自由的人。"商务礼仪即指人们在商务活动中应当遵循的一系列行为规范。商务人员应当以礼仪规范来约束自己，使自己举止得体、谈吐优雅等。这样才能营造出规范、有秩序的商务活动气氛，使合作双方最终获益。

3. 遵守原则

在商务交往中，每一位参与者都必须自觉、自愿地遵守商务礼仪，若有人因为身份、职位、财富等的差异不遵守商务礼仪，则商务交往就很难成功。这体现了遵守原则的重要性。如果没有遵守原则，那么商务礼仪将很难得到大范围的推广。

4. 平等原则

在商务活动中，平等是礼仪的基本原则，是人与人交往时建立情感的基础，是保持良好人际关系的诀窍。平等在商务交往中具体表现为不能我行我素，不能自以为是，不能厚此薄彼，也不能目中无人，更不能以貌取人，或以职业、地位、权势压人，而应该平等待人。唯有如此，才能结交到更多朋友。

5. 宽容原则

"宽"即宽待，"容"即相容。宽容即心胸坦荡、豁达大度，能设身处地地为他人着想，原谅他人的过错，不计较个人得失，有很强的容纳意识和自控能力。中国传统文化历来重视并提倡宽容的原则，并把"宽以待人"视为为人处世的一种基本准则。从事商务活动，也要求商务人员在人际纷争中保持豁达大度的态度。在商务活动中，出于各自的立场和利益需求，难免出现误解和冲突。只有遵循宽容原则，凡事想开一点，眼光放远一点，善解人意、体谅他人，才能正确对待和处理好各种关系，争取得到更长远的利益。

6. 真诚原则

真诚即真心实意，坦诚相待。商务人员在进行商务活动时应以诚信为本，言行一致，力求树立良好的个人和企业形象。只有恪守真诚原则，着眼未来，才能获得最终的利益。如果商务人员与企业爱惜自身形象与声誉，那么就不应仅追求礼仪外在形式的完美，而更应将其视为商务人员真诚情感的流露与表现。

7. 适度原则

在人际交往中要注意不同情况下的社交距离，即要善于把握沟通时的感情尺度。古话说："君子之交淡如水，小人之交甘如醴。"此话不无道理。在人际交往中，沟通和理解是建立良好人际关系的重要条件，但如果不善于把握沟通时的感情尺度，即人际交往缺乏适度距离，那么结果会适得其反。例如，在一般交往中，既要彬彬有礼，又不能低三下四；既要热情大方，又不能轻浮。所谓适度，就是要注意感情适度、谈吐适度、举止适度。只有这样，才能真正赢得他人的尊重，达到沟通的目的。

8. 从俗原则

在商务活动中，由于国情、民族、文化背景不同，存在"百里不同风，千里不同俗"的局面，因此商务人员在进行商务活动时应从俗。切不可盲目自大，以自我为中心，轻易否定他人，导致商务活动失败或谈判破裂。在商务活动中遵守从俗原则，可以避免引起不必要的麻烦。

对于汽车4S店来说，从配件的采购到车辆的销售，从二手车置换到车辆售后服务，每一个环节都与企业的形象息息相关，因此，如果汽车4S店的每一名员工能够按照商务礼仪的基本原则开展工作，那么对于塑造企业的良好形象和促进车辆的销售将会起到十分重要的作用。

二、礼仪的作用

随着市场经济的深入发展，商务活动日趋增多，礼仪也在其中发挥着越来越大的作用。商务礼仪的作用主要体现在两个方面：一方面，是从个人的角度出发；另一方面，是从企业的角度出发。对于个人而言，掌握一定的商务礼仪有助于塑造个人的良好形象及提高自身修养，并能很有效地改善人际关系，促进社会交往。对于企业而言，掌握一定的商务礼仪不仅可以塑造企业形象，提高客户满意度和企业美誉度，而且能最终达到提升企业经济效益和社会效益的目的。

1. 有利于提高个人礼仪修养，美化形象

个人礼仪修养是指社会个体以个人礼仪的各项具体规定为标准，努力克服自身不良的行为习惯，不断完善自我的行为活动。从根本上讲，个人礼仪修养就是要求人们通过自身的努力，把良好的礼仪规范作为个人的一种自觉自愿的能力行为。

在商务交往中，礼仪不仅反映着一个人的交际技巧和能力，更反映出一个人的气质、风度和教养。一个彬彬有礼、言谈有致的人，将受到人们的尊重和赞扬，而且其本身就是一缕阳光，可以给他人、给社会带来温暖和欢乐。

2. 有利于改善人际关系，促进人际交往

古人认为："世事洞明皆学问，人情练达即文章。"这句话的意思是指人们在社会交往过程中应注重规矩和礼仪。在商务活动中，人们每天都少不了与他人交往，如果不能很好地与他人相处，那么在生活中、事业上就会寸步难行，一事无成。俗话说："礼多人不怪。"加强个人礼仪修养，注重礼仪，能使人们在社会交往中左右逢源，无往不利；使人们在尊敬他人的同时也赢得他人的尊敬，从而使人与人之间的关系更趋融洽；使人们的生活环境更为宽松，交往气氛更加轻松。

3. 有利于提高企业形象与经济效益

现代企业如雨后春笋一样不断地繁衍更新，充满着活力与朝气。随着同行的不断增加，企业间的竞争也相当激烈，竞争出现了全面化趋势，在质量、价格、服务、资源、人才方面都存在竞争，甚至出现企业整体性竞争——企业形象竞争。商务礼仪是企业文化和企业精神的重要内容，是企业形象的主要附着点。商务人员是企业的代表，更是企业的一面镜子，所以商务人员应遵守礼仪规范，为企业树立良好形象。良好的企业形象可以得到广大客户的信赖，拓宽销售渠道；同时，也有利于企业开拓市场，回收资金，提高自身的社会地位，甚至赢得政府的支持。企业形象是企业生存和发展必备的无形资产。

第三节　商务礼仪在汽车行业的应用

随着时代的进步和经济的快速发展，汽车已成为大部分家庭的必备品。各品牌汽车 4S 店在中国迅速发展。汽车 4S 店之间的竞争愈演愈烈。只有不断提高服务水平，汽车 4S 店才能在市场上占有一席之地。汽车 4S 店的竞争已演变为从业人员之间素质的竞争，因此，提高汽车销售顾问的礼仪素养刻不容缓。

一、商务礼仪在汽车销售中的应用

汽车销售是汽车 4S 店日常工作中的第一个环节，是相当重要的。汽车销售顾问若想提高汽车的销量，除了掌握过硬的营销技巧外，更离不开汽车商务礼仪。

所谓汽车商务礼仪，是指销售顾问在销售汽车的过程中所需要使用的礼仪，是汽车销售顾问在汽车销售过程中表示对客户尊敬友好的道德行为规范，以及通过仪容、仪表、仪态等表现出的道德修养和精神风貌等。而在当今的汽车市场上，高素质的汽车销售顾问相对较少，因此，培养高素质的汽车销售顾问成为各职业技术学校、高校，以及各汽车 4S 店探索与研究的重中之重。

通常情况下，汽车商务礼仪在汽车销售过程中的应用主要包含以下几个方面。

1. 仪容礼仪在汽车销售过程中的应用

作为一名汽车销售顾问，外在的仪容是非常重要的，包括人的容貌、发型、手部等方面，可以反映一个人的精神状态和礼仪修养。好的仪容能够给客户留下良好的第一印象。

2. 仪表礼仪在汽车销售过程中的应用

有一位服装设计大师说过这样一句话："服装不能造出完美的人，但是第一印象的 80% 来自着装。"正如莎士比亚所说："一个人的穿着打扮就是他的教养、品位、地位最真实的写照。"

作为一名汽车销售顾问，仪表礼仪是不可忽略的。着装不仅应大方得体，还要展示出自身的品位与风格。不论男女，着装都应保持整齐、清洁，衣服不能太破旧。对于男性汽车销售顾问，应以西装、衬衫、领带、皮鞋为最佳着装方案；对于女性汽车销售顾问，要综合考虑年龄、体型、肤色和气质等多方面因素选择着装，不能过于暴露。

在着装颜色方面，可以选择深色系，以黑色、深灰色、深蓝色、咖啡色等为主，可给人一种稳重可靠的感觉。当然也可以选择浅色系中的银灰色，可给人清爽干练的感觉。

3. 仪态礼仪在汽车销售过程中的应用

汽车销售顾问在接待客户的过程中无时无刻不在展示自己的仪态。错误的坐姿、表情等都会引起客户的不适。例如，瘙痒或用手指梳理头发、手指不停地在桌面上敲打、玩弄自己的指甲、打哈欠等，这些行为都传达出了不专业及不负责任的态度，会使汽车销售顾问的接待行为被扣分，直接影响客户最终的决定，因此，汽车销售顾问应当时刻注意自己的仪态礼仪，坐有坐相，站有站相。

4. 接待礼仪在汽车销售过程中的应用

当客户进入汽车 4S 店展厅时，汽车销售顾问就要开始实质性销售工作的第一步，即展厅接待。接待环节最重要的是主动与礼貌，汽车销售顾问应用好接待礼仪，这样就能为后续的销售流程打下坚实的基础。汽车销售顾问在看到有客户来访时，应出门迎接，面带微笑，上前问好，进行简单的自我介绍并递送名片，礼节性地与客户握手后，询问客户需要什么帮助。在接待过程中汽车销售顾问的语气应热情诚恳，进行实质性洽谈时，应邀请客户入座并为其提供茶水。

5. 沟通礼仪在汽车销售过程中的应用

在汽车销售过程中，每时每刻都需要使用沟通礼仪。汽车销售顾问若能说出一口流利而标准的普通话，将有助于与全国各地的客户有效沟通。汽车销售顾问在与客户沟通的过程中，无论是面对面交谈还是电话交谈，说话时应适当停顿并保持适当的语速。在沟通过程中，为了使表达的意思清晰明了，要对某些重要的词眼和语句给予一定的重音处理，有时也可采用反复讲述的方法以引起客户的注意。

改革开放后，由于市场国际化，不少外国友人来到中国定居，尤其是相对发达的城市这种情况很普遍。很多外国友人也会选择购买汽车作为代步工具，如果汽车销售顾问能说流利的外语，那么无疑会为汽车销售过程锦上添花。

6. 电话礼仪在汽车销售过程中的应用

在当前社会，电话不但是一种通信工具，而且逐渐成为一种最普遍的交际工具。汽车销售顾问使用电话与客户沟通时，由于双方互不相见，因此只能从声音、语调以及谈话的内容了解对方的状况。

因此，汽车销售顾问坚决不能边打电话边吃东西，而且要时刻保持微笑。这样能将温馨的交谈气氛传递给客户，让其感到舒适、轻松，没有压迫感，从而促进汽车销售活动的进行。

7. 见面礼仪在汽车销售过程中的应用

汽车销售顾问在日常工作中经常用到的见面礼仪有握手礼、鞠躬礼等。

汽车销售顾问在日常工作中的绝大多数时间都在与客户见面，因此应使用恰当的见面礼仪，给客户留下良好的第一印象，为今后与客户建立良好的关系打下基础。

二、商务礼仪在汽车售后中的应用

汽车维护业务接待是企业与客户之间的桥梁，汽车维护业务接待人员的业务接待水平是衡量汽车 4S 店服务质量的直接标准，影响客户对企业的信任度。汽车维护业务接待人员代表企业的形象、影响企业的收益、反映企业技术管理的整体水平。

从各汽车 4S 店现状的调查和汽车工业的发展水平来看，一个合格的汽车维护业务接待人员应遵守以下礼仪规范。

1. 仪容礼仪

汽车维护业务接待人员的仪容应洁净、自然，其仪容礼仪主要包括以下几点：

（1）头发干净整齐，给所有的客户留下一个好印象。汽车维护业务接待人员要经常清洗头发，保持头发清洁，发型普通，不染发。

（2）保持面部清洁。男性汽车维护业务接待人员应经常剃胡须；女性汽车维护业务接待人员要化淡妆，不能浓妆艳抹，不能用味道浓烈的香水。

（3）指甲不能太长，要注意经常修剪。女性汽车维护业务接待人员不留长指甲，不做美甲，不涂有色指甲油。

（4）保持口腔清洁，上班前不喝酒，不吃有异味的食品。

2. 仪表礼仪

汽车维护业务接待人员应仪表端庄、整洁，其仪表礼仪主要包括以下几点：

（1）按季节统一着装，整洁、得体、大方。

（2）衬衫平整干净，领子与袖口洁净。

（3）穿西装时应佩戴领带，并注意领带与西装颜色相配。领带不得肮脏、破损或歪斜、松弛。

（4）胸卡应佩戴在左胸位置，卡面整洁、印刷清晰。

（5）穿西装时可以不扣纽扣。如果扣纽扣，那么正确的扣法是只扣上边一颗，下边的则不扣。

（6）西装胸部口袋只是装饰，不能装东西，若遇隆重场合，则仅可装上作为胸饰的小花等。其他口袋也不可装许多东西，若口袋鼓鼓囊囊，则很不雅观。

（7）穿深色皮鞋并每日擦亮，不穿破损、带钉和异形的鞋。

（8）工作期间不宜穿大衣或过分臃肿的服装。

（9）女性汽车维护业务接待人员的服装应淡雅得体，不可过分华丽。

3. 见面礼仪

汽车维护业务接待人员的见面礼仪包括以下几个方面：

（1）握手。主动热情地将手伸向客户，表达诚意，但对女性客户不可主动伸手，更不可用双手握住女性客户的手。

（2）微笑。在任何情况下都要对客户保持微笑。

（3）打招呼。主动与客户打招呼，目光注视客户。

（4）安全距离。与客户保持 1 米左右的距离。

（5）作介绍。先介绍汽车 4S 店的工作人员，后介绍客户。

（6）指点方向。紧闭五指，指示方向，不可只伸一个或两个手指。

（7）引路。在客户的左侧为其示意前进方向。

（8）送客。在客户的右侧为其示意前进方向。

课堂实训

[实训目标]

掌握礼仪的起源和发展、礼仪的原则和作用等知识要点。

[实训内容]

教师发放礼仪知识试卷，对学生进行测试。

[实训操作]

（1）教师发放礼仪知识试卷。

（2）学生进行小组互评，针对错误的题目进行自我剖析。

（3）教师总结错题，并带领学生复习本章的内容。

[成果要求]

同学们根据要求完成礼仪知识测试。

练习与思考

1. 观察日常校园生活中有哪些同学的行为不符合当代礼仪规范，然后记录下来，在课堂上与其他同学进行讨论，并说出你认为符合当代礼仪规范的行为。

2. 谈谈对礼仪的看法，并阐述礼仪对汽车销售顾问的营销活动的影响。

第二章 面试礼仪

学习目标

（1）学会撰写符合用人单位需求的个人简历。
（2）掌握投递简历时的邮件礼仪和面试时的服饰要求。
（3）掌握面试过程中的相关礼仪。
（4）掌握面试后的相关礼仪。

案例引导

2020年5月，在学校举办的招聘会上，毕业生小陈的父母很早就到会场打听用人单位的情况。招聘会开始很久后，小陈姗姗来迟，并由家长陪同前往用人单位的展位面谈。面谈过程中，小陈发言的时间还没有其父母长，结果谈了一家又一家用人单位，最终仍一无所获。

思考：小陈为什么会在求职过程中一无所获？

大学生要想在求职过程中把握住更多的机会，就必须具备较高的综合素质。在知识面广、专业技术精通、业务能力强的基础上，还必须提高个人修养，并且在日常生活和学习中养成良好的习惯，以避免因为一些细节问题而影响自己的前程。若想提高个人修养，必须掌握一些必备的礼仪知识。

心理学家奥里·欧文斯说："大多数人录用的是他们喜欢的人，而不是最能干的人。"那么，如何得到用人单位的喜欢呢？掌握面试礼仪将会帮助大学生抓住每一个机会，并以最快的速度找到自己理想的工作岗位。为此，本章对面试中的各个环节都进行了阐述，并提供了大量案例以供参考。

第一节 面试前礼仪准备阶段

面试是求职者与招聘方的第一次"亲密接触",也是招聘方对求职者的礼仪意识、修养程度和实际能力的第一次检验。众所周知,第一印象很重要,它不仅体现一个人的素质和风度,也是求职者能否决胜职场的关键因素,因此,求职者在面试时要力求展现良好的仪表、谈吐和举止,给面试官留下深刻的印象。

一、岗位需求

岗位需求包括岗位职责和任职要求。

岗位职责:是指一个岗位所要求的需要完成的工作内容以及应当承担的责任范围。

任职要求:是指完成该岗位工作内容所要求的最低任职资格及在此基础上能够具备的理想条件。

下面以某汽车4S店招聘汽车销售顾问为例,描述岗位职责和任职要求。

【岗位职责】

(1)在销售经理的指导下,制定当月个人销售目标并提交月度总结计划落实情况。
(2)每日做好展厅5S工作。
(3)进行新客户开发工作。
(4)热情接待客户,对客户进行需求分析。
(5)随时为客户提供咨询,在客户心中建立专业形象。
(6)配合执行各类市场活动。

【任职要求】

(1)大专以上学历,男女不限,年龄在40岁以下;形象气质佳,性格开朗,积极主动。
(2)有良好的团队合作精神和敬业精神,具有独立分析和解决问题的能力以及抗压能力。
(3)了解汽车构造,拥有C1驾照。

很多同学在找工作时,只要看到与专业相关的用人单位在招聘,就从网站上下载简历模板,修改个人基本信息后就投递出去,最后的结果只能是石沉大海。面试前准备工作的第一步应该是撰写一份符合用人单位岗位要求的个人简历。

二、简历的基本内容

虽然很多用人单位在招聘,但是仍然经常找不到优秀的员工。很多找工作的大学生也非常苦恼,明明自己很优秀,却得不到用人单位的青睐。其实原因很简单,只要在应聘的时候巧妙运用个人简历,增加自我价值,就能够得到用人单位的赏识,赢得工作机会。那么怎样制作一份能够使求职者脱颖而出的简历呢?

目前,个人简历没有统一标准格式,在制作简历时,求职者基本都是从网上下载一些比较常用的模板加以修改,制成自己的简历。这样的简历千篇一律,用人单位自然会将其淘汰。很多求职者在撰写简历时不懂得取舍内容,把所有经历都写在简历中,重点不突出,从而得不到面试机会。求职者在撰写个人简历时应添加与应聘岗位相关的内容，并突出重点，这样才能得到用人单位的青睐。

一份标准的个人简历一般情况下由以下内容组成：

（1）个人基本信息：姓名、联系电话、邮箱、毕业学校、专业。一般情况下只写这几项重要信息，言简意赅。其他个人信息则视用人单位的招聘情况而定。

（2）求职意向：有调查显示，约有40%的用人单位希望在简历上看到明确的求职意向。因此，建议应届毕业生最好在简历中写明自己的求职意向，至少表明自己想从事哪方面的工作，这样才能有的放矢，同时，让人事主管（HR）一目了然。

（3）实习经历：这部分内容是用人单位最看重的部分，如果求职者之前有类似岗位的实习经验，会增加获得面试机会的概率。

（4）项目经历/培训经历：现在很多学校都给学生提供参加项目、比赛或培训的机会，如果求职者在校学习期间能参加类似的活动，那么在一定程度上会得到HR的青睐。

（5）获奖情况：与求职岗位无关的不要写。

（6）英语、计算机及专业技能：现在的用人单位大多对求职者的英语水平和计算机的使用能力有所要求。另外，在专业技能方面，各专业的要求也有所不同，如汽车营销与服务专业即要求求职者拥有C1驾照。

三、投递简历邮件礼仪

在招聘旺季，用人单位的招聘专员每天需要处理大量的邮件，但是各种冗长的邮件和空白主题总会把他们搞得头昏脑涨。打开邮件之后，关于主题邮件的答非所问的回复让人不得不从头开始看历史邮件，然而，投递简历的大学生却在苦苦等待面试通知，并不知道自己不规范的电子邮件已经被淘汰。

求职时，利用邮件投递简历需注意以下问题：

（1）邮箱选择：应选择较为正式的邮箱，如163邮箱、126邮箱、新浪邮箱等。

（2）邮件标题：根据用人单位的招聘要求撰写，如无特殊要求，一般按"求职岗位+姓名+简历"的格式命名。

（3）邮件正文：邮件正文开头应使用恰当的称谓，在正文内容中简要进行自我介绍并写明求职意向。在正文结尾留下个人联系方式并署名。

【邮件正文示例】

××主管，您好：

本人在××网站上浏览到贵公司的招聘信息。仔细阅读汽车销售顾问岗位要求后，本人认为自己的工作能力与该岗位较为匹配，故投递简历。本人于××年在××公司从事汽车销售顾问工作，日常工作内容为……具体内容见附件中的简历正文。

如您对我的个人简历比较感兴趣，可以与我联系，我的联系方式为……

求职者：××

（4）邮件附件：邮件附件通常为简历正文，注意勿递交无附件的求职邮件。

四、面试仪容服装

俗话说："人要衣装，佛要金装"。用人单位的HR一般在面试时，通常有70%的概率，在应聘者刚进门时就可决定是否将其录用，而后续的谈话只是印证其先前的判断而已。

即使没有说话，一个人的动作和神情也会泄露性格的秘密，而服装更是无声的语言，一个人穿成什么样子，大概有什么样的性格。

1. 面试前仪容的修饰

1) 男同学仪容规范要求

头发：前发不附额，后发不及领，侧发不掩耳。不烫发，不染发，不留怪异发型。

面部：干净，整洁，无油腻，无污垢。不蓄须，鼻毛不外露。

手部：干净，指甲修剪整齐，不留长指甲。

口腔：保持口气清新。

2) 女同学仪容规范要求

头发：干净，梳理整齐，无抢眼发饰，长发最好束起。

面部：干净，整洁，可化淡妆。

手部：干净，指甲修剪整齐，不留长指甲，不涂色彩艳丽的指甲油。

口腔：保持口气清新。

2. 求职着装规范（图2-1）

着装的TPO原则：TPO是Time、Place、Object三个英文单词首字母的缩写。T代表时间、季节、时令等；P代表地点、场合等；O代表目的、对象等。

着装的TPO原则是世界通行的着装打扮的最基本原则。它要求人们的服饰应力求和谐，以和谐为美，即要求着装应与自身条件相适应，与职业、场合、目的、对象相协调。

下面以应聘汽车销售顾问岗位为例，进行具体描述。无论男女汽车销售顾问，在日常工作场合都着职业套装，即西装，以深色系为主。

图2-1 求职着装规范

1) 男同学着装规范

男同学着装以端庄大方、干练精明、温文尔雅为总原则。

男同学求职时以着西装套装为宜。除了要与上身西装保持色调一致以外，还应该注意裤子不要太窄，要保留一定的宽松度；也不要太短，以恰好可以盖住皮鞋鞋面的长度为宜。腰带的颜色以黑色为最佳，腰带头不宜过大、过亮，也不要有很多图案。袜子以深色为佳，皮鞋要选黑色，这是最稳重、最保险的颜色。

2) 女同学着装规范

女同学着装以整洁美观、稳重大方、协调高雅为总原则。

女同学求职时一般以着西装套裙为宜，这是最通用、最稳妥的着装。一套剪裁合体的西装套装，会使人显得优雅而自信，会给用人单位留下良好的印象。切忌穿太紧、太透和太露的衣服。不要穿超短裙（裤）和领口过低的衣服。夏天，内衣（裤）的颜色应与外衣协调一致，避免透出颜色和轮廓，否则，会让人感到不庄重、不雅致，这是求职的大忌。

女同学穿鞋也有讲究，总的原则是应和整体相协调，在颜色和款式上与服装相配。面试时，不要穿长而尖的高跟鞋，中跟鞋才是最佳选择，既结实又能体现职业女性的尊严。设计新颖的靴子也会让求职者显得自信而得体，但穿靴子时应注意，裙子的下摆要长于靴子上端。

五、招聘、面试流程及面试种类

面试是求职者与面试官面对面的一种交流，更是求职者施展才华的好时机。可以说，面试是求职者在整个求职过程中最重要的阶段，因此，提前了解面试种类及面试流程尤为重要。这样可以避免求职者在面试过程中犯一些低级错误。

1. 面试流程

通常情况下，根据用人单位规模大小和岗位热门程度，其面试流程略有不同，但以下流程必不可少。

1) 用人单位在各大招聘平台发布招聘信息

对于应届毕业生来说，求职季一般从毕业前一年的9月开始，直到毕业年的3月左右结束。近半年时间内，各用人单位会在各大招聘平台发布招聘信息。

2) 求职者撰写简历并投递

通常情况下，应届毕业生在各大招聘平台上阅读招聘信息后，会根据用人单位的岗位需求撰写个人简历，并通过邮件投递，但也有很大一部分应届毕业生通过现场招聘会的形式投递个人简历。

3) 用人单位筛选简历后，对求职者发出面试通知

一般而言，大多数用人单位招聘工作的程序按以下步骤进行：把收集到的个人简历进行汇总，之后将求职者的情况与工作描述、任职资格要求进行比较，接下来向通过资格审查的求职者发出面试通知。接到面试通知的求职者也就是顺利通过"简历筛选关"的人。

4) 求职者进入用人单位面试

面试过程中，面试官主要考察求职者的"第一印象"及其能力与职位的匹配度等。

（1）求职者自我介绍环节。

通常情况下，根据用人单位的要求，求职者的自我介绍可根据语言类型分为中文、英文介绍；根据时间，可分为1、2、3分钟介绍。自我介绍时，要注意内容不宜太多集中在诸如姓名、工作经历、工作时间等内容上，因为面试官能从个人简历上了解相关信息。求职者应该更多介绍与应聘岗位相关的工作经历和取得的相关成绩，以证明自己确实有能力胜任这份工作。

【自我介绍示例】

各位面试官，大家上午好。今天能有机会在这里参加面试，向各位请教和学习，我感到十分荣幸，同时，也可以把我自己展现给各位面试官，希望各位面试官能够记住我。我叫王小刚，来自浙江湖州，今年22岁，毕业于湖州职业技术学院汽车营销与服务专业。除了简历上各位面试官看到的内容外，我还想谈谈我在湖州之星奔驰4S店实习的经历。我的实习岗位是汽车销售顾问，这与我今天应聘的岗位是一致的。实习期间，我了解了汽车销售顾问的工作流程，日常在店内帮助资深汽车销售顾问接待客户，并协助他们进行合同签约。在3次车展中，我独自一人开发了3位到店客户，并在师父的帮助下成功卖出了一台汽车。实习结束后，销售经理给予我的评价是优秀。正是因为有了这样的实习经历，今天我才能来贵单位应聘，希望各位面试官能给我一次机会，让我能成为贵单位的一员，为贵单位贡献自己的一份力量。

（2）自我介绍部分提问环节。

这一环节的提问，主要还是围绕个人简历进行的。面试官之所以会对个人简历内容深入了解，除了考查求职者的临机反应外，最主要的还是想要判断个人简历内容的真伪。真实的内容在求职者的表达过程中一定不会有特别明显的出入，而造假的内容在紧张的气氛中则有可能出现纰漏。

（3）专业能力提问环节。

这一环节主要考查求职者的岗位匹配度。用人单位招聘的人才一定是可以上岗即用，并能尽快见效的，所以，面试官会通过一些问题来判断应聘者是否具有独立进行某些工作的能力。

（4）求职者提问环节。

通常情况下，在面试官提问结束后，求职者可以对面试官进行提问，这是一个非常有效的了解用人单位的途径。

5）用人单位发布录用通知

用人单位经商讨后，从参加面试的求职者中选出真正符合岗位需求的人，并通过电话或邮件向其发布录用通知。

2. 面试种类

1）个体面试

个体面试即用人单位对求职者进行单独面试，这是最常见的面试形式。根据面试官人数的不同又可细分为一对一面试或一对多面试。

2）集体面试

集体面试即很多求职者在一起进行面试，又称"无领导小组讨论"。它是用人单位经常使用的一种测评方式，即采用情景模拟的方式对考生进行集体测评。许多用人单位为了考查求职者的领导能力、语言能力及合作能力等，将许多求职者组织在一起，就某个选题让他们进行自由讨论，并从中观察应聘者的综合素质及技能，以决定最终是否录用。

第二节　面试礼仪

在面试过程中，服饰打扮、举止言谈、气质风度和文明礼貌程度，无一不影响着求职者的形象，决定着其前途和命运。如果求职者在面试中不注重礼仪，那么其举止言行或穿着的某一方面失误可能导致面试失败。

1. 面试基本礼仪

第一印象在社交活动中是决定一个人品格的关键要素。若要给对方留下好印象，则需要时刻注意自身形象。面试时个人技能、学历都已固定，没有提升空间，但第一印象却能通过自身努力得到提升。应届毕业生在求职时，应注意以下基本礼仪，力求给面试官留下良好的第一印象。

1) 守时

守时是职业道德的一项基本要求，提前10~15分钟到达面试地点效果最佳，到达后可先熟悉一下环境，稳定心神。提前半小时以上到达面试地点会被视为没有时间观念，但在面试时迟到或匆匆忙忙赶到是很不礼貌的。如果面试迟到，那么不管有什么理由，也会被视为缺乏自我管理和约束能力，给面试官留下非常不好的印象，因为这是对他人、对自己不尊重的表现。大的用人单位的面试往往一次要安排很多人，迟到几分钟，就很可能永远与机会失之交臂，这是面试的第一道题，如果因迟到而被扣分，那么后面的面试过程也会因状态不佳而失败。如果面试单位路途较远或者公共交通不方便，那么可以提前做好准备，千万不能以此作为面试迟到的借口。

2) 进入用人单位的第一印象

进入用人单位面试前，可先与通知面试的人员电话联系，告知对方自己已经到达用人单位，经保安或值班人员允许后，到达指定面试地点。在此过程中，应注意文明用语，如果单位挂有明确的不能拍照或"禁止入内"字样的警示牌，那么求职者应遵守规则，不要驻足观看其他工作人员的工作，或在落座后对工作人员所讨论的事情或接听的电话发表意见或评论，以免给人留下肤浅、嘴快的印象。

3) 等待面试时的表现

到达面试地点后，应在等候室耐心等候，并保持安静及正确的坐姿。若携带资料，则可以在座位上浏览。不可与其他应聘者聊天，更不可来回走动。若用人单位工作人员发放个人信息表，则应认真填写。

4) 把握进入面试场合的时机

如果没有人通知，那么即使前面一个人已经面试结束，求职者也应该在门外耐心等待，不要擅自走进面试房间。当自己的名字被喊到时，应有力地答一声"是"，然后再敲门进入。敲两三下门是较为标准的。敲门时千万不可敲得太用力，以里面听得见的力度为佳。听到里面的人说"请进"后，要回答"打扰了"再进入房间。开门、关门要尽量轻，进门后不要用后手随手将门关上，应转过身去正对着门，用手轻轻将门关上。回过身来将上半身前倾30°左右，向面试官鞠躬行礼，然后面带微笑问候一声"你好"。应彬彬有礼、大方得体，不要过分殷勤、拘谨或谦卑。若此时面试官伸出手，则应将自己的手迎过去，与面试官握手，力度应适中，以表示感谢。在面试官示意可以入座后，再入座等待面试。

5) 面试过程中的礼仪要领

在面试过程中，求职者脸上应始终洋溢着微笑，双眼应与面试官有所交流。在进行自我介绍的过程中，应使用普通话，并且嗓音洪亮，自我介绍的内容应突出个人优点以及与岗位的匹配度。在面试官提问环节，应答时要表现得从容镇定，不慌不忙，有问必答。

若碰到一时答不出的问题，则可以缓冲一下："这个问题我过去没怎么思考过。从刚才的情况看，我认为……"这时脑子里就要迅速归纳出几条"我认为"的内容。要是还找不出答案，就先说自己知道的内容，然后，再承认有的问题还没有经过认真考虑。面试官在意的并不一定是问题本身，如果能从容地谈出自己的想法，即使不完整而且不成熟，也不至于影响大局。

总体来说，回答面试官的提问时应诚实坦率、语气平和，能够随机应变，给面试官留下良好的印象。

2. 面试应答礼仪

面试应答礼仪是求职面试的核心内容。求职者必须认真把握自己的谈吐。在应答过程中，要遵守相应的原则和礼仪规范，务必谈吐文明、言辞准确、语言连贯、内容简洁。

1）沉着冷静

与日常交往不同，求职应聘是一种检测性的被动交谈，尽管求职者事前有充分准备，但面试官仍可能提出各种各样难以回答的，甚至刁钻的问题来了解求职者的品德修养、思维水平和协调应变能力。因平时很少与领导、专家接触，遇到这种情况时，有的求职者就出现心发慌、头发涨、手出汗的"面试恐惧症"。这就需要求职者临阵不慌，用冷静的心态、理智的语言、正确的思维进行恰当的回答。若有些问题不宜正面回答，则可以用委婉的或带有弹性的语言回答。

2）诚实坦率

面试时，如果遇到自己不懂的问题，求职者不要不回答或乱说，可以将问题重复一遍，并先谈自己对这一问题的理解，再请教对方，以确认问题的答案，或者诚恳坦率地承认自己无法回答，这反而会赢得面试官的信任和好感。

3）随机应变

如今，从"无领导小组讨论"到行为面试再到压力面试，用人单位对求职者的考核难度越来越高，形式也越来越多样。虽然求职者在面试之前多半会有所准备，但在面试过程中难免遇到难题，此时求职者只有沉着冷静，随机应变，才能从众多求职者中脱颖而出。

3. 面试应答禁忌

许多求职者在面试过程中会被一些问题难住。有些人认为这没有什么大不了的，只要自己有本事，不怕用人单位不识货，故而对待面试应答敷衍了事。这种思想极其错误，因为一些不必要的失误，往往会导致用人单位对求职者产生不好的看法，以后再改变就很难了。求职者在求职时需要注意以下应答禁忌。

1）忌缺乏自信

最明显的就是问"你们要招聘几个人？"。对用人单位来讲，问题不在于招聘几个人，而在于求职者有没有独一无二的实力。"你们要不要女的？"这样询问的女性，先给自己打了"折扣"，是一种缺乏自信的表现。面对已露怯意的女性，用人单位则刚好可以"顺水推舟"，予以回绝。

2）忌急问待遇

"你们的待遇怎么样？""你们管吃住吗？电话费、车费报不报销？"有些求职者一开始就急着问这些问题，这不但让用人单位反感，而且会让对方产生"工作还没干就先提条件，何况我还没说要你呢"这样不好的想法。谈论报酬待遇是求职者的权利，这无可厚非，但要注意时机。一般应在对方已有初步聘用意向时委婉地提出。

3）忌报有熟人

在面试中切勿急于套近乎，不顾场合地说"我认识你们单位的某某""我和某某是同学，关系很不错"等等。这种话面试官听了会反感。如果求职者说的那个人是面试官的顶头上司，那么面试官会觉得求职者在以势压人；如果面试官与求职者所说的那个人关系不怎么好，甚至有矛盾，那么求职者则很可能失去工作机会。

4）忌不合逻辑

面试官问："请你告诉我你的一次失败经历。"答曰："我想不起我曾经失败过。"如果这样说，在逻辑上讲不通。又如面试官问："你有何优缺点？"答曰："我可以胜任一切工作。"这也不符合逻辑。

5）忌提问超出范围

例如，面试快要结束时，面试官问求职者："请问你有什么问题要问我吗？"这位求职者欠了欠身子问道："请问你们单位的规模有多大？中、外方融资比例各是多少？请问你们董事会成员里中、外方各有几位？你们未来5年的发展规划如何？"问诸如此类的问题，是求职者没有把自己的位置摆正，提出的问题已经超出了求职者应当提问的范围，会使面试官厌烦。

6）忌不当反问

例如，面试官问："关于工资，你的期望值是多少？"求职者反问："你们打算出多少？"这样的反问很不礼貌，很容易引起面试官的不快。

第三节 面试后续礼仪

一般求职者在面试时往往只注意面试之前或者面试过程中出现的一些细节问题，而忽略了面试之后的一些基本礼仪，但恰恰就是这些基本礼仪可能导致求职的失败，所以求职者应注意面试之后的基本礼仪。

1. 面试结束后应致谢

面试结束之后不要急着退场，一定要对面试官有一个简单的致谢，应该对面试官抽出宝贵的时间与自己见面表示感谢，并且表示自己期待有进一步与其面谈的机会。这样既保持了与面试官的良好关系，又表现出自己杰出的交际能力，能增加面试分数。

2. 出门时应注意礼仪

面试结束后，一个简单的动作往往能够看出求职者是否有良好的素养。如离开面试官的办公室时，应该把刚坐过的椅子恢复到刚进门时的位置，再次对面试官致谢后出门。记得在关门时动作要轻。经过前台时，要主动与前台工作人员点头致意或说"谢谢你，再见"之类的话，这样可以给对方留下良好的印象，方便日后询问面试结果。

3. 不打听面试结果

一般情况下，每次面试结束后，面试官都要对面试结果进行讨论和投票，然后送人事部门汇总，最后确定录用人选。这个阶段可能需要3~5天的时间。求职者在这段时间内一定要耐心等候消息，不要过早打听面试结果。

4. 调整心态

如果求职者同时向几家用人单位求职，那么在一次面试结束后，则要注意调整自己的心态，全身心投入第二家用人单位的面试准备中。因为，在接到录用通知前，结果还是个未知数，求职者不应放弃其他机会。

5. 询问面试结果

一般来说，如果求职者在面试结束的两周后，或面试官许诺的时间到来时还没有收到对方的答复，就应该发邮件或打电话给用人单位，询问面试结果。

6. 做好再冲刺的准备

应聘不可能每次都成功。万一在竞争中失败了，求职者千万不要气馁，这次失败了，还有下次机会。必须总结经验教训，找出失败的原因，以求"东山再起"。

课:堂:实:训

[实训目标]

掌握面试技巧及面试礼仪。

[实训内容]

由学生扮演面试官，对其他学生进行面试。

[实训操作]

（1）模拟面试实训分组。

将教室设计成面试现场，教室的安排如图 2-2 所示。选出 3 位学习成绩较优异的学生担任面试官。在面试过程中，每位学生准备 1 个问题，一共提 3 个问题，学生面试实训场景如图 2-3 所示。

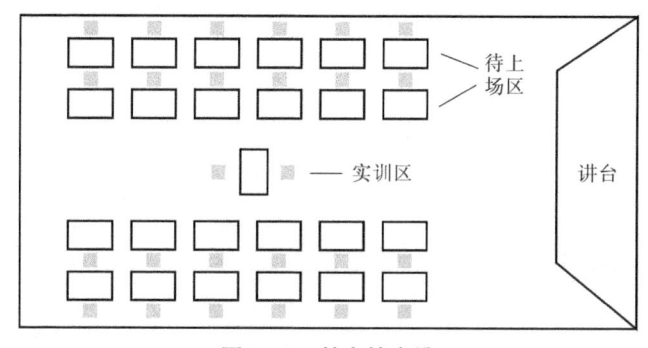

图 2-2 教室的安排

图 2-3 学生面试实训场景

（2）模拟面试环节。

①求职者自我介绍；

②面试官提问；

③求职者提问。

（3）派一名学生进行全程拍摄，作为实训点评的依据。

[成果要求]

学生根据要求完成面试，并将面试结果记录在面试项目评分表（表 2-1）中。

表 2-1 面试项目评分表

序号	评分项目	评分标准	分值	得分
1	仪态举止	仪态端庄自然、服饰大方得体、举止稳重、精神状态良好	10	
2	沟通表达能力	言语是否清晰、标准,表达是否准确、流畅,以及是否有条理性、感染力与说服力	15	
3	逻辑思维能力	思维的敏捷性、条理性与广度、深度;判断分析问题是否全面、准确、有理有据	15	
4	协调与应变能力	人际沟通、合作的意识、能力与技巧;面对压力的心理承受能力和自制力	15	
5	专业素养	对专业知识的掌握程度	20	
6	解决实际问题的能力	能否理论联系实际;分析、处理问题的原则性、灵活性、有效性;适应岗位需求的实际工作能力与业务能力	15	
7	研究与发展潜力	个人对本专业发展的前瞻性认识和创造能力、研究能力,有无创新观点、新思路、新办法	10	
	合计		100	

面试官意见:

最终决定:□ 拒绝 □ 考虑 □ 复试 □ 直接录用

练习与思考

1. 自我介绍(1分钟,求职岗位:汽车销售顾问)。
2. 自我介绍(3分钟,求职岗位:汽车服务顾问)。
3. 撰写个人简历(求职单位:××汽车有限公司,求职岗位:汽车销售顾问)。

第三章

汽车销售顾问仪容礼仪

学习目标

（1）了解塑造仪容礼仪的意义，掌握仪容礼仪的基本原则。
（2）掌握基础护理、化妆的基本步骤和技巧。
（3）能够在汽车营销活动中展现标准的仪容。

案例引导

一天，许先生与两位好友到某酒店中的餐厅就餐。接待他们的是一位容貌清秀的服务员，她接待服务工作做得很好，可是面无血色，无精打采。许先生一看到她就觉得心情欠佳，仔细留意才发现，这位服务员没有化淡妆，在餐厅昏黄的灯光下显得病态十足。许先生用餐结束后，唤服务员结账，而服务员却一直对着反光玻璃墙面整理自己的发型，丝毫没有注意到客人的需要。自此以后，许先生再也没有去过这家酒店。

思考：许先生为什么再也没有去过这家酒店？

一个合格的汽车销售顾问不能只是研究如何销售汽车，还应研究如何让客户接受自己。仪容仪表代表了一个人的形象，直接影响客户的情绪，也会影响成交结果。因为与人接触的第一印象是从仪容仪表开始的，所以仪容仪表至少应给人以舒服自然的感觉，这样才能吸引对方的注意力。掌握正确的仪容礼仪，能给客户留下良好的第一印象，为进一步深入交往奠定基础。本章重点介绍汽车销售顾问仪容礼仪。

第一节　基础仪容

人们常说："让你的美由内而外地散发出来。"仪容礼仪也一样。如果想让自己的仪容时刻保持美丽，那么基础护理很重要。保持内在的健康美丽才是人们拥有外在美最根本的秘方。下面介绍基础仪容"美"的秘方。

一、个人形象六要素

（1）仪容，是指人的外观，其重点在于头部和手部，因为其他部位有衣物进行遮掩。汽车销售顾问应保持手部干净，定期修剪指甲。男性汽车销售顾问应保持面部干净，鼻毛不外露，发型得体。女性汽车销售顾问应化淡妆。

（2）表情，是人类的第二语言，是最能够感染他人的形象要素。汽车销售顾问在营销活动中应保持自然、友好的神情，切忌生硬、紧张，同时，神情要与环境、语言表达等协调，不呆板、不夸张、不怪异。

（3）举止，是指一个人的行为动作。汽车销售顾问的举止应当符合个人身份，应端庄、规范，展现职业特色。

（4）服饰，是装饰人体的物品总称，包括服装、鞋、帽、袜子、手套、围巾、领带、提包、遮阳伞、发饰等。在汽车营销活动中，汽车销售顾问应着西装套装，穿黑色皮鞋。男性汽车销售顾问应系领带，女性销售顾问应佩戴丝巾。

（5）谈吐，指言语应对，是人类交流的一种能力表现。汽车销售顾问在日常销售过程中应注意语音、语调和语速并慎选谈话内容，养成聆听的习惯。需要特别注意的是，不能打断客户讲话，还应使用礼貌用语。

（6）待人接物，是指与他人接触过程中的表现。汽车销售顾问在接待客户时应做到遵纪守法、诚信为本、遵时守约。

汽车销售顾问日常工作形象如图3－1所示。

图3－1　汽车销售顾问日常工作形象

二、仪容美的含义

"内正其心，外正其容"。汽车销售顾问个人礼仪的首要要求就是仪容美。在销售活动中，汽车销售顾问的仪容不仅会引起客户的特别关注，还会影响客户对其的整体评价，因此，汽车销售顾问必须时刻不忘对自己的仪容进行必要的修饰和整理，这既是对他人的尊重，也是对自己的尊重。通常情况下，仪容美的含义包括以下三点：

（1）自然美：是指仪容的先天条件好，即天生丽质。尽管以貌取人不合情理，但先天美好的容貌无疑令人赏心悦目。

（2）修饰美：是指按照规则、场合与个人条件，对仪容施以必要的修饰，扬长避短，塑造出美好的个人形象。修饰仪容的基本原则为美观、整洁、卫生、得体。

（3）内在美：是指通过个人努力，不断提高个人的文化艺术素养和思想道德水准，培养出高雅的气质。

真正意义上的仪容美，应当是上述三个方面的高度统一，忽略其中任何一个方面都会使仪容黯然失色。

三、对汽车销售顾问的头发要求

1. 头发的护理

仪容礼仪"从头开始"，而对汽车销售顾问头发的要求先从健康的护理开始。只有拥有健康的头发，才能给人留下好的印象。

1）男性汽车销售顾问头发的护理

男性汽车销售顾问的头发和女性汽车销售顾问的头发一样重要，良好的发质和得体的发型是一名合格的男性汽车销售顾问的必备条件之一，因此男性汽车销售顾问不可忽视头发的护理。

（1）男性汽车销售顾问头发的清洗。

男性汽车销售顾问新陈代谢快，易分泌油脂，更易生头屑，而且男性汽车销售顾问较女性汽车销售顾问更易脱发，所以男性汽车销售顾问在选择洗发水时，更应注重洗发水去屑和去油的功效，并且应选择低刺激性的洗发水。

男性汽车销售顾问合适的洗发频率是每周2~3次，即使是先天头皮最易出油的男性汽车销售顾问，一天洗发也不得超过一次。适量的油脂是用于保护头发的，过于频繁的洗发会导致头发出于自体保护而分泌更多油脂。洗发时水温以40°左右为宜；洗发时轻轻按摩头皮，既能清洁头皮，又能促进头皮血液循环。切记必须把洗发水洗净，否则会残留在头发上，导致发质脆弱，造成高频率脱发。

（2）男性汽车销售顾问头发的保养。

在洗净洗发水之后，应使用适量护发素，护发素不可涂在头皮上，只能涂在发丝上，因为护发素里含有滋润性较强的油脂，会堵塞原本就容易分泌油脂的头皮毛孔，造成脱发。涂上护发素并按摩3~5分钟后，将护发素洗净。

洗发后，最好让头发自然晾干，如果使用吹风机，那么应注意风的温度不能太高，温度太高会破坏毛发组织，损伤头皮。

经常梳头既能去除头屑，增加头发的光泽，又能按摩头皮，促进血液循环，促进头发根部的血液循环。

2）女性汽车销售顾问头发的护理

很多女性汽车销售顾问为了有更美观、更个性的造型，经常会染发和烫发，再加上日常用过高温度的吹风机吹头发等，头发受损相当严重。女性汽车销售顾问要想使头发看起来健康，良好的发质很重要，而良好的发质从护理头发开始。

（1）女性汽车销售顾问头发的清洗。

女性汽车销售顾问的头发护理从清洗头发开始。长发的女性汽车销售顾问发尾易分叉；短发的女性汽车销售顾问为了塑造较为饱满立体的短发造型，常会使用吹风机甚至高温夹板给头发进行造型，这会导致头发更脆弱。所以女性汽车销售顾问在选择洗发水时更应关注洗发水的护理和修复功效。

女性汽车销售顾问头发较男性汽车销售顾问头发受损的概率大，所以可以在洗发之前把护法专用精油滴到头发上，然后用手均匀涂抹，接着用手轻轻地按摩头皮与头发，将前面的头发向后按摩，将内侧的头发向上按摩，同时，也有利于促进头发吸收精油。接着用准备好的温热毛巾包裹住全部头发15分钟左右，以便精油充分渗透（这方法对失眠也有一定的效果）。然后摘下毛巾，再将适合自己发质的洗发水挤到手心揉搓起泡后涂在头发上（切忌将洗发水直接倒在头发上，这样会导致头发局部洗发水过量，严重破坏头发的pH值，导致头发受损），用手指指腹以画圆圈的方式轻轻按摩头发，最后用温水冲洗干净。

（2）女性汽车销售顾问头发的保养。

正确的清洗是保养头发的第一步。女性汽车销售顾问头发受损概率高，所以头发的护理比男性汽车销售顾问更为重要。洗净头部的洗发水以后，取具有滋润修复功能的护发素均匀涂抹于头发上，不可涂抹于发根和头皮位置，长发女性汽车销售顾问可在发梢多涂抹一些，按摩2~3分钟，再用温热毛巾包裹头发4~5分钟，使护发素被头发充分吸收，然后摘下毛巾，洗净护发素。

头发最好自然晾干，头发半干时，涂少量发膜。半干的头发毛鳞片处于张开状态，发膜更容易填补毛鳞片空隙，使头发得到最大限度的滋润。头发全干后，再涂上少量发膜。这样可以进一步滋润头发以及隔离灰尘。

2. 头发的造型

对于汽车销售顾问而言，发型尤为重要。众所周知，发型对于个人气质的改变非常大，适合自己的发型不仅可以修饰脸型与头型，还可以起到从视觉上修饰身材的作用。发型的选择不能跟风，以适合自己的气质与脸型的发型为佳。

1）男性汽车销售顾问的发型

男性汽车销售顾问的常见发型如图3-2所示。

图3-2 男性汽车销售顾问的常见发型

（1）男性汽车销售顾问发型的要求。

首先，男性汽车销售顾问不允许留长发。细节上的要求是，整体头发不能太长，前（刘海）不过眉，后（刘海）不过领，鬓角不遮耳。当然，在灯光下亮眼的光头也不允许。发型要符合大众审美，不能前卫、怪异，严禁染除黑色以外的发色。发型的整体感觉一定要专业、精神、干净、舒服、值得客户信任。

（2）男性汽车销售顾问发型的选择。

① 鹅蛋形脸型。

鹅蛋形脸型的男性汽车销售顾问注意两边头发不要太长，原因是鹅蛋形脸型本身横向棱角就比较宽，两边的头发会增加横向拉伸感（如果是头发向两侧外翘，那么这种拉伸感就更加明显）。鹅蛋形脸型的参考发型如图3-3所示。

② 椭圆形脸型。

椭圆形脸型较鹅蛋形脸型大一圈，而且较长，所以把刘海向上梳，弄成高蓬头是很难看的，这样在视觉上会增加脸的纵向长度。干净利落、不过眉的刘海是不错的选择，可以修饰过长的脸型。椭圆形脸型的参考发型如图3-4所示。

图3-3　鹅蛋形脸型的参考发型　　　**图3-4　椭圆形脸型的参考发型**

③ 方形脸型。

方形脸型的男性汽车销售顾问，脸部轮廓线条明晰硬朗，应把其立体的轮廓大方地展现出来，短发是拯救方形脸型的终极武器。无论如何，刘海不适合方形脸型，刘海会破坏面部整体线条，还会使脸显得又短又宽。方形脸型的参考发型如图3-5所示。

④ 心形脸型。

心形脸型的男性汽车销售顾问下巴尖，显瘦，显脸长。浓厚的露眉刘海使心形脸型的人显小。心形脸型的参考发型如图3-6所示。

图3-5　方形脸型的参考发型　　　**图3-6　心形脸型的参考发型**

⑤ 钻石形脸型。

钻石形脸型是百搭脸型。可留刘海，这样头发柔和的线条中和了过于硬朗的钻石形脸型轮廓，很好地平衡了头部的整体轮廓，增加了亲和力。钻石形脸型的参考发型如图3-7所示。

⑥ 三角形脸型。

三角形脸型的特点是头上半部分较头下半部分窄，所以推荐将刘海上抓，然后稍微打理得蓬松一些，这样抓上去的蓬松的头发很好地弥补了头上半部分过窄的问题。三角形脸型的参考发型如图3-8所示。

图3-7　钻石形脸型的参考发型　　　　图3-8　三角形脸型的参考发型

⑦ 圆形脸型。

圆形脸型比三角形脸型更需要把稍长的刘海向上抓，抓上去的刘海会修饰脸左、右上角的轮廓，从而使整个脸型显得更瘦长，如果放下刘海，那么会使脸显得格外圆。圆形脸型的参考发型如图3-9所示。

⑧ 五角形脸型。

五角形脸型的特点是脸中部像一个正方形，有四个角，显得头顶很平，加上角度很钝的下巴，凑成五角。这种脸型的人不适合留长刘海，长刘海只会使头部显得更平，不仅会让人觉得没有生气，还会显得其他五角很突兀。将刘海梳成背头或者使蓬松的前发远离额头，是最佳选择。五角形脸型的参考发型如图3-10所示。

图3-9　圆形脸型的参考发型　　　　图3-10　五角形脸型的参考发型

2）女性汽车销售顾问的发型

对于女性汽车销售顾问而言，发型的选择范围很广，所以女性汽车销售顾问的发型对女性汽车销售顾问脸型修饰的作用比较明显，具体要求如下：

(1) 女性汽车销售顾问发型的要求。

女性汽车销售顾问的刘海不得盖住眉毛和眼睛，应选择深色、不夸张耀眼的发饰，不可染发（黑色除外）。发型应以自然、端庄、大方为主。

短发女性汽车销售顾问应选择干净利落、率性干练的发型，短发较长发更不易保持良好的发型，所以女性汽车销售顾问应注重短发发型的打理和保持。

留过肩长发的女性汽车销售顾问应将头发盘起，发型应以简约为主，忌披头散发。女性汽车销售顾问的常见发型如图3-11所示。

图3-11　女性汽车销售顾问的常见发型

(2) 女性汽车销售顾问发型的选择。

① 圆形脸型。

圆形脸型的特点是脸的宽度和长度比较接近，下巴通常比其他脸型的下巴略短，形状更圆润，面部轮廓很柔和，没有生硬的线条和明显的棱角。

圆形脸型使人显得平易近人、亲和力强、年龄小而且单纯。

盘发时，中分和二八分会使脸显得长一些，如果把头发全部向后扎起来，那么建议把头发弄蓬松一些，不要紧贴在头皮上。例如，芭蕾舞者的发型不适合圆形脸型，会使脸显得更圆，太过孩子气。额头刘海倒U形的短发也可适当改善圆形脸型女性汽车销售顾问的气质。圆形脸型的参考发型如图3-12所示。

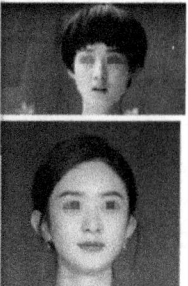

圆形脸型　　　　　经典发型

图3-12　圆形脸型的参考发型

② 方形脸型。

方形脸型的最大特点是面部线条不圆滑，侧面下颌的拐角比其他脸型更为明显。

如果发型和穿着没选对，那么方形脸型会使个人形象减分，但如果选择了得当的发型，那么很容易搭配出有时尚感的气质。

盘发时应避免留浓重的刘海，其会使脸部线条硬化。将盘发弄蓬松，利用蓬松自然的盘发修饰脸部的线条，使其看起来更柔和。短发更适合方形脸型，但仅限于太阳穴处较为饱满的人，刘海线条更为柔和的短发发型会使方形脸型显得温婉大方。方形脸型的参考发型如图3-13所示。

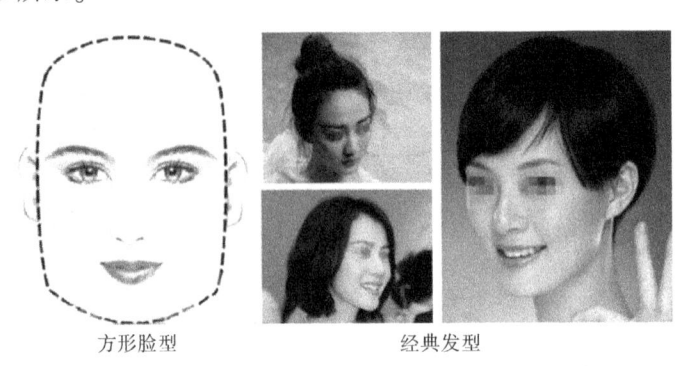

方形脸型　　经典发型

图3-13　方形脸型的参考发型

③ 长形脸型。

长形脸型的人成熟、有女人味，在职场和其他正式场合中普遍给人比较稳重和精明的感觉。长形脸型的人涂正红色的口红就能拥有极强的气场，有领导风范和专业感，但这种气场如果把握得不好，就会给人一种难以亲近的感觉。

盘发时不要将头发盘得过高，头顶偏下才是正确的，尽量让盘发饱满一些，以弥补脸部过窄的不足。可使用干净厚重的刘海修饰过长形脸型，同时，应将太阳穴处的头发修剪得更有层次感，这样脸的宽度和脸的长度看起来才会更协调。长形脸型的参考发型如图3-14所示。

长形脸型　　经典发型

图3-14　长形脸型的参考发型

④ 倒三角形脸型。

倒三角形脸型的特点是上宽下窄，额头和颧骨一样宽，甚至额头比颧骨宽，但下颌比较窄，从脸颊处开始明显缩小，下巴比较尖。

倒三角形脸型是很好看的脸型，进可以美艳动人，退可以青春元气。从气质上来说，相比圆下巴，倒三角形脸型的尖下巴给人聪明、敏锐的感觉。

在发型的选择上，除了要用自然的刘海修饰宽额头，无须强调和凸显尖下巴，否则会显得过于精明、刻薄、有心计。倒三角形脸型盘发可以拉松一下头顶的头发，这样在视觉上显得额头和颧骨不那么宽，同时，也不会让人把注意力集中在下巴上，这样不会使下巴尖得突兀。倒三角形脸型的参考发型如图 3-15 所示。

倒三角形脸型　　　　　经典发型

图 3-15　倒三角形脸型的参考发型

⑤ 菱形脸型。

菱形脸型的特点是上下窄、中间宽，额头较窄，或者太阳穴凹陷，颧骨是全脸最宽的地方，轮廓比较分明。脸上最突出的部位是颧骨，应该重点修饰。

菱形脸型更有立体感，脸也显得更小，但过高的颧骨会给人高冷、刻薄，甚至凶巴巴的感觉。

菱形脸型要用发式挡颧骨或者额头。菱形脸型盘发要将太阳穴处的头发拉得足够蓬松，或者采用中分盘发方式，以丰满过于凹陷的太阳穴。菱形脸型的参考发型如图 3-16 所示。

菱形脸型　　　　　经典发型

图 3-16　菱形脸型的参考发型

⑥ 椭圆形脸型。

椭圆形脸型就是人们常说的鹅蛋脸。顾名思义，椭圆形脸型即面部形状呈椭圆形，整张脸没有明显的棱角，下巴不尖、不圆，也不平，弧度很柔和，形状比较小巧。

椭圆形脸型比圆形脸型长，但又没有长形脸型那么瘦长。椭圆形脸型是非常理想的脸型，这种脸型没有特别突兀的部位。拥有椭圆形脸型的人通常都不是第一眼惊艳的类型，但是越看越顺眼。

椭圆形脸型可以搭配任何发型。椭圆形脸型的参考发型如图3-17所示。

椭圆形脸型　　　　　经典发型

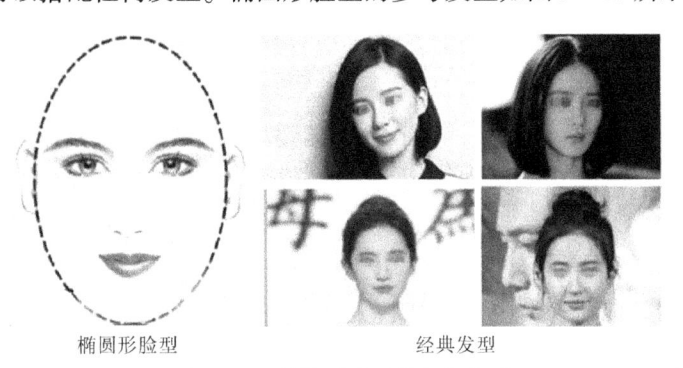

图3-17　椭圆形脸型的参考发型

⑦ 三角形脸型。

三角形脸型又称为梨形脸型。它的特点是下巴很宽，额头比较窄，脸的最宽处是下颌，形成上小下大的正三角形，给人以稳定的感觉。

三角形脸型和圆形脸型类似，都是最显年轻的脸型，但缺点是显得脸比较宽，前额较窄，下颌较宽且有肉感。它使人看起来青春而有活力，亲切温和，但缺少柔美感。

对三角形脸型应利用发型在视觉上缩小和柔化脸的下半部，以保持整个脸型的平衡感。盘发时应让整个头顶的头发尽可能地蓬松饱满，发丝的线条尽可能柔和自然，以平衡脸的下半部硬朗的线条。短发发型应选择内扣的锁骨发或者鬓角比较饱满的短发，从而达到修饰脸的下半部的效果。三角形脸型的参考发型如图3-18所示。

三角形脸型　　　　　经典发型

图3-18　三角形脸型的参考发型

四、对汽车销售顾问的面部形象要求

在汽车营销活动中，客户与汽车销售顾问接触时最先注意的是其面部形象。在某种程度上，汽车销售顾问的面部形象代表了汽车4S店的形象，因此，汽车销售顾问应注意自己的面部形象。

1. 面部规范守则

客户对汽车销售顾问的第一印象尤为重要，而汽车销售顾问的面部也是构成第一印象的要素之一。每时每刻坚守汽车销售顾问面部规范守则，让遵守面部规范守则成为习惯，不仅是对客户的尊重，也是汽车销售顾问保持良好形象的重要方式，因此，学习面部规范守则尤为重要。

1）通用面部规范守则

（1）面部保持清爽，外露皮肤不可有异物附着，不可有文身。

（2）面部除特殊规定外，不能留有任何标志，面部黑痣上不得留蓄毛发。

（3）眼部保持干净，无分泌物。

（4）鼻子毛孔不得有明显黑头、白头，若有黑头、白头，则应及时清理；鼻孔不得有分泌物外露，鼻毛要定期修剪，不得超出鼻孔边缘。

（5）勤漱口，保持口腔无异味，不吃容易让口腔产生刺激性气味的食物；保持口气清新，牙缝中不得有食物残渣；保持牙齿洁白，定期使用洗牙粉，控制烟酒和咖啡的摄入量。

（6）定期清洁耳道，不得有分泌物外露。

（7）面带微笑，眼带笑意，亲切随和，精神饱满。

2）男性汽车销售顾问面部规范守则

（1）面部：由于男士较女士皮肤油脂分泌更为旺盛，因此，男性汽车销售顾问更应注重清爽，不得油光满面。

（2）鼻子：应勤修剪鼻毛。

（3）口腔：除基本口腔规范守则外，抽烟的男士应使用口气清新剂。

3）女性汽车销售顾问面部规范守则

（1）面部：淡妆上岗，以自然、大方为标准，近视者首选佩戴隐形眼镜。

（2）鼻子：不得打鼻洞，戴鼻钉。

（3）口腔：除基本口腔规范守则外，若吃了容易使口腔产生刺激性气味的食物（如榴莲、大蒜等），则应使用口气清新剂。

2. 面部基本护理

或许有人天生就有一张"好脸蛋"，但好底子也需要巩固和维护；或许有人天生"脸蛋粗犷"，但后天的护理和保养可以改善皮肤状况，所以面部基本护理很重要。

1）男性汽车销售顾问面部基本护理

由于男性的肤质特点是随着年龄增长，面部皮肤胶原蛋白流失速度慢于同龄的女性。简而言之，男性面部皮肤的衰老速度比女性慢，但是男性皮肤角质层较厚，油脂分泌更为旺盛，所以男性的皮肤问题还是比较多的。只有注意皮肤的护理，男性才能拥有一张干干净净的脸。

（1）男性汽车销售顾问面部清洁。

男性由于受雄性激素的影响，面部皮脂较多，纹理较粗，角质层较厚，多属于油性皮肤。男性清洁面部有以下几步：应选择有控油和去角质功能的男士洗面奶，每天早、晚各进行一次面部皮肤清洁，一周最好用磨砂膏进行去角质护理1~2次，以彻底清洁皮肤。

剃须时，应先用流动水将髯须淋湿，尽量用毛巾热敷使肌肤变得柔软，然后抹上剃须膏使胡根软化，再剃须。剃须后，宜用冷水将剃须膏彻底冲洗干净，以收敛毛孔，最后，抹上须后水调理肌肤。

(2) 男性汽车销售顾问面部保养。

男性汽车销售顾问的皮脂分泌与年龄无关，始终易油腻，所以宜选择能防止皮肤干燥和粗糙并保持皮肤滑爽滋润但无油腻感的护肤品，然后，在面部清洁完成后，取适量适合自己肤质的护肤品均匀涂抹于面部皮肤上。

2) 女性汽车销售顾问面部基本护理

(1) 女性汽车销售顾问面部清洁。

女性较男性皮肤性质的划分相对更多。按照皮脂分泌旺盛程度，女性皮肤可分为干性皮肤、中性皮肤、混合性皮肤与油性皮肤四种。

女性在洁面时，首先应选择一款适合自己皮肤性质的洁面产品。各种肤质选择洁面产品的方法如下。

干性皮肤：应选择对皮肤无刺激而且温和的洁面产品。

中性皮肤：这种皮肤最容易护理，对洁面产品没有特殊要求，选择清洁力度适中的即可。

混合性皮肤：这种皮肤的特点是额头和鼻翼两侧（T区）容易出油，但脸颊不容易出油，甚至可能干燥，因此，应选择两款洁面产品，一款为清洁力度较强的，用于T区皮肤的清洁；另一款为对皮肤无刺激的温和洁面产品，用于其他部位的清洁。

油性皮肤：应选择清洁力度较强而且含有抑制油脂分泌效果的洁面产品。

(2) 女性汽车销售顾问面部保养。

护理面部皮肤所使用的护肤品和洗面奶一样需要按肤质选择，适合自己皮肤的护肤品用起来才会"事半功倍"。

干性皮肤：这类皮肤的保养以补水为主，要认真做好皮肤的保湿工作。要选用含高保湿成分的护肤品，如柔肤水、保湿乳、保湿霜等。

中性肤质：这类皮肤的保养是最简单的，仅需要使用普通柔肤水和保温乳。

混合性皮肤：这类皮肤的保养要区别对待，脸颊要多用些柔肤水和保湿乳，T区则应适当减少用量。

油性皮肤：这类皮肤的保养要以清爽控油为主，应选择清爽的柔肤水和保湿乳。

五、对汽车销售顾问的手部要求

1. 手部规范守则

作为汽车销售顾问，有机会将名片或者其他资料递交给客户，需要做各种手势，还会与客户握手等。由于在这些过程中都会使用双手，客户也会注意到汽车销售顾问的手部，因此，遵守手部规范守则很重要。

1) 通用手部规范守则

保持手掌清洁，无污垢，温暖，干燥，不可有文身。指甲修剪整齐。手上不得佩戴饰品（婚戒、手表除外）。

2) 男性汽车销售顾问手部规范守则

男性汽车销售顾问的手指不可有明显烟渍。

3）女性汽车销售顾问手部规范守则

女性汽车销售顾问不可涂有色指甲油，但可以涂透明的护甲油。

2. 手部基本护理

手是人的第二张脸，良好的手部护理会为人们的细节加分，让一双干净、健康的手成为形象名片的一部分。

1）男性汽车销售顾问手部基本护理

（1）男性汽车销售顾问手部清洁。

一般男性汽车销售顾问只要进行基本的手部清洁即可。抽烟的男性汽车销售顾问，由于长期抽烟，夹烟的手指会发黄，影响手部美观，看起来很脏，因此，抽烟的男性汽车销售顾问需要常用甘油擦拭夹烟的手指，烟渍易溶于甘油，故甘油可以去除手指上的烟渍。

（2）男性汽车销售顾问手部保养。

男性汽车销售顾问不必过多保养手部，只需在秋、冬季，临睡前洗手后，将护手霜均匀涂抹在手部。

2）女性汽车销售顾问手部基本护理

（1）女性汽车销售顾问手部清洁。

女性汽车销售顾问的手部皮肤较男性更为脆弱、柔嫩，故应选择低刺激性的香皂或洗手液进行手部清洁。

（2）女性汽车销售顾问手部保养。

女性汽车销售顾问手部皮肤较面部皮肤分泌的油脂更稀少，故女性汽车销售顾问每次洗手后都应在手上均匀涂抹滋润型护手霜（夏天可视手部油脂分泌情况而定）。除此之外，女性汽车销售顾问每天睡觉前都应在手上均匀地涂抹一层护手霜，这样会让手部得到很好的滋润和修复。女性汽车销售顾问还可根据自己手部的干燥以及受损情况，不定时地做手膜。手膜的使用方法是将手洗净后温热双手，然后将手膜套在手上，10~15分钟后洗净，再涂适量护手霜巩固保温效果（手膜在晚上睡觉前使用效果更佳）。

手部清洁步骤如图3-19所示，合格的汽车销售顾问的手部如图3-20所示。

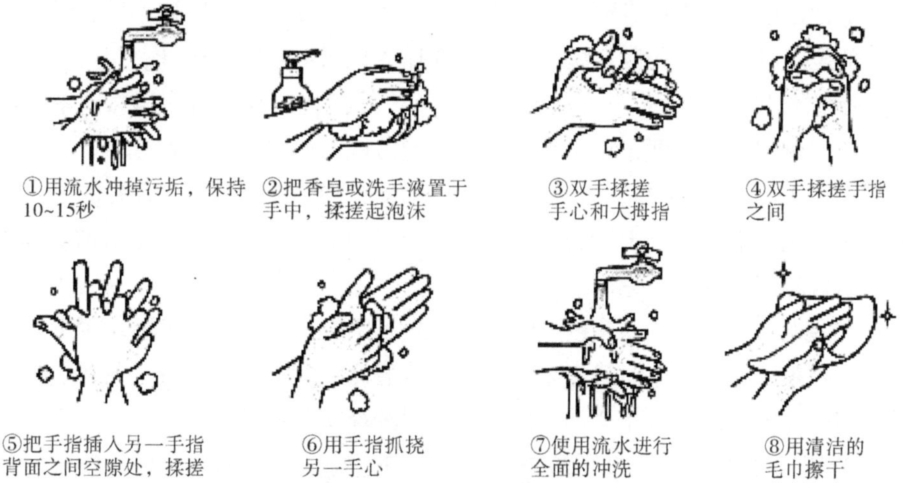

①用流水冲掉污垢，保持10~15秒　②把香皂或洗手液置于手中，揉搓起泡沫　③双手揉搓手心和大拇指　④双手揉搓手指之间

⑤把手指插入另一手指背面之间空隙处，揉搓　⑥用手指抓挠另一手心　⑦使用流水进行全面的冲洗　⑧用清洁的毛巾擦干

图3-19　手部清洁步骤

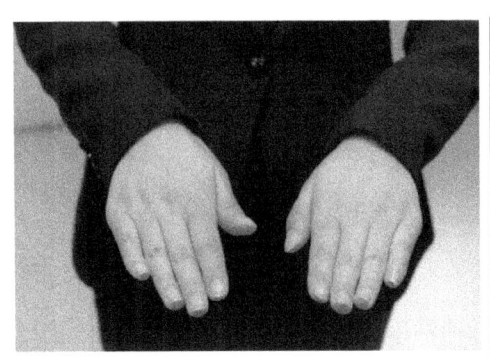

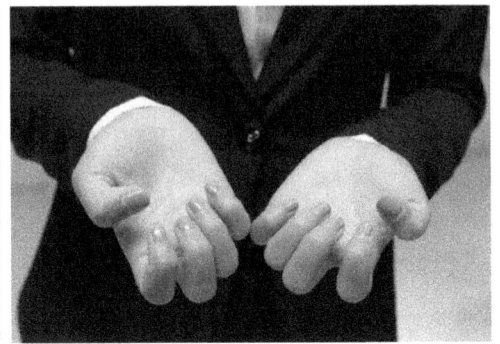

图 3-20　合格的汽车销售顾问的手部

第二节　妆容礼仪

化妆不但可以使人更加美丽，精神焕发，还可以使人充满活力，以愉快的心情投入学习和工作。化妆在公共场合起到交流感情、尊重他人、增进友谊的作用。人为的修饰使平凡的相貌焕发出超凡脱俗魅力，给人以美的享受。作为汽车销售顾问，淡妆上岗更是硬性要求。本节主要介绍汽车销售顾问化妆的方法。

一、男性汽车销售顾问妆容礼仪

1. 男性汽车销售顾问妆容要求

男性汽车销售顾问化妆的目的是让自己看起来精神饱满。与女性相比，男性汽车销售顾问妆容中有关色彩的部分需要被大量弱化，所以男性汽车销售顾问化妆时要注意：选择适合自己的粉底液以遮盖面部瑕疵，眉毛修饰得当，用润唇膏保护双唇。总之，男性汽车销售顾问化妆只需要突出阳刚之气，妆面不可太花哨，整体妆容要不着痕迹。

2. 男性汽车销售顾问妆容选择

男性汽车销售顾问的化妆步骤和整体成妆大体是相同的，由于脸型不同，最简单的修饰脸型的化妆部位就是眉毛，所以这里男性妆容选择就是男性眉形的选择。

（1）一字眉（图3-21）：一字眉比较适合瘦长的脸型。这款眉形虽然简单，但运用得当能够在视觉上增加脸部宽度，对于脸部短而窄的男性，一字眉是个好选择。

（2）自然眉峰（图3-22）：自然眉峰适合棱角分明的方脸，由于方脸的棱角分明，脸部线条硬朗，因此眉形不宜过于锋利，若方脸搭配锋利的眉峰，则凌厉感倍增。作为最需亲和力的汽车销售顾问，这是大忌。

（3）挺拔眉峰（图3-23）：在很多场合，圆脸不能展现出人的气场。对于男性汽车销售顾问，气场是很重要的，这时只需要修化出挺拔眉峰，就能提升男性的气场，使人看上去精神饱满的同时还能让线条过于柔和、缺乏立体感的面部具有轮廓感。

（4）弦月眉（图3-24）：瓜子脸较为纤细，搭配线条较粗的弦月眉，儒雅的气质立刻呈现。

图 3-21　一字眉　　　　　　　　　图 3-22　自然眉峰

图 3-23　挺拔眉峰　　　　　　　　图 3-24　弦月眉

3. 男性汽车销售顾问化妆方法

选好适合自己的眉形后，就可以开始化妆了。具体来说，男性汽车销售顾问化妆共分六个步骤。

（1）使用妆前乳：使用妆前乳是化妆的第一步，由于男性汽车销售顾问肌肤油脂腺分泌通常都比较旺盛，因此具有控油功效的妆前乳是首选。其可以保持面部清爽，为妆容增加持久度。

（2）使用粉底液：粉底液质地要透薄，以匀称自然的肤色为首选，如果本身肤色均匀，肤质尚可，那么也可以省略上粉底的步骤，以使肤色显得更自然。

（3）遮盖黑眼圈：男性汽车销售顾问的遮瑕主要针对眼周的黑眼圈，而斑点等小瑕疵不必太纠结。选择一款与眼周皮肤颜色相近的遮瑕膏十分重要。

（4）修饰眉毛：眉毛需要着重修饰，但不要太夸张。根据自己的脸型选择一款合适的眉形后，开始修出大致轮廓，清除轮廓外的杂乱眉毛，因为男性汽车销售顾问的眉毛大多比较浓密，所以画眉时多采用"补"的手法，然后用眉笔加深眉色即可。不建议使用纯黑色眉笔，因为其效果过于生硬，使用炭灰色眉笔最自然。

（5）眼部修饰：如果本身睫毛浓密就不用再涂睫毛膏，只画一条细细的眼线就足够了，眼线不要画得太满，尽量贴近睫毛根部。

（6）涂抹唇膏：男性汽车销售顾问需保持唇部不脱皮、不干燥，唇膏的重要性在秋、冬季节体现得尤为明显，所以男性汽车销售顾问要使用唇膏滋润嘴唇，使唇部呈现自然健康的色泽。唇膏（或唇彩）的颜色要根据肤色和唇形来选择，质地滋润、颜色自然是男性选择唇膏的第一要素。

4. 男性汽车销售顾问补妆方法

男性汽车销售顾问皮肤易出油，对妆容的保持很不利，如果不及时补妆，那么会因出油而脱妆，影响个人形象，所以掌握正确的补妆方法很重要。

步骤一：用吸油纸将面部多余油脂吸出。

步骤二：带妆皮肤会有负担，用柔肤水喷雾均匀喷洒全脸，以舒缓皮肤，保持面部水油平衡，这样可以使妆容更持久。

步骤三：待柔肤水被皮肤彻底吸收，涂抹适量妆前乳，再在脱妆区域均匀涂抹粉底液，然后用眉笔适当填补掉色的眉毛，在嘴唇上均匀涂抹一层薄薄的唇膏（唇彩）。

注意：不宜在公共场合补妆。

二、女性汽车销售顾问妆容礼仪

1. 女性汽车销售顾问妆容要求

女性汽车销售顾问化妆不仅可以使自己看起来更加精神、美丽，而且会让自己心情愉悦。随时保持良好的状态和得体的妆容是令人可以全身心投入工作的一大前提，也是尊重他人的表现。

女性汽车销售顾问必须淡妆上岗，浓妆会让人感到不自然。职业淡妆需要加强眉、眼、唇的刻画，以表现果断、干练的特点。

女性汽车销售顾问的妆容不可千篇一律，只有"扬长避短"，才能突出大方美丽、专业知性的独特气质。女性汽车销售顾问的常见妆容如图3-25所示。

图3-25 女性汽车销售顾问的常见妆容

2. 女性汽车销售顾问化妆方法

化妆是指运用化妆品和工具，采取合乎规则的步骤和技巧，对人体的面部、五官及其他部位进行渲染、描画、整理，增强立体印象，调整形色，掩饰缺陷，表现神采，从而达到美化视觉感受的目的的行为。化妆能表现出人物独有的自然美；能增添美感和魅力；能作为一种艺术形式，呈现一场视觉盛宴，表达一种感受。适当化妆，使自己有好气色，也是一种尊重他人的行为。女性汽车销售顾问的化妆方法如下。

1）使用妆前乳

妆前乳主要用于弥补肌肤色不均、暗沉的缺点，局部使用妆前乳能使肌肤得到修饰，呈现晶莹透亮的自然光泽。妆前乳是上妆前使用的化妆品，有白色液状的，也有透明液状的，白色液状的较为多见。

2）使用粉底液

粉底液质地轻薄，易涂抹，少油腻感，是当今很流行的一种粉底化妆品，适合大多数肌肤，尤其适合油性皮肤和作夏季快速上妆修饰之用。

3）使用遮瑕膏

每个人脸上都会有各种瑕疵，运用遮瑕膏可以让皮肤变得光滑细致。遮瑕膏的质地通常有三种：液状、膏状和条状。

4）使用眼影

眼影是彩妆的一种，涂抹在眼皮和眼角上会产生阴影和色调反差。眼影有粉末状、棒状、膏状、乳液状、铅笔状和亮片状，而且色彩繁多。

5）使用眼线笔、眼线液、眼线膏

眼线笔是一种彩妆产品，用来加深和突出眼部的彩妆效果，使眼睛有精神。其外形类似铅笔。可使用特制的卷笔刀或小刀去除多余的木质部分，也可改善笔头的粗细。

眼线液在传统观点里被认为是化妆师的专属产品，但随着人们对彩妆产品的了解和拥有程度的加深，以及对妆容效果要求的升级，眼线液也与时俱进地变成一种"民用"产品。

眼线膏有两个主要特点，第一是其质感表现力强，可以表现珠光、哑光、金属光泽等不同的质地效果；第二是其妆效比眼线液长久、自然，是最长效的眼线产品，因此，很多专业化妆师都备有眼线膏。

画眼线的方法为眼线笔和眼线液并用，使眼头延展出 2~3 mm。根据不同的要求和搭配，可以选择不同的画眼线工具。

6）使用眉笔、眉粉

眉笔是画眉用的化妆品。眉色的深浅浓淡向来是时髦与否的一个重要参数。其优点是方便快捷，适宜勾勒眉形、描画短羽状眉毛、勾勒眉尾；其不足之处是描绘的线条比较生硬，不能调和色彩，由于含有蜡，因此若使用眉笔勾勒眉毛，则在温热和潮湿的环境下，相对容易脱妆。

眉粉是供人们用眉粉刷蘸取，均匀涂在眉毛上的粉状画眉用化妆品。其使用方法是由眉毛头向眉尾方向涂，力度要均匀。使用眉粉给眉毛上妆，比仅使用眉笔化出来的妆容更自然。

7）使用口红、唇彩

口红是一种供唇部使用的化妆品，其主要功能是赋予嘴唇色彩，强调或改变唇部轮廓，显出好气色。

古时候，人类便已开始使用一些有颜色的矿物和植物色素涂抹在面颊和唇部上，以达到美容的目的。随着化妆品的发展，口红的色彩、配方和功能都发生了较大的改变。

口红的色调与发型、指甲油色彩和服装变化密切相关，变得更具有潮流色彩。特别是近年来各种珠光粉和颜料的使用，使口红的色彩更加多样化，质感更加舒适。与其他化妆品的发展趋势相似，口红继续保持以美容为主，兼顾保湿、滋养和防晒的功能。

唇彩是用于唇部的化妆品，质地为黏稠液体或薄体膏状，富含各类高度滋润油脂和闪光因子，所含蜡质及色彩颜料少。唇彩晶亮剔透，滋润轻薄；上色后使唇部湿润，立体感强；

尤其当人们追求特殊妆扮效果时，其表现更为突出。

8）使用睫毛膏

睫毛膏是一种用于涂抹睫毛的化妆品，其目的在于使睫毛浓密、纤长、卷翘，以及加深睫毛的颜色。睫毛膏通常由刷子以及内含涂抹用印色且可收纳刷子的管子两大部分组成，刷子有弯曲型的，也有直立型的。睫毛膏的质地可分为霜状、液状与膏状。

人们对睫毛膏的初步要求是上色，乳质膏体上色好，见效快，但易晕妆，因此，随着美妆热爱者对美的效果要求不断提升，出现了粉质膏体，粉质膏体相对乳质膏体来说比较"干"，因此，需要多刷几遍才能达到好的效果。

9）使用高光粉

高光粉是一种修饰五官，局部提亮，增加妆容的光泽感，提升脸部轮廓的化妆品，其原理是利用光的漫散射来修饰面部细小瑕疵，它可以使不同的皮肤呈现光泽效果，塑造脸部的立体感。

10）使用阴影粉

阴影粉是一种用来修饰脸部轮廓，使五官更立体的化妆品。其色彩一般以棕色或者咖啡色为主。

阴影粉的使用方法是用粉刷扫在脸部凹陷部位，如鼻梁两侧，额头两边，颧骨下方。用小刷子蘸上阴影粉，刷在窄小、不够突出的部位。

11）使用腮红

腮红是一种涂敷于面颊颧骨部位，使人们呈现健康红润气色及突出面部立体感的化妆品。腮红通常使用红色系颜料制成，使皮肤呈现健康红润的气色并且可以突出脸部的轮廓感。根据剂型的不同，腮红可分为液体型、半固体型、固体剂型和气雾剂等。女性汽车销售顾问应根据肤色、肤质、服饰、气质及妆面要求选择不同类型、不同色彩的腮红。

12）使用定妆粉

定妆粉是一种吸收面部多余油脂、减少面部油光，起到定妆作用的化妆品，它可令妆容持久、柔滑细致。此外，散粉还有遮盖脸上瑕疵的功效，尤其适用于日常生活妆。化妆时，若仅使用粉底液时妆容会随着油脂的分泌而滑落，或者眼底、脸颊出现眼影、腮红的斑痕而导致妆容脱落，定妆粉可以解决这种问题，其配方中的滑石粉可以吸收多余油脂，保持妆容稳定。

3. 女性汽车销售顾问补妆方法

汽车销售顾问事务繁忙，所以快速补妆是其必备技能之一。

步骤一：先用面巾纸清除灰尘、汗水等，否则不仅会使补的妆不服帖，而且看起来显得很脏。

步骤二：用吸油纸吸掉面部的油脂（油脂容易积累的地方要多注意，譬如鼻翼、额头位置）。

步骤三：用面巾纸或者棉签将晕染开的眼影和眼线擦掉，如果在晕染开的眼影和眼线上直接补妆，会导致补的眼影和眼线看起来很杂乱，妆容很粗糙。

步骤四：用粉饼将面部原有的底妆按压均匀。

步骤五：重新涂口红和眉笔。

注意：不宜在公共场合补妆。

课堂实训

[实训目标]

掌握仪容礼仪及化妆技巧。

[实训内容]

由学生扮演用人单位负责人对其他同学进行仪容检查。

[实训操作]

课前，学生根据课堂所学，在宿舍进行个人仪容修饰；课堂中，由两位学生扮演用人单位负责人，对其他学生的仪容进行打分，评判他们是否符合汽车销售顾问的仪容要求。学生准备实训场景如图3-26所示。

图3-26 学生准备实训场景

[成果要求]

学生根据仪容礼仪考核要求完成测试。男性汽车销售顾问仪容评分标准见表3-1，女性汽车销售顾问仪容评分标准见表3-2。

表3-1 男性汽车销售顾问仪容评分标准

序号	评分项目	评分标准	分值	得分
1	头发	长发不覆额，侧发不掩耳，后发不及领，长度最好不超过7厘米	25	
2	面部	干净、整洁、不油腻，剃胡须，鼻毛不外露，化职业淡妆	25	
3	手部	不留长指甲、干净	25	
4	整体感觉	干练、清爽的职业形象	25	

表3-2 女性汽车销售顾问仪容评分标准

序号	评分项目	评分标准	分值	得分
1	头发	不烫发，不染发，长发应束起	25	
2	面部	干净、整洁、不油腻，化职业淡妆	25	
3	手部	不留长指甲，干净，不涂有色指甲油	25	
4	整体感觉	优雅、大方、美丽的职业形象	25	

练习与思考

一、单选题

1. 下列符合汽车销售顾问仪容礼仪要求的是（　　）。
   A. 把头发染成艳丽的彩发　　　　　　B. 把指甲涂抹成彩色
   C. 使用洁面护肤品　　　　　　　　　D. 浓妆艳抹

2. 应坚持经常洗头，最好（　　）。
   A. 每周洗一次头　　　　　　　　　　B. 每周洗两次头
   C. 每天洗一次头　　　　　　　　　　D. 每天洗两次头

3. （　　）集高贵、典雅于一身，是一种很庄重的妆型，常用于新闻主持、公务交流、谈判等场合。
   A. 谈判妆　　　B. 晚宴妆　　　C. 上班妆　　　D. 自然妆

4. （　　）脸型适合以下说法：发型设计就要从视觉上拉长脸型，让脸型显瘦、显长。
   A. 长形　　　B. 圆形　　　C. 椭圆形　　　D. 方形

二、多选题

1. 以下可以归为化妆水类型的是（　　）。
   A. 美容喷雾　　　B. 爽肤水　　　C. 收缩水　　　D. 平衡液

2. "三点一线"眉毛比例是指以下哪几点构成一垂直直线。（　　）
   A. 眉头　　　B. 内眼角　　　C. 外眼角　　　D. 鼻翼

3. 下列洗头方法不正确的是（　　）。
   A. 每日洗头　　　　　　　　　　　　B. 将护发素放于发根和头皮，轻轻按摩
   C. 洗发时按摩一分钟，太长则伤发　　D. 冲洗头发时不要冲洗得太干净

三、判断题

1. 光靠皮肤表层补水是不够的，每日应喝足八杯水。（　　）
2. 化妆水是一种液态护肤品，应当在洗脸后使用，尤其在炎热的夏天，它甚至可以取代润肤品。（　　）
3. 谈判妆因为用于出席谈判的场合，化妆时，眉毛应该避免出现有棱角。（　　）
4. 圆形脸型可以增加前额层次，或使之上翘，还可以不留刘海，以免遮住脸庞。（　　）

第四章

汽车销售顾问仪表礼仪

学习目标

（1）熟知仪表的内涵、仪表修饰的原则以及规则。
（2）熟知男性汽车销售顾问仪表规范，能够正确着装并佩戴饰物。
（3）熟知女性汽车销售顾问仪表规范，能够正确着装并佩戴饰物。

案例引导

39岁的妮娜在哈里法克斯银行工作了15年，她拥有所有女人梦想的迷人身材，还有热情开朗的性格以及非常好的人缘，而且对工作兢兢业业，深受同事们的喜爱。妮娜非常清楚自己拥有的"特殊武器"，她上班时无时无刻不在展现自己的魅力。每天，妮娜都会穿着突出自己性感身材的衣服。

近两年，刚来到妮娜所在部门的新手都已经成了妮娜的项目经理，妮娜所在的部门经理麦克虽然对她的工作能力毫无不满，并且还颇为欣赏，但是却从来没有提拔妮娜的想法。妮娜向猎头公司送去的简历也杳无音信。

思考：妮娜为什么得不到职位晋升的机会？

第一节　基础礼仪

仪表礼仪的基本要素包括一个人的外部轮廓、容貌、表情、举止、服饰、风度等方面。仪表礼仪看似只是外表，其实正如人们常说的谦谦君子和窈窕淑女，主要是指君子和淑女在德才、学识等方面的内在修养通过其穿着打扮和待人接物时所表现出来的外在行为举止特征，即风度。风度是仪表礼仪的外在表现，也是仪表礼仪的核心要素。

一、仪表的内涵

仪表是指一个人的外部轮廓、容貌、表情、举止、服饰留给他人的总体印象，是一个人精神面貌的外在表现。一个人若想保持端庄、大方的仪表，则需要时刻注意个人卫生与服饰搭配。

1. 卫生

卫生是仪容美的关键，是礼仪的基本要求。不管长相多好，服饰多华贵，若满脸污垢，浑身异味，必然破坏一个人的美感，因此，每个人都应该养成良好的卫生习惯，做到入睡前和起床后洗脸，早晚勤刷牙，经常洗澡，勤更衣。不要在他人面前剔牙、掏鼻孔、挖耳屎、修指甲等，这样既不美观，也不尊重他人。

2. 服饰

服饰反映了一个人文化素质之高低、审美情趣之雅俗。具体来说，服饰既要自然得体、协调大方，又要遵守某种约定俗成的规范或原则。服饰不但要与自己的具体条件相适应，还必须时刻注意客观环境与各种场合对人的服饰要求，即服饰打扮要与时间、地点和目的保持协调一致。

二、仪表修饰的原则

在生活中，仪表是非常重要的，它反映出一个人的精神状态和礼仪素养，是人们交往中的"第一形象"。天生丽质的人毕竟是少数，然而，每个人都可以靠化妆、发型、着装等手段弥补和修饰自己在容貌、体型等方面的不足，并在视觉上把自身较美的方面展现出来，使形象得到美化。成功的仪表修饰一般应遵循以下原则。

1. 适体性原则

要求仪表修饰与个体的性别、年龄、容貌、肤色、身材、体型、个性、气质及职业身份等适宜和协调。

2. 整体性原则

要求仪表修饰先着眼于人的整体，再考虑各个局部的修饰，促成修饰与人自身的诸多因素之间的协调一致，使之浑然一体。

3. 适度性原则

要求仪表修饰无论在修饰程度上，还是在饰品数量和修饰技巧上，都应把握分寸，自然适度，追求虽刻意雕琢却又不露痕迹的效果。

三、仪表礼仪的三个规则

1. 注重仪表的协调

所谓仪表的协调，是指一个人的仪表要与其年龄、体型、职业和所在场合吻合，表现出一种和谐的美感。不同年龄的人有不同的服饰要求。不同体型、不同肤色的人，应考虑扬长避短，选择适合自己的服饰。

2. 注意色彩的搭配

所谓色彩的搭配，是指对色彩进行搭配，以获得更好的视觉效果。暖色给人以温和、华贵的感觉，冷色调往往使人感到凉爽、恬静、安宁，而中和色则给人以平和、稳重、可靠的感觉，是最常见的工作服装用色。在选择服饰色彩时，应考虑到各种色调与肤色的协调，选定合适的服饰。

3. 注意场合的变化

注意场合的变化是指根据不同场合选择服饰。在喜庆场合、庄重场合及悲伤场合，应注意选择不同类型的服饰，要遵循不同的规范与风俗。

第二节　男性汽车销售顾问仪表规范

一、男士西装

现代西装出现之前，近代西方男士出席商务场合所穿的套装，只有一件又长又厚的黑色外套，称为"Frock Coat"。直至19世纪末，美国人开始改穿比较轻便、长度只及腰间的外套，称为"Sack Suit"。这成了非正式、非劳动场合的日间标准装束，即使是最不在意外表的男士也会有一套这样的西装，以便在星期日去教堂时穿。第二次世界大战开始之前，这种简便套装会连同背心一起穿。

1. 男士西装三大分类

1）运动西装

运动西装（图4-1）上衣采用双排4扣枪驳头或单排3扣平驳头形式，标准色为藏蓝色。运动西装配浅色细条格裤子为英国风格，配土黄色卡其裤为国际通用款式。为增强运动气氛，金属扣为其突出特征，袖叉装饰扣以两粒为准。明贴袋和明线是其工艺的基本特点。

运动西装的另一个突出特征是其社团性。其经常作为体育团体、俱乐部、职业公关人员、学校教师和公司员工的制服。其造型基本是基于军服设计的。其象征性主要是不同的社团采用不同标志的徽章，通常设在左胸部。徽章造型的选择要根据社团性质和特点而定，一般竞技性、对抗性强或崇尚传统的社团采用象形徽章较多；职业性、公关性强的社团多采用几何形徽章；同时，金属扣的图案也要和徽章统一起来，这几乎成为鉴别真假运动西装的关键。

图4-1　运动西装

2）休闲西装

休闲西装（图4-2）又称夹克西装、调和西装。由于休闲西装最具有苏格兰传统特点，因此，其特色是以苏格兰人字呢或格子呢为面料。上衣通常以蓝色或浅褐色为主调，下装为自由搭配的休闲裤。休闲西装主体风格类型属于便装，它一般不含常规礼仪的元素，可以不佩戴领带，因此和运动西装不同，是完全休闲化的。

图4-2 休闲西装

从传统角度看，休闲西装是打高尔夫球、钓鱼、射击、骑马、郊游、打网球等时适宜穿着的服装。其面料通常根据季节而改变，冬季用粗纺呢，春、秋季多用薄型条格法绒，夏季用轻薄棉麻织物的面料。在男士经典服装中，休闲西装的品种最为丰富，它有很强的辐射力，在未来男装的发展趋势中它所占的空间将越来越大。

3）商务西装

商务西装（图4-3）就是指用相同材质（含羊毛70%以上的毛料）和相同颜色（颜色以深色为主）的面料组成的两件套或三件套的西装。商务西装是西装中的最高级别，既可以作为常服，也可以作为常礼服，常用于出席商务活动。男性汽车销售顾问在上班期间以商务西装为主要服装。

图4-3 商务西装

三种西装级别的差异综合起来有四个因素：色调、款式、质地、搭配。级别越高，则色调就越简单而庄重，款式越大方而简洁，面料越精细而挺括，搭配越规整而有序。

2. 男士商务西装的分类

1）按场合分类

按穿着场合划分，男士商务西装可以分为礼服和便服两种。

（1）礼服：礼服又可以分为常礼服（又称晨礼服，白天穿）、小礼服（又称晚礼服，晚间穿）、燕尾服。礼服要求布料必须是毛料、纯黑，需配黑皮鞋、黑袜子、白衬衣、黑领结。

（2）便服：便服又分为便装和正装。人们一般穿的都是正装。正装一般是深颜色、羊毛料（含羊毛70%以上），上、下身必须同色、同料而且做工精良。

2）按西装件数分类

按西装件数划分，男士商务西装可分为单件西装、二件套西装、三件套西装。

商界男士在正式的商务交往中所穿的商务西装，必须是西装套装，在参与高层次的商务活动时，以穿三件套西装套装为最佳。

（1）单件西装。

单件西装，即一件与裤子不配套的西装上衣，仅适用于非正式场合。

（2）二件套西装。

二件套西装，指的是上衣与裤子成套，其面料、色彩、款式一致，风格呼应。通常，西装套装有二件套与三件套之分。

二件套西装包括一衣、一裤，三件套西装则包括一衣、一裤和一件背心。

（3）三件套西装。

按照人们的传统看法，三件套西装比二件套西装显得正规一些。一般参加高层次的对外活动时，应穿三件套西装。穿单排扣西装套装时，应该扎窄一些的腰带；穿双排扣西装套装时，则扎稍宽的腰带较为合适。

3）按纽扣分类

按西装上衣的纽扣排列划分，男士商务西装分单排扣西装上衣与双排扣西装上衣，西装后片开衩分为单开衩、双开衩和不开衩，单排扣西装上衣可以三选一，而双排扣西装上衣则只能选择双开衩或不开衩。

（1）单排扣西装上衣。

最常见的有一粒纽扣、两粒纽扣、三粒纽扣三种。一粒纽扣、三粒纽扣的单排扣西装上衣穿起来较时髦，而两粒纽扣的单排扣西装上衣则显得更为正规一些。男士常穿的单排扣西装上衣款式以两粒纽扣、平驳领、高驳头、圆角下摆款为主。

（2）双排扣西装上衣。

最常见的有两粒纽扣、四粒纽扣、六粒纽扣三种。两粒纽扣、六粒纽扣的双排扣西装上衣属于流行的款式，而四粒纽扣的双排扣西装上衣则明显具有传统风格。男士常穿的双排扣西装上衣是六粒纽扣、枪驳领、方角下摆款。

4）按版型分类

所谓版型，指的是西装的外观轮廓。严格地讲，男士商务西装有五种基本版型。

（1）欧版西装。

欧版西装实际上是在欧洲，比如意大利、法国流行的。总体来讲，它们都叫欧版西装。欧版西装的基本轮廓是倒梯形，实际上就是肩宽收腰，完美的男士体型应当是一个倒立的三角形。

（2）英版西装。

英版西装是欧版西装的一个变种。它是单排扣的，但领子比较狭长，和盎格鲁－萨克逊这个主体民族有关。盎格鲁－萨克逊人的脸形比较长，所以他们的西装领子比较宽广，也比较狭长。英版西装一般以三粒纽扣的居多，其基本轮廓也是倒梯形。

（3）美版西装。

美版西装就是美国版的西装。美版西装的基本轮廓是 O 形。它宽松肥大，适合在休闲商务场合穿，所以美版西装往往以单件居多，一般都是休闲风格。美国人一般着装的基本特点可以用四个字来概括，即"宽衣大裤"。美版西装的特点是强调舒适和随意。

（4）日版西装。

日版西装的基本轮廓是 H 形的。它适合亚洲男人的身材，没有宽肩，也没有细腰，给人严谨慎重的感觉。不过日版西装会使胖人显胖、瘦人显瘦。日版西装完全起不到修饰身型的作用。一般而言，日版西装多是单排扣式，衣后不开衩。

（5）韩版西装。

韩版西装是指具有韩国时尚元素的西装，它由传统西装演变而来，其版型的基本特点是修身、显腿型、样式多变。

5）按领型分类

按领型分类，男士商务西装可分为平驳领西装、枪驳领西装和苹果领西装三类，汽车销售顾问可根据自己的脸型和气质，根据商务场合的不同来选择。

（1）平驳领西装（图 4-4）。

平驳领翻领通常开 75°~90°角，是单排扣西装的标准制式。它在普遍的场合也可以穿着，商务、婚礼或者休闲场合都能穿着，可以轻松地和任何衬衫或 T 恤搭配，而且在任何场合都不会有违和感。

（2）枪驳领西装（图 4-5）。

枪驳领朝向俩肩，多用于双排扣西装。枪驳领西装比较特别，它杂糅了平驳领西装的稳重、经典、正式、传统，又开拓出了自己的新气质——精致、优雅，其突出的领型设计将西装的刚毅刻画得更加深刻。枪驳领西装的风格相对平驳领西装高调和张扬。另外，对于个子不高或者体格健壮的人，尤其是圆脸和娃娃脸的人，枪驳领能够在一定程度上掩盖缺点。

（3）苹果领西装（图 4-6）。

苹果领又名青果领、大刀领，也是礼服领中的一款。苹果领西装适合在隆重场合穿着，经过改良的苹果领西装不但适合在正式婚礼中穿着，也可以通过混搭，在平时的休闲商务活动中穿着。苹果领西装适合圆脸及脸部肉较多的人，细长的西装领视觉上有拉长效果，能够很好地修饰人的脸型；文质彬彬及体型纤细的人也可选择此款西装，硬朗的线条和剪裁将使人显得阳刚气息十足。

图 4-4　平驳领西装 　　　　图 4-5　枪驳领西装 　　　　图 4-6　苹果领西装

二、男性汽车销售顾问西装穿着的基本原则

1. 男性汽车销售顾问着装 TPO 原则

TPO 是三个英语单词的缩写，它们分别代表时间（Time）、地点（Place）和场合（Occasion），即着装应该与时间、地点和场合协调。

1）时间原则

男性汽车销售顾问在上班期间都应穿着单位统一发放的西装，不同的季节、气候，各汽车 4S 店的统一西装在面料或款式上都有区别，应在对应的季节、气候穿对应的西装。

2）地点原则

如果在单位或者会议室，男性汽车销售顾问应着正装；如果在家中接待客户，那么可以穿着舒适但整洁的休闲装。

3）场合原则

衣着要与场合协调。男性汽车销售顾问与客户会谈、参加正式会议时，衣着应庄重考究，穿正装；若在假期与客户出去游玩，则应着休闲装。

2. 男性汽车销售顾问着西装的七大原则

1）三色原则

三色原则是国外经典商务礼仪规范所强调的，国内著名的礼仪专家也多次强调过这一原则，即男性汽车销售顾问身上的颜色不应超过三种（很接近的色彩视为同一种）。

2）三一定律

鞋子、腰带、公文包应使用同一种颜色，以黑色为最佳。

3）三大禁忌

（1）左袖商标要拆掉。

（2）不能穿尼龙袜子，不能穿白色袜子。

（3）领带质地选择真丝和毛料的，除非与制服配套，否则不可用"一拉得"领带。领带颜色一般选用深色，穿夹克衬衫时不能打领带。

4）有领原则

有领原则是指正装必须有领子，无领子的服装，比如 T 恤、运动衫等不能称为正装。正装中的"领子"通常是指有领衬衫。

5）纽扣原则

绝大部分情况下，正装应当是纽扣式服装，拉链式服装通常不能称为正装，即使某些比较庄重的夹克也不能称为正装。

6）腰带原则

穿长裤时必须系腰带。安装松紧带的运动裤不能称为正装，牛仔裤也不能称为正装。

7）皮鞋原则

正装的标配是皮鞋。运动鞋和布鞋、拖鞋不能称为正装。最经典的正装皮鞋是系带式的，不过，随着潮流的变迁，方便、实用的懒人式无带皮鞋逐渐成为主流。

三、男性汽车销售顾问着装要求

1. 着装需合身

对于任何西装，合身都是着装的第一要求。如果不合身，那么再好的西装也穿不出气质。

1) 男性汽车销售顾问穿着西装的正面（图 4-7）

从正面看，从上到下没有松垮感，同时，又不能过于紧而产生拉扯的皱褶。

（1）尺寸偏大的西装所暴露出来的问题有：

① 西装没有腰身，成筒状。

② 袖子过长，遮盖了衬衫袖口。

（2）尺寸偏小的西装反映的问题则是：

① 西装扣起来后胸前有拉扯感，成明显放射状褶皱；

② 袖子过短，衬衫袖口露出过多，大于 1 厘米。

尺寸偏大　　　　　尺寸合适　　　　　尺寸偏小

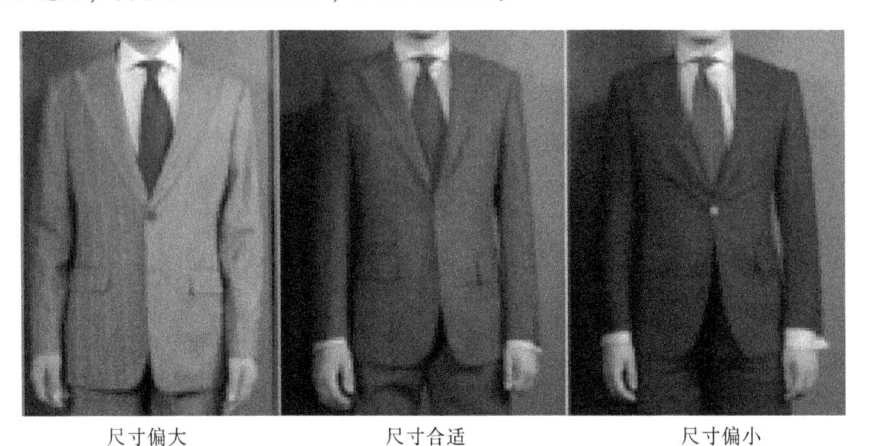

图 4-7　男性汽车销售顾问穿着西装的正面

2) 男性汽车销售顾问穿着西装的侧面（图 4-8）

从侧面看，西装袖子给人的视觉感是要尽量细，而且要符合手臂自然弯曲的弧度，当手臂自然下垂的时候袖子不能有皱褶，正好露出 1 厘米左右的衬衣袖口。

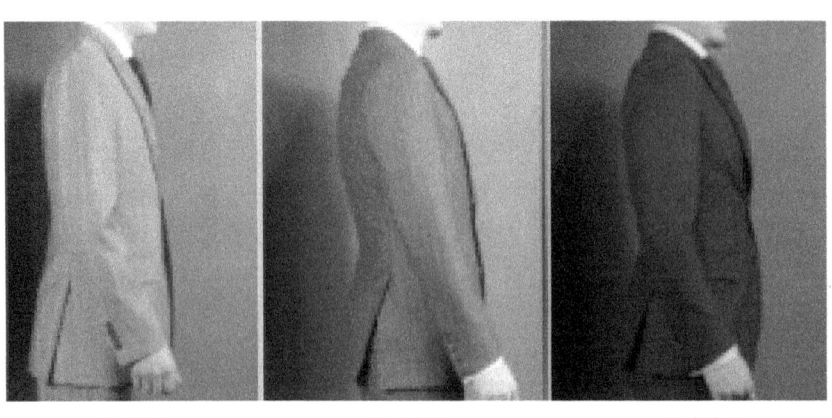

尺寸偏大　　　　　尺寸合适　　　　　尺寸偏小

图 4-8　男性汽车销售顾问穿着西装的侧面

(1) 尺寸偏大的西装会造成：
① 西装袖子在手肘处堆砌而形成褶皱；
② 西装上衣袖子过长而盖住衬衫袖口。
(2) 尺寸偏小的西装会造成：
① 西装袖子紧绷在手臂上，且袖窿处有明显拉扯，呈放射状褶皱；
② 西装袖子过短而露出过多的衬衫袖口。

3）男性汽车销售顾问穿着西装的背面（图4-9）

从背面看，西装完美勾勒出背部曲线的同时，在站直时不能有皱褶。

(1) 尺寸偏大的西装会造成：
① 背部有明显的多余空隙；
② 西装上衣过长，盖住小部分腿，显得身材比例不好。
(2) 尺寸偏小的西装会造成：
① 背部有明显横向褶皱，且上身有紧绷感；
② 西装上衣过短，坐下时露出腰带和衬衫，十分不雅。

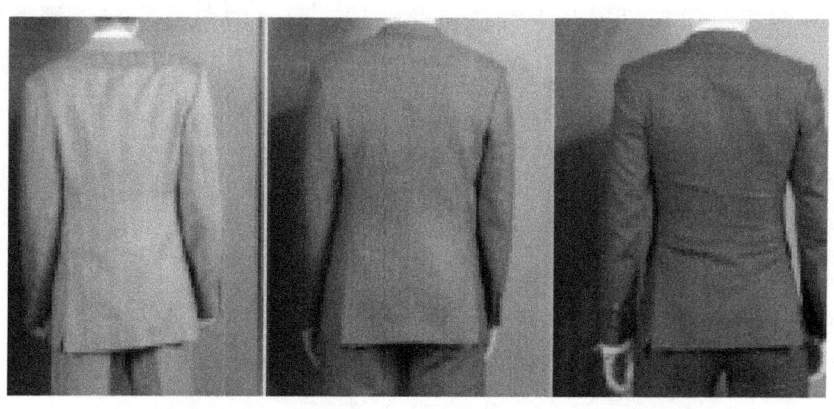

尺寸偏大　　　　　尺寸合适　　　　　尺寸偏小

图4-9　男性汽车销售顾问穿着西装的背面

2. 男性汽车销售顾问着装重细节

挑选合身的西装后，西装的细节优劣往往能体现其品质的高低。

1）对格对条（图4-10）

条纹西装比纯色西装制作难度高，因为好的西装在口袋处，袖子和前、后片，肩缝等处都要达到对格对条，完全体现品牌对品质的要求。

衣身　　　　肩部　　　　袖子　　　　口袋

图4-10　对格对条

2)衣领弧度(图4-11)

高品质西装的衣领是靠内衬的弧度自然翻过来而不是伪熨烫的,看起来自然而优雅;低品质西装则十分不合体。

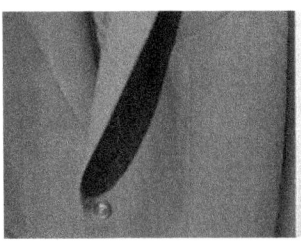

高品质西装的衣领弧度　　　　低品质西装的衣领弧度

图4-11　衣领弧度

3)纽扣材质(图4-12)

高品质西装的纽扣一定是用动物的角质打磨而成的(少数高档西装因为设计需要也会使用贝壳纽扣或者金属纽扣),绝对不会使用塑料纽扣。这两种纽扣在价格上有很大的差别。一颗塑料纽扣只要几毛钱甚至几分钱,而贵的角质纽扣一颗就要40~50元。二者的区分方法也很简单,角质纽扣因为是天然材料,所以每颗纽扣的纹路都是不一样的。

高品质西装的纽扣材质　　　　低品质西装的纽扣材质

图4-12　纽扣材质

4)袖口纽扣(图4-13)

高品质西装的袖口纽扣一定是可以打开的,这样袖子在必要时可以卷起来,而低品质西装的袖口纽扣只是钉在袖子上起装饰作用而已。

高品质西装的袖口纽扣　　　　低品质西装的袖口纽扣

图4-13　袖口纽扣

5）细节处的裁剪工艺

（1）袖口：高品质西装的袖口是斜裁的。如果平裁，那么当手臂抬起的时候会露出过多的衬衫袖口；斜裁时，当手臂抬高的时候露出的衬衫袖口长度过多的问题就会有明显改善。袖口裁剪工艺如图4-14所示。

图4-14 袖口裁剪工艺

（2）裤脚：高品质西装裤子的裤脚前短后长，从侧面看也是斜着的，因为鞋子的前端比后端高，这样裁保证裤子前、后都能够刚好盖到鞋面。脚口裁剪工艺如图4-15所示。

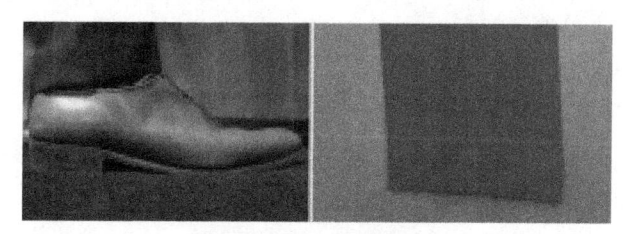

图4-15 裤脚裁剪工艺

（3）胸前口袋：高品质西装前胸的口袋有一个弧度，这样将西装穿在身上的时候，口袋才会平整地贴在胸前。西装胸前口袋裁剪工艺如图4-16所示。

图4-16 胸前口袋裁剪工艺

6）插花孔

高品质西装一般在衣领上有一个类似扣眼的用来插花的插花孔（图4-17），但是只有顶级的西装的衣领后面会专门缝一条线，用来别花枝以体现品牌对传统的尊重。

图4-17 插花孔

四、男性汽车销售顾问着装禁忌

男性汽车销售顾问除了将男士商务着装礼仪熟记于心，能在各个场合穿适合自己的商务西装并熟练应用男士商务着装礼仪外，还应将着装禁忌烂熟与心，时时提醒自己不能触犯，否则就会事倍功半，功亏一篑。

1. 西装

（1）忌西装褶皱、有污渍，应保持西装平整有型。

（2）忌西装不合身，太紧或者太松都很尴尬。

（3）忌在正式场合西装颜色过于出挑，套装上、下颜色不一致。在正式场合应以深色西装为佳，套装上、下颜色应一致。

（4）忌西装袖口的商标不剪去。

（5）忌西装纽扣不按照西装扣法扣，最忌在任何场合都把西装所有纽扣全扣上。

2. 衬衫

（1）忌在正式场合单独穿衬衫。

（2）忌衬衫领子太大，领、脖间存在过大空隙。

（3）忌衬衫领口敞开时系领带。

（4）忌衬衫颜色和图案花哨，忌衬衫颜色与西装颜色相近，忌衬衫与西装风格不符。

（5）忌将衬衫放在西裤外。

（6）忌衬衫袖口短于西装袖口。

3. 领带

（1）忌领带质地非羊毛或真丝。

（2）忌领带打法出现问题。

（3）忌领带颜色过于刺眼，忌领带颜色、图案与西装不协调。

（4）忌领带太短或太长。

（5）忌领带夹戴错位置。

4. 腰带

（1）忌过分突显腰带。

（2）忌腰带颜色夸张，忌腰带颜色与皮鞋、公文包颜色不一致。

（3）忌腰带上挂过多东西，应简洁。

5. 西裤

（1）忌西裤褶皱有污渍，忌没有明显笔挺的裤线。

（2）忌西裤过短，忌裤管过短而盖不住皮鞋。

6. 鞋袜

（1）忌西装搭配除皮鞋之外的鞋子种类。

（2）忌皮鞋有污渍。

（3）忌上班期间穿颜色鲜艳的皮鞋或者浅色系皮鞋。

（4）忌皮鞋颜色和鞋带颜色不协调。

（5）忌穿白色袜子，忌袜子过短导致腿部皮肤露出。

五、男性汽车销售顾问佩戴饰物礼仪

恰到好处的装饰可使庄重的西装生动起来，因此，男性汽车销售顾问佩戴饰物也应符合礼仪规范。

1. 腰带

1）佩戴腰带的含义

腰带对男士的重要性是其他服饰配件无法取代的，是男士对于生活方式、生活态度的象征，更是一位男士身份和个性的象征。一条好的腰带可以为男士锦上添花，但如果腰带佩戴不恰当，那么会起到相反的效果，所以男士选择一条适合自己的腰带是非常有必要的。

2）腰带的选择

男士腰带是展现其身份与气质的饰物，它在男士服装搭配中有不可替代的作用。不同类型的服装搭配不同的腰带，不同的着装场合需要选择不同的腰带，千万不要忽视腰带的选择。

（1）根据本身气质选择。

①成熟商务气质的男士：成熟商务气质的男士沉着、从容、含蓄；经典款式的腰带简洁、纯粹、坚韧。高贵的小牛腰带与金、银色的亮光、哑光金属环扣搭配，承袭传统，细节上稍作改变，含蓄地流露出具有时代气息却不失经典本色的厚重感，非常能显示商务男士简练与硬朗的本色。

②浪漫气质的男士：富有浪漫气质的男士总会吸引许多女士的视线。他们佩戴的腰带颜色比较丰富，点缀也稍多一些，不过，男士的浪漫不像女士那样情绪化，而是更为沉默和含蓄，因此，男士的腰带也不像女士那样富于变化。男士腰带的变化是微妙细致的。纤细的款型、淡彩的颜色，正与拥有浪漫气质的男士一拍即合。

③运动气质的男士：拥有运动气质的男士自由、奔放、充满活力。他们会把目光投向那些彰显豪迈个性的腰带。粗线条的牛仔腰带、皮革编织腰带都体现了非同寻常的运动气质。亚麻和皮革两种不同材料编织在一起，配合得天衣无缝，虽然不华贵，却可体现出运动男士的气质。

（2）根据场合选择。

①商务场合：出席商务场合时，留给他人的第一印象是非常重要的，尤其对于汽车销售顾问而言。一条质地优良、款式时尚的腰带确实能够反映出一个人的品位，但在商务场合，还是适当抛弃具有自身气质的腰带，选择比较安全、保险、中规中矩的黑色简约腰带为好。

②休闲场合：晚上与商务伙伴出席聚会时，可以选择能够体现自己的气质、款式略显活泼的腰带，以突显个人风格和自己独特的品位。

3）使用腰带的原则

（1）腰带佩戴原则。

① 腰带长、宽、厚度原则。

腰带若太窄，则会失去阳刚之气；若太宽，则只适合休闲、牛仔风格的装束，而腰带宽度和厚度的原则是，又窄又薄为正式，又宽又厚为休闲，和深色西装搭配的腰带宽度应为

2~3厘米，休闲风格的腰带宽度应为3~4厘米。腰带的长度是不应忽视的，多数腰带都有五个孔，理想的情况是，在用餐之前，带扣叉应穿过中间或第3个孔。

② 腰带挂物原则。

腰带的实用性是第一，装饰性是第二。简洁、干练、优雅才是绅士的特征。

③ 腰带与衣物搭配原则。

腰带可以和任何西装搭配，但不可以与燕尾服或晨礼服搭配，不过腰带和无尾礼服搭配已经被人们广泛接受。

④ 腰带颜色的选择原则。

腰带颜色应该和公文包、鞋子的颜色一致。男性汽车销售顾问在上班期间，首选黑色腰带。在其他场合，也可考虑腰带颜色和公文包、鞋子的颜色不完全一致，但颜色搭配应协调。

⑤ 腰带面料的选择原则。

腰带仅适合与商务西装或混搭服装搭配。编织腰带也可以和休闲西装或夏季套装搭配，如由条纹帆布等面料制成的腰带能和运动裤（如斜纹棉布或者牛仔裤）搭配，在商务场合首选皮质腰带。

⑥ 腰带扣原则。

腰带扣（实心黄铜或国际标准银）的颜色一定要与手表或其他饰物上的金属搭配。

(2) 腰带保养原则。

① 腰带日常使用防护原则。

日常人们佩戴腰带时往往不注意防水，腰带被雨淋到或者被溅水渍等情况时有发生。此时，如果不立刻将腰带用干燥的抹布擦干，则水渍会慢慢渗入腰带内层，对腰带的皮质造成很大程度的破坏。

腰带不可过分弯曲，避免与尖锐的物体发生碰触，以免对腰带造成物理性损坏，若受到物理性损伤，腰带一般不可修复。

腰带不宜与各种配饰接触，一些首饰上的钻或者金、银容易划伤腰带表层。

腰带不可接触酸性或碱性过强的物体，以免对腰带造成化学性损坏。

② 腰带日常使用清洁原则。

腰带必须使用干燥的抹布来清理，必要时可以使用专门的清洁液，切不可使用碱性或酸性过强的洗涤液清理腰带，以免对其皮质造成损坏。

2. 公文包

1) 使用公文包的必要性

由于西装口袋里不能放过多东西，而男性汽车销售顾问出门需要携带很多东西，因此，有一款合适的公文包显得格外重要。

2) 公文包的选择方法

(1) 商务场合：适合商务场合用的公文包，一般应质地较好，做工精细。

(2) 日常场合：适合日常外出或上班用的公文包，应较注重实用性。

(3) 休闲场合：专为郊游、旅行或类似的场合设计的公文包，在选购时，应选材质耐用、体积较大的为宜。

3）男性汽车销售顾问使用公文包的原则

在商务场合，公文包、鞋子、腰带的颜色必须保持一致。男性汽车销售顾问首选黑色公文包。此外，还应注意，在使用公文包时不宜张扬，东西不要乱装。在室内活动时，公文包也不宜乱放。

保持公文包干净，用专属的皮革清洁剂对其进行清洁，切不可使用碱性或酸性较强的洗涤液清洁。

3. 皮夹与名片夹

1）使用皮夹和名片夹的必要性

皮夹和名片夹是男士重要的随身物品。皮夹是很实用的饰物，用来放置现金和银行卡；名片夹用于装自己和他人的名片，其不仅能完好地保存名片，还能显示出对他人的尊重。

2）皮夹和名片夹的选择方法

皮夹有真皮和人造革两种材质。有身份或出席商务场合的男士最好购买真皮材质的皮夹，颜色可选具有华贵感的暗咖啡色或黑色。

名片夹以皮制的为佳，金属的次之。

3）皮夹和名片夹的使用原则

皮夹内的东西应井然有序，不可杂乱无章。名片夹内只允许放名片，不可用来放硬币、银行卡等。

4. 钢笔

钢笔可以放在公文包内或西装上衣内侧的口袋内，不要插在西装上衣左胸外侧的手帕装饰袋内。

使用钢笔时，要遵循好笔用好墨的原则，建议遵循钢笔使用说明书上推荐使用的同品牌的墨水，书写时要力度适中，不然会加速钢笔的磨损。

不要轻易将钢笔借给他人，因为他人的书写力度和角度不同，会影响书写体验。

5. 西装装饰口袋帕

1）佩戴西装装饰口袋帕的必要性

着西装时，装饰口袋帕是以小博大的配饰，使西装变得生动，是男士着装的点睛之笔，可以瞬间提升个人品位。

2）西装装饰口袋帕的使用原则

装饰口袋帕的颜色和材质一定不要同领带一致，否则会很不协调，装饰口袋帕可以选择与领带的色系相呼应的一种颜色，或是使用互补色形成反差。材质上也可采用互补原则，比如粗糙配细腻。当领带和外套同色时，装饰口袋帕应呼应衬衣的颜色。简言之，就是只能呼应或者形成反差，不能一致。出席正式的商务场合时需佩戴白色装饰口袋帕。

3）西装装饰口袋帕的叠法

（1）古典叠法。

装饰口袋帕的古典叠法（图4-18）是对折3次，成长方形，分层的一侧朝上放入口袋中。

（2）总统叠法。

装饰口袋帕的总统叠法（图4-19）和古典叠法步骤一样，只是在放入口袋时不分层的一侧朝上。

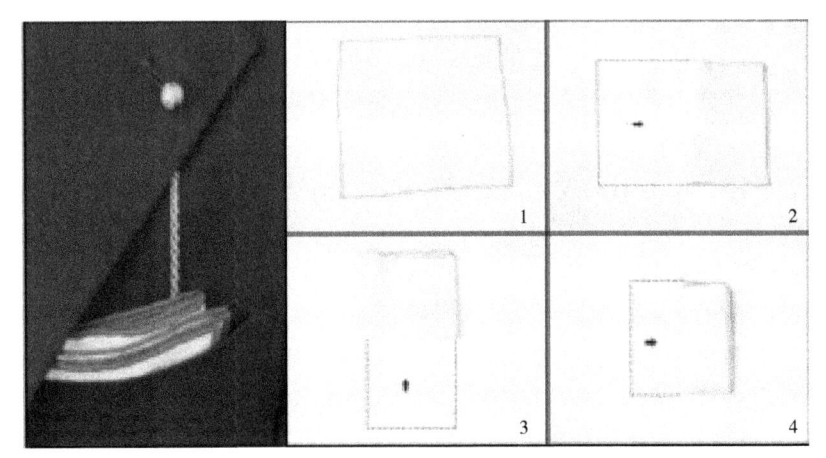

图 4-18　装饰口袋帕的古典叠法

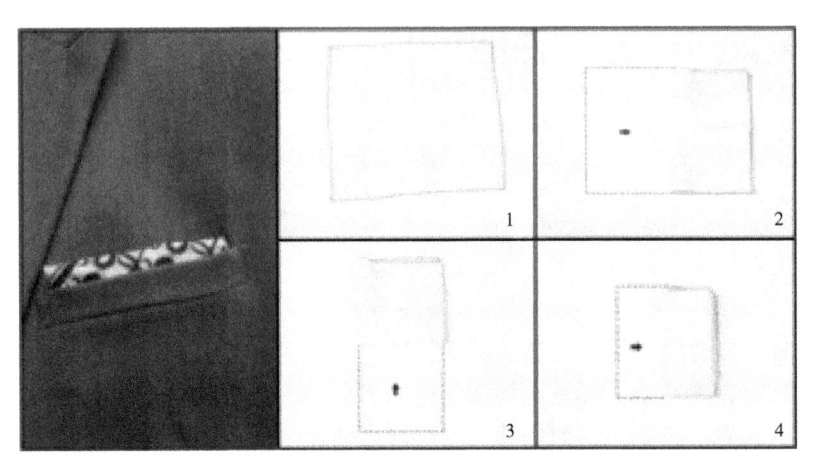

图 4-19　装饰口袋帕的总统叠法

(3) 单尖叠法。

装饰口袋帕的单尖叠法（图 4-20）和给婴儿裹抱被是一样的，最终露出一个小尖角即可。

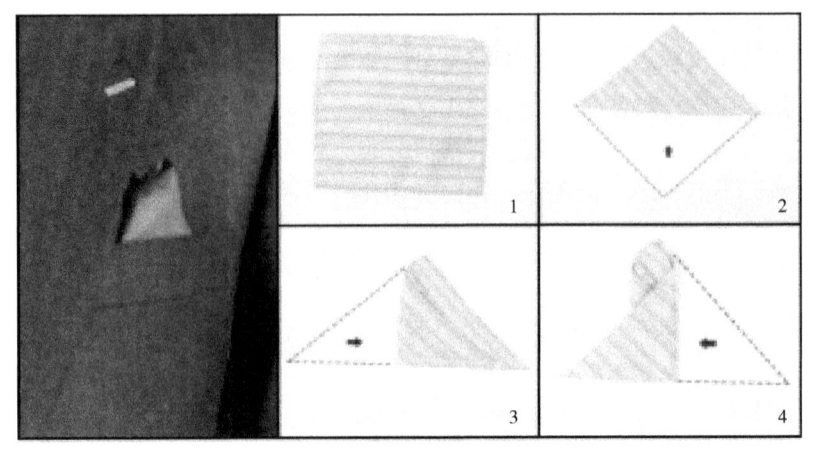

图 4-20　装饰口袋帕的单尖叠法

（4）双尖叠法。

装饰口袋帕的双尖叠法（图4-21）是在折叠时不像单尖叠法那样完全对齐，错开一些即可。

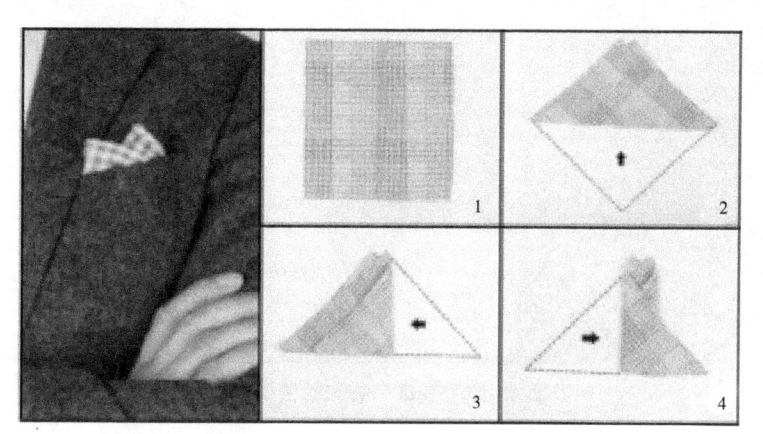

图4-21 装饰口袋帕的双尖叠法

（5）三尖叠法。

装饰口袋帕的三尖叠法（图4-22）的要领是，在装饰口袋帕叠对角时一定要错开一些角度。

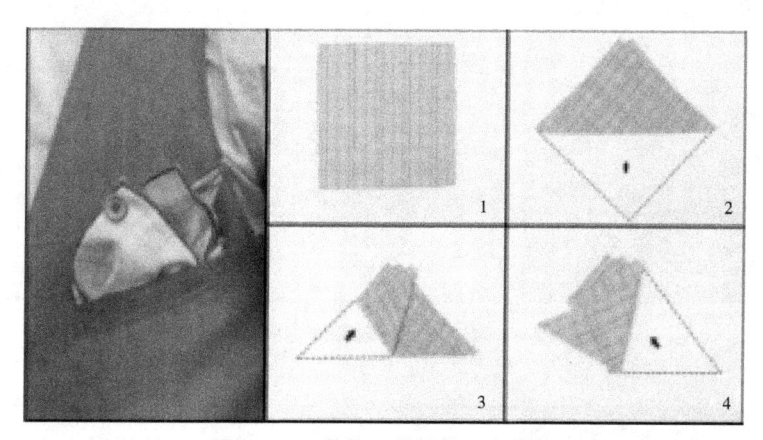

图4-22 装饰口袋帕的三尖叠法

（6）四尖叠法。

装饰口袋帕的四尖叠法（图4-23）和三尖叠法的不同之处在于，最后两步中装饰口袋帕的对角需要相互成X形相叠。

（7）泡芙叠法。

装饰口袋帕的泡芙叠法（图4-24）适用于丝质装饰口袋帕。质地轻薄的丝质装饰口袋帕使用此种叠法可使其更饱满生动。

（8）连翼泡芙叠法。

装饰口袋帕的连翼泡芙叠法（图4-25）的关键是每一步都要按对角线很整齐地进行折叠。

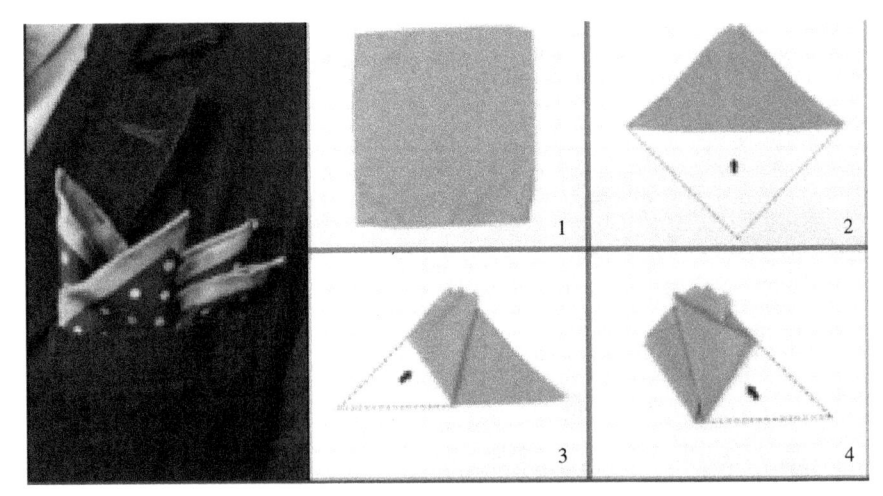

图 4 – 23　装饰口袋帕的四尖叠法

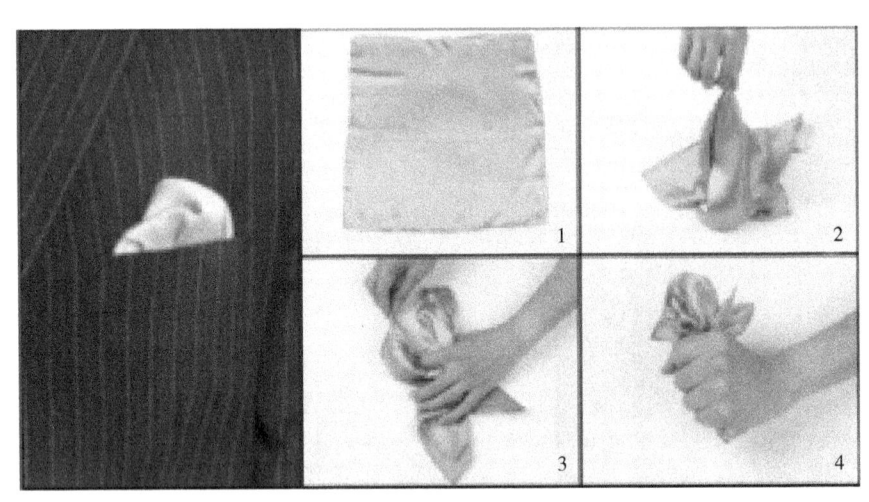

图 4 – 24　装饰口袋帕的泡芙叠法

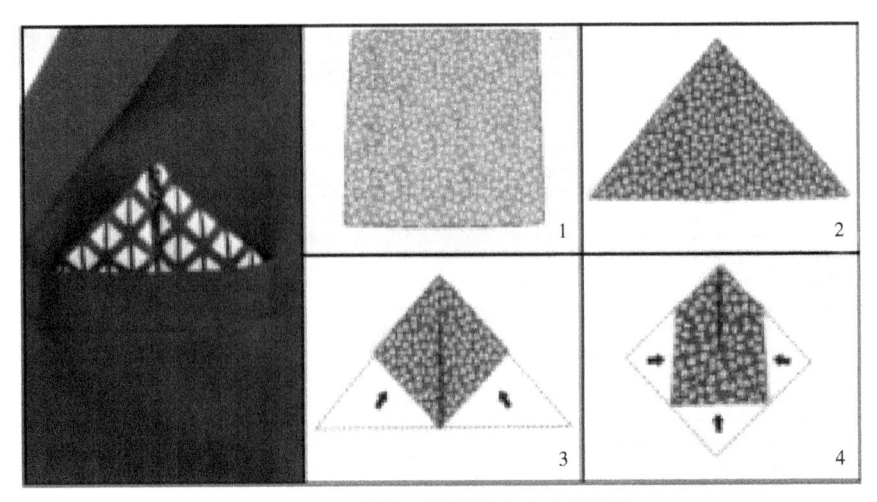

图 4 – 25　装饰口袋帕的连翼泡芙叠法

出席商务活动时可佩戴装饰口袋帕，不必太过纠结装饰口袋帕的叠法，如果要表现自己意气风发，那么可以选择四尖叠法；若不想太过突出，则建议选择保守大方、中规中矩的总统叠法和古典叠法。

6. 领结和领带

领结和领带的作用相同，都属于男士西装的最佳搭档。一方面，在流行文化中，领结有时被视为有内涵的象征；另一方面，领结也常见于小丑的服装中，部分人认为领结是不合潮流或古怪的。因此，人们对是否应佩戴领结的争议较大，对于男性汽车销售顾问，不建议佩戴领结。

1）佩戴领带的必要性

领带是西装的灵魂。参加正式交际活动，穿西装最好佩戴领带。领带作为男士的经典正装配饰，成为精英男士衣橱里出现频率最高的饰物，其以另一种方式展现着男士富有理性的责任感，体现了严肃、守法的精神世界。男士穿正规西装时，佩戴一条合适的领带，既美观大方，又给人以典雅、庄重之感。

2）领带的佩戴原则

男性汽车销售顾问佩戴的领带，其图案以圆点、斜纹、格子为主，材质讲究，以真丝和羊毛为佳，款式以优雅大方为宜。佩戴领带时必须把领带结抽紧，并把领带口卡好。领带的外页需长于内页，领带长度以到腰带扣处为宜。穿毛衣或背心时，领带需放在它们的里面。

3）领带的打法

（1）温莎结（图 4 - 26）。

特点：温莎结是因温莎公爵而得名的领带打法，是最正统的领带打法。温莎结成正三角形，饱满有力，适合搭配宽领衬衫，用于出席正式场合。应避免使用材质过厚的领带，领带结也勿打得过大。

要诀：宽边在左，窄边在右，大端在前，小端在后，成交叉状。

（2）半温莎结（十字结）（图 4 - 27）。

特点：顾名思义，半温莎结是温莎结的改良版，较温莎结更为便捷，最适合搭配浪漫的小尖领与标准领的衬衫。半温莎结是一个形状对称的领带结，比温莎结小。

要诀：适合较细的领带，但和温莎结一样不适用于材质过厚的领带。半温莎结的打法看似步骤很多，做起来却不难，较容易上手，适合不经常打领带的人。半温莎结打好后，领带结的位置通常很正。

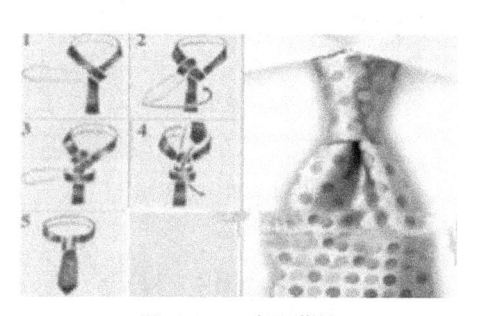

图 4 - 26　温莎结　　　　　　　　　图 4 - 27　半温莎结

(3) 四手结（图4-28）。

特点：四个步骤就能完成打结，故称为"四手结"。其是所有领带打法中最容易上手的，是最便捷的领带打法，适用于各种款式的浪漫系列衬衫及领带。

要诀：适合宽度较窄的领带，搭配窄领衬衫；风格休闲，适用于普通场合。

(4) 平结（图4-29）。

特点：平结与四手结的打法相似，非常方便，领带结成斜三角形。平结是男士选用最多的领带打法之一。其几乎适用于各种材质的领带，适合窄领衬衫。

要诀：在选择将领结打出凹凸形状的情况下，尽量让领带结两边均匀且对称。

图4-28　四手结　　　　　　　　图4-29　平结

(5) 交叉结（图4-30）。

特点：交叉结的特点在于打出的领带结有一道分割线，其适合单色、素雅质料且较薄的领带，非常时髦。交叉结适合喜欢展现流行感的男士。

要诀：打完领带后记得将领带背面朝前。交叉结不适合正式场合，适合酒会、聚会等场合。

(6) 双环结（图4-31）。

特点：双环结适用于细领带，一条细领带搭配双环结能营造时尚感而又不乏正式感。双环结适合年轻的职业男士。

要诀：完成此领带结的关键是第一圈稍露出于第二圈之外，千万不要刻意盖住。此领带结的总体风格是职业感中透着年轻的时尚感，年纪稍大的男士应谨慎选择。

图4-30　交叉结　　　　　　　　图4-31　双环结

(7) 双交叉结（图4-32）。

特点：双交叉结采用交叉结与双环结相结合的方式，故其特点是十分敦实。其只能搭配质地厚实的正式衬衫，适合正式场合。双交叉结已经越来越少见，但其很容易展现男士高雅的气质，是表现尊贵身份的最佳打法。

要诀：在打领带结时宽边从第一圈与第二圈之间穿出，尽量使打好的领带结充实、饱满。该打法多运用于素色且丝质领带，搭配大翻领的衬衫更可将尊贵感展现得淋漓尽致。

(8) 亚伯特王子结（图4-33）。

特点：亚伯特王子结适用于质地柔软的细领带搭配浪漫扣领或尖领衬衫。由于打领带结时要绕三圈，因此切莫选择质地较厚的领带。完成的领带结两边略微翘起。

要诀：在打此领带结时宽边先预留较长的空间，宽边在左，窄边在右，大端在前，小端在后，呈交叉状，并在绕第二圈时尽量贴合在一起。动作应尽量一气呵成，打领带结的手法熟练与否在很大程度上决定了这款领带结打得是否完美。

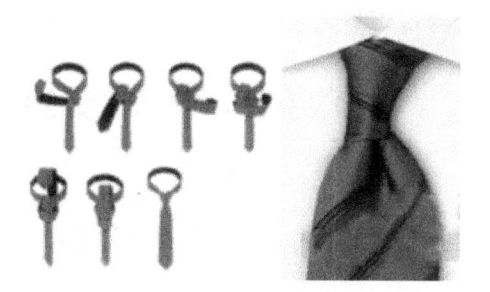

图4-32 双交叉结

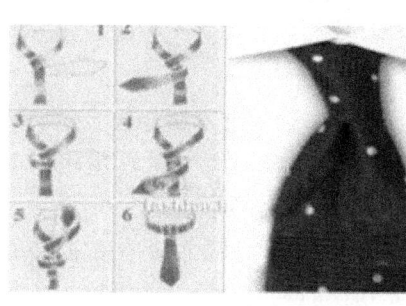

图4-33 亚伯特王子结

(9) 浪漫结（图4-34）。

特点：浪漫结打破了领带必须保持一条直线的规矩，窄端出现在宽端边，充满了戏剧色彩。浪漫结是针对浪漫系列的完美结型，故适用于各种浪漫系列的领口及衬衫。浪漫结能够靠褶皱的调整自由放大或缩小，而剩余部分的长度也能根据实际需要任意调整。浪漫结形状匀称，领带线条顺直、优美，容易给人留下整洁、严谨的良好印象。

要诀：领带结下方的宽边压以皱褶可缩小其结型，窄边也可通过左右移动使其小部分出现于宽边领带旁。浪漫结适合在半正式场合与客户洽谈时使用，可增加亲和力。

(10) 马车夫结（图4-35）。

特点：马车夫结非常紧，流行于18世纪末的英国马车夫中。其适用于面料较厚的领带，最适合打在标准式及扣式领口衬衫上。待领带结完成后可再调整领带长度，在外出整装时方便快捷。这种领带结简单易打，非常适合在商务旅行时使用。

要诀：先将宽端由上往下扭转180°，并将折叠处隐藏于后方完成打结。其在所有领带的打法中最为简单。

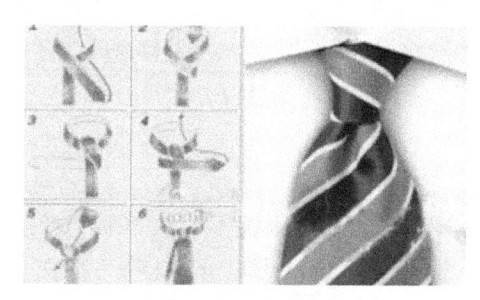

图4-34 浪漫结

图4-35 马车夫结

7. 领带夹

1）佩戴领带夹的必要性

男士在正式场合中把领带夹在衬衫襟上，是为了使领带显得比较笔直，但也不会被风吹起，弯腰时领带也不会垂向地面，以显示对他人的尊重。领带夹可以展现绅士风度，显得更加有品位，更可显示出现代人的时尚感。

2）领带夹的选择方法

领带夹的款式有一定讲究，而且分成很多种材质，有镶珠宝的，也有镶黄金的。男性汽车销售顾问应根据场合选择领带夹。

（1）正式场合。

选择款式简单、落落大方的经典款式，材质不要太过耀眼。

（2）休闲场合。

在派对、酒会、艺术展等场合选择镶有珠宝的领带夹会让男性汽车销售顾问看起来更时髦。

3）佩戴领带夹的原则

领带夹虽然是一种常见的搭配西装的饰品，但并非人人都可佩戴，不顾身份和场合乱戴领带夹是错误的。

男士在佩戴领带夹时应注意以下原则：

（1）领带夹的第一个作用是标志身份。国际默认，佩戴领带夹的应是已婚人士。初入职场的年轻男士佩戴领带夹反而会显得见识浅窄、装模作样。

（2）领带夹的第二个作用是固定领带。

（3）在正式场合或餐桌上可以佩戴领带夹。

（4）应在穿西装时佩戴领带夹，即仅单穿长袖衬衫时没必要佩戴领带夹，更不要在穿夹克时佩戴领带夹。

（5）若在穿西装时佩戴领带夹，则不应该只是夹住领带两端，也要固定住衣襟。应将领带夹别在特定的位置，即从上往下数在衬衫的第四与第五颗纽扣之间，然后扣上西装上衣的纽扣。因为按照妆饰礼仪的规定，领带夹的主要用途是固定领带，可以稍许外露，但固定位置不能太靠上，甚至直逼衬衫领扣，这会显得过分张扬。

（6）领带夹的长度不该超过领带宽度的3/4，如果领带是窄版的，应选择尺寸更小的领带夹。

8. 打火机

对于男性汽车销售顾问而言，在正式场合是不允许抽烟的，准备打火机只是为了当客户要抽烟，恰巧其没有带打火机或者打火机损坏时帮其点烟。这样可以展现男性汽车销售顾问对客户无微不至的人性化关怀。应选择品质较好的商务款打火机，以体现较高的品位。

9. 眼镜

1）佩戴眼镜的必要性

眼镜可以掩饰眼睛过小、眼间距过大、塌鼻梁等缺陷。虽然眼镜不能从本质上消除缺陷，但至少可以让它们看上去不那么明显，而且佩戴眼镜的人往往可以给他人留下斯文、谨慎的印象。

2）眼镜的选择方法

近视的男士在商务场合佩戴一副镜框造型、颜色（首选黑色）不夸张的眼镜很重要，选择眼镜时主要考虑自己的脸型。

（1）圆形脸型：适合长方形镜框。

圆形脸型线条圆润，所以需要让脸部线条看上去有棱角。

（2）长形脸型：适合大框或圆形镜框。

长形脸型的纵向长度较大，所以需要大框或圆形镜框来使脸部有一个分割，从而在视觉上显得脸没有那么长。

（3）方形脸型：适合圆形或椭圆形镜框。

方形脸型的下颌角较为明显，棱角线条硬朗，额头宽，所以需要线条柔和、圆润的圆形或椭圆形镜框来中和脸部线条。

（4）菱形脸型：适合椭圆形或者猫眼的镜框。

额头宽、下巴尖的菱形脸型适合纵向长度较宽度大的镜框，这样可以让过宽的额头、尖尖的下巴在视觉上显得与脸部比例协调。

（5）心形脸型：适合狭长或者无框镜框。

宽额头、宽颧骨、尖下巴的心形脸型适合横向较长，纵向短的狭长镜框或者无框镜框，这样可制造出额头和颧骨并不宽的视觉效果，圆润的镜框线条也在一定程度上柔化了尖锐的下巴。

（6）鹅蛋形脸型：适合任何形状的镜框。

鹅蛋形脸型是标准的完美脸型，这种脸形选择适合应用场合的镜框即可。

10. 香水

1）使用香水的必要性

越来越多的男士开始注重形象的细节，香水可以展现男士的魅力与品位。清新、有个性的香水味道可表现一位男士的独特魅力，但如果男士不懂得技巧，用错了香水，则只会让人反感。

2）香水的选择方法

（1）根据香型选择。

① 成熟稳重型：馥奇香型。

具有香根草、烟草、皮革等的香气，属于传统香型，被多数男士选用。这种香型粗犷又略带古典气息，令人产生舒适的安全感。

② 温情神秘型：东方香型。

以麝香、檀香木为主调的香型，香气持久而含蓄，给人留下阵阵温存和浓郁的神秘色彩，尤其适合性格含蓄而内敛的东方男士。

③ 耐人寻味型：薰苔香型。

此类香型通常用清新的佛手柑、西柚、紫苏等成分为前调，用浓郁的檀香、橡苔等木香类为中调，以香氛的初调和主调之间的微妙搭配产生时而浓烈、时而清新的气味，给人难以捉摸的感觉，充满了个性魅力。

④ 豁达潇洒型：自然香型。

用柑果、木香和多种草香组成的香型，又添入了茉莉和丁香等花香，塑造出新时代男士形象，给人一种爽朗、充满阳刚气息的感觉。

（2）根据场合选择。

香水的使用需要留有余地。比如，参加婚礼或他人的重大庆典时，建议选择清雅的自然香型，否则会喧宾夺主；参加葬礼及宗教仪式时，最好不用香水，否则会显得不够严肃、不够尊重死者或仪式。

去探望病人或老人时，香水的使用也要慎重，病房的药水味与香水味不协调，而事实证明，浓郁的香味以及鲜花与艳丽的服装会让病人或老人感到疲劳，如果对方对香料过敏，那么更加建议不用香水。

香水是高品质生活方式的表现。男士香水具有个人气质，可展现男士的优雅风采，把香水用得恰到好处的男士才是具有胜人一等的品位的优质绅士。

第三节 女性汽车销售顾问仪表规范

一、女士西装的分类

现代的女士西装多数用于商务场合。女士出席宴会等场合时大多会穿礼服，如宴会礼服等。

20世纪初，由外套和裙子组成的套装成为西方女士日间的一般服饰，适合上班和日常穿着。女士西装比男士西装材质更轻柔，裁剪也较贴身，可以突显女士身型。

1. 女士西装三件套

女士西装三件套是最正式的职业装，女士一般不建议穿西裤，只有在特别需要的时候（如天气寒冷）才考虑穿着。女士西装是由男士西装演变而来的，将潇洒刚健的西装上衣与柔美雅致的裙子组合在一起，相得益彰、大放异彩。

女士西装可以让一位职业女性显得与众不同，并且能够恰如其分地展示认真的工作态度和温婉的美。

1）西装裙：上下成套

上下成套，即西装上衣和裙子同色同质，这种类型的西装被公认为最正式的女士职业套装。

2）西装裙：上下不成套

上下不成套，即西装上衣和裙子可以同质但不同色。套装是否需要同色同质，国际上并没有严格的要求，但大多数国人认为同质同色更正式。在内搭方面，职业套裙不一定搭配衬衫，但女士内搭以衬衫为主。西装裙长及膝盖，既大方得体又方便行动。

2. 女士西装二件套

1）衬衫＋西装裙

这种西装穿着方式往往在天气突然转热，女性汽车销售顾问工作又比较多的情况下出现，另外女士在办公室中也可以采用此种穿着方式。

2）内搭连衣裙＋西装外套

内搭连衣裙＋西装外套的这种穿法在女性汽车销售顾问里比较少见，因为国内认为这种穿法不太正式。内搭连衣裙和西装外套往往同质不同色。

二、女性汽车销售顾问西装穿着的基本原则

1. 女性汽车销售顾问着装TPO原则

女性汽车销售顾问着装虽不像男性汽车销售顾问那样必须一板一眼，但也必须遵守TPO原则。

1）时间原则

按时间原则着装对女士尤其重要。男士有一套质地上乘的深色西装或中山装就够了，而女士的着装则要随时间而变换，不可一套职业西装"打遍天下"。白天工作时，女士应穿着正式套装，以体现其专业性，而晚上出席酒会等时则需要穿一件优雅的礼服。

2）场合原则

女士与客户会谈、参加正式会议等，衣着应庄重考究，可穿女士西装，显得更加专业和干练；出席正式宴会时，则应穿中国的传统旗袍或西方的长裙式晚礼服。

3）地点原则

女士在家里接待客人时，可以穿着舒适但整洁的休闲服；如果去他人公司或单位拜访，那么穿职业套装会显得专业；外出时的着装则要顾及当地的传统和风俗习惯。

2. 女性汽车销售顾问穿着西装的五大原则

1）着装整洁平整原则

服装并非必须高档华贵，但需保持清洁并熨烫平整，这样就会显得人精神饱满。整洁并不完全为了自己，更是为了尊重他人。

2）着装色彩搭配原则

不同的色彩会给人不同的感受，如深色或冷色调的服装让人产生视觉上的收缩感，显得庄重严肃；而浅色或暖色调的服装会产生扩张感，使人显得轻松活泼。因此，可以根据不同需要对服装进行选择和搭配。除丝巾外，着装颜色最好不超过三种，否则会显得花哨。

3）职业裙装三大禁忌

（1）不能穿黑皮裙，因为这会显得非常不专业，而且会给人一种休闲且不够尊重场合的感觉。

（2）不能光腿。女士穿职业套裙时不要直接将腿部裸露出来，一般可以选择穿肉色丝袜。

（3）不能在裙子下穿打底裤。

4）着装搭配原则

除了主体服装之外，对鞋袜等的搭配也要多加考虑。袜子以透明、近似肤色或与服装颜色协调为好（女性汽车销售顾问以穿着肉色丝袜为最佳），穿着带有大花纹的袜子是禁忌。女士西装配黑色不露趾皮鞋最佳。

5）饰物点缀原则

巧妙地佩戴饰物能够起到画龙点睛的作用，使职业着装生动起来，但佩戴饰物时应注意以下原则：

（1）数量：以少为佳，通常情况下不超过三种；

（2）同质同色：首饰搭配要求质地和颜色均相同，比如戒指与项链同为黄金材质。

三、女性汽车销售顾问着装要求

女性汽车销售顾问的着装要求较男性汽车销售顾问更加具体细致，女性汽车销售顾问每天都应对着镜子按要求检查自己的着装。

1. 女士西装的穿着应合身

1）肩宽

女士西装的肩宽很重要，若肩宽正好合适，女士西装整体的平衡感就能很好地展现出来。另外，还要检查背后会不会产生横向皱褶，如果有横向皱褶就表明西装过紧。

2）胸围

最为合身的胸围是女士西装距离身体4~5厘米。

3）上衣长度

女士西装的上衣长度应在胳膊自然下垂时，微微弯曲的手指第一和第二关节所能到达的范围内；从整体平衡来看，能遮挡住臀部也是女士西装上衣长度的一条标准。

4）袖长

袖管保持遮住手腕的长度，会让女士西装的视觉效果更舒服。

5）腰围

西裤或裙子的腰围不要过小，穿在身上时距离身体为1~2厘米。如果腰围过大，那么视觉上修身效果不好，会显得很邋遢。

6）裙长

裙子长度不要太短，以免太暴露；开衩也不能太高，否则动作稍大就会很尴尬。

2. 女性汽车销售顾问西装着装具体要求

女性汽车销售顾问在职场中一定要了解西装的着装要求，正确的着装规范能让自身显得干练而精神。具体着装要求如下：

1）西装

（1）女性汽车销售顾问的西装往往是汽车4S店统一定制，黑色西装最常见。

（2）保持西装整洁无污渍，挺括有型，不褶皱。

（3）西装裙开叉口的绷线记得拆除，不然走路比较吃力。

2）内衣

（1）内衣要合身，以衬托身体线条，太紧会有身体肉褶出现，不雅观，也不利于身体健康；反之，则有空虚隆起，起不到塑身效果。

（2）要注意内衣颜色不要外露，尤其是单穿衬衫时。

3）西装纽扣

（1）双排扣西装纽扣的扣法：纽扣全部扣起或只扣上面一颗，不可不扣。穿双排扣西装就座后，正装纽扣应该解开，起身后则按原样扣上。

（2）单排扣西装纽扣的扣法：

① 单排一颗扣西装的纽扣应扣上；

② 单排两颗扣西装只扣上面一颗纽扣；

③ 单排三颗扣西装只扣中间一颗或纽扣上面两颗纽扣。

4）衬衫

（1）衬衫首选纯色的。

（2）衬衫领款式较多，但领口必须整洁挺括。

（3）衬衫下摆必须扎进套裙。

（4）衬衫材质以丝绸纯棉为最佳，丝绸材质的衬衫清洗成本较高。

5）丝巾

（1）丝巾质地以丝绸为最佳，打出来的结型比较完美。丝巾颜色要与服装颜色搭配协调。

（2）穿着衬衫加套裙时，丝巾应系单扣结，扣结应与衬衫第一颗纽扣对齐。

（3）穿着三件套西装正装时，丝巾的系法应考虑比较正式饱满的结型，如蝴蝶结等。系好的丝巾尾端齐于西装领口。

6）鞋袜

（1）穿西装时不宜穿布鞋、凉鞋或松糕鞋，首选黑色船型不露趾的皮鞋，鞋跟高3～4厘米为最佳，鞋跟不宜过细。

（2）袜子以肉色连裤袜为宜，不宜破损。应在办公室中多备几双肉色连裤袜，以防丝袜被勾破无法更换。

四、女性汽车销售顾问着装禁忌

作为一名优秀的女性汽车销售顾问，每天做的第一件事就是对着镜子，按各种要求规范整理自己的仪容仪表。着装禁忌不可触犯，否则有损自身形象和企业形象。

1. 西装

（1）忌西装褶皱，有污渍，应保持西装平整有型。

（2）忌西装不合身，太紧或者太松都会在一定程度上影响女性的身材曲线。

（3）忌在正式场合穿着颜色过于出挑夸张的西装。

（4）忌西装袖口的商标不摘。

（5）忌不按照西装扣法原则扣纽扣。

2. 衬衫

（1）忌衬衫领子款式过于浮夸和前卫。

（2）忌衬衫图案花哨，忌衬衫颜色与西装颜色相近，忌衬衫风格与西装风格不符。

（3）忌衬衫放在西装裙和西裤外。

（4）忌衬衫袖口长于西装袖口。

3. 西装裙（西装裤）

（1）忌穿黑皮裙，穿皮裤也是不允许的。

（2）忌西装裙（西装裤）褶皱，有污渍，忌将西装裤的裤线熨平。

（3）西装裙搭配健美裤，以及搭配袜口低于裙边的长筒丝袜。

4. 西装口袋

（1）忌上衣口袋和裤袋鼓鼓囊囊。

（2）忌将西装封闭口袋的绷线拆掉且在此口袋里塞东西。

（3）西装两侧的口袋盖要翻在口袋外面。

5. 丝巾
(1) 忌丝巾质地粗糙，结型成型困难。
(2) 忌丝巾颜色过于刺眼，忌领带的颜色、图案与西装不协调。
6. 鞋袜
(1) 忌西装配除皮鞋之外的其他种类鞋子，忌穿露脚趾的皮鞋。
(2) 忌皮鞋和丝袜有污渍，忌丝袜破损。
(3) 忌上班期间穿颜色鲜艳或者浅色系皮鞋。
(4) 忌皮鞋跟过高或过细。
(5) 忌穿有色丝袜，以艳色丝袜最为忌讳。
(6) 忌出现"恶性分割"，即俗称"三截腿"的现象出现。

女性汽车销售顾问的职业装比男性汽车销售顾问的职业装更具个性。各大品牌汽车 4S 店的女性汽车销售顾问西装的设计款式也比男性汽车销售顾问西装丰富一些，但有些规则是所有女性汽车销售顾问都必须遵守的，有些禁忌是女性汽车销售顾问千万不可触碰的，每个女性汽车销售顾问都要树立一种最能体现自己个性和品位的风格，同时，也要能够代表公司的形象与内涵。女性汽车销售顾问着装切记要端庄大方，并且忌短、忌紧、忌露、忌透。

五、女性汽车销售顾问饰物礼仪

饰物属于着装的细节部分，而细节往往更能体现个人品位。饰物只起点缀作用，用于调节着装，使之与自己所要展现的气质更为协调，使着装不会因为过于正式而掩盖本身的亲和力与柔美。

1. 首饰

首饰包括项链、手链、戒指、胸针等。切勿佩戴过多首饰，一两件首饰可起到装饰和点缀作用，而首饰多于三件则显得庸俗不堪。首饰的搭配应遵循以下原则。

1）首饰与服装协调

首饰的作用是点缀整体着装，不可喧宾夺主，不可让人们的注意力全集中在首饰上，从款式上看，与着装整体融合、相辅相成才是首饰点缀着装的最佳效果，比如艳丽的服装与色彩淡雅的首饰相配，深沉的单色服装可配一些色彩明亮、款式精巧的首饰。

2）首饰与形体、相貌协调

选择首饰要考虑年龄、体型、发型等，否则会不伦不类，甚至显得多余。若脖子粗短，则不宜戴多串式项链，而应戴长项链，以使脖子显得稍长；年纪大的人要佩戴一些贵重、精致的首饰；年轻人应选择质量好、颜色亮、款式新潮的时尚首饰。

3）首饰之间协调

佩戴首饰要少而精。佩戴一种以上的首饰时，各首饰的颜色、外形、风格要协调，最好配套一致。一般说来，首饰的颜色不能超过三种。

4）与环境协调

佩戴首饰需要分季节和场合。比如年轻的女性汽车销售顾问在夏季可佩戴鲜艳的工艺仿制品，冬季则可佩戴珍珠、宝石、金银饰品。上班时少佩戴首饰为好，若一定要佩戴，则可选淡雅简朴的胸针、耳环、项链等。参加晚宴或进行其他重要社交活动时，可佩戴大型胸针、项链和带坠子的耳环等闪光的首饰。

2. 手表

1）戴手表的含义

对于女性汽车销售顾问而言，干练的西装搭配大气又不失优雅的腕表，非常帅气。无论是金属材质表带的硬朗，还是皮质表带的精致，在西装的映衬下都显得气场十足。女性汽车销售顾问佩戴手表会显得更专业、更有时间观念、更尊重客户。

2）手表的选择方法

（1）档次的选择。

手表可分为豪华表、高档表、中档表、低档表四类。女性汽车销售顾问选择手表时要量力而行，不要购买超出自己经济承受能力的手表。

（2）款式的选择。

女性汽车销售顾问在正式场合所佩戴的手表应当庄重、保守，避免怪异、新潮。一般而言，圆形、椭圆形、正方形、长方形以及菱形手表，因其造型庄重、保守，适用范围极广，适合女性汽车销售顾问在正式场合佩戴。

（3）色彩的选择。

女性汽车销售顾问所佩戴的手表，其色彩应避免繁杂、凌乱，一般宜选择单色手表或双色手表，不应选择三色或三色以上的手表。不论是单色手表还是双色手表，其色彩都要清晰、高贵、典雅。金色表、银色表、黑色表，即表盘、表壳、表带均有金色、银色、黑色的手表是最理想的选择。金色表壳、表带，乳白色表盘的手表能经得住时间的考验，在任何年代佩戴都不会落伍。

3）佩戴手表的原则

（1）佩戴方式原则。

从手表保养角度和手表的使用习惯来讲，手表应佩戴在左手手腕上，表盘朝外侧应在手腕的左侧，以方便抬臂看表时准确读取时间。

（2）图案选择原则。

手表上除数字、商标、厂名、品牌外，没有必要出现其他图案。倘若手表上的图案稀奇古怪，不仅不利于使用，反而有可能让客户认为不庄重。

（3）功能原则。

女性汽车销售顾问所用的手表功能要少而精，要有实用价值，不管是指针式手表、跳字式手表，还是报时式手表，都应具有准确报时这一功能，并且应当精确到分，能精确到秒则更好。一些附加的功能（如温度、湿度、风速、方向、血压、步速等）可有可无，而且以无为佳。

3. 手提包

1）使用手提包的必要性

由于西装口袋里不可装过多东西，因此，女性汽车销售顾问外出时就需要一款实用性较强的手提包，以方便携带必用物品。

2）手提包的选择方法

女性汽车销售顾问外出时使用的手提包最好是由皮革制成的；款式宜简约大方，忌花哨前卫；大小要适中；最实用的颜色是黑色和棕色。

3）手提包使用原则

手提包上最好不要带有品牌Logo。手提包的颜色应与鞋相配，手提包里的物品要经常整理，不可杂乱无章。

4. 丝巾

1）佩戴丝巾的必要性

在汽车销售顾问这个岗位上，女士丝巾的佩戴让原本生硬的职业西装变得生动起来，平添几分柔美。

2）佩戴丝巾的原则

（1）材质原则。

女性汽车销售顾问的丝巾以丝绸或真丝材料为首选，这种材质的丝巾方便系出更为饱满、完美的结型，质地轻盈的丝绸能更好地衬托女性汽车销售顾问的秀气和亲和力，很好地中和了过于冰冷的西装，给客户的感觉会更温暖、更亲切。

（2）佩戴原则。

女性汽车销售顾问在穿着衬衫加套裙的时候应系单扣结，扣结的位置位于衬衫的第一颗纽扣；穿着较为正式的西装三件套时，应系较为丰满、整齐的蝴蝶结；同时，必须保证佩戴的丝巾干净整洁。

（3）洗护原则。

洗涤丝巾时水温应在30°以下，必须手洗，可以在水里滴几滴香醋浸泡一下，这样洗出来的丝巾柔软又光滑；洗涤时不宜用碱性洗涤剂，洗后应选择在通风处晾干，以避免破坏丝巾的手感及色泽；汗湿后的真丝丝巾要马上洗涤；不要将真丝丝巾挂在坚硬的金属钩上，以防止绸面损伤；丝巾不佩戴时，不宜和樟脑丸放在一起，否则容易脆化；丝巾的熨烫温度以100 ℃为宜，最好垫上衬布，从反面熨烫。

（4）存放原则。

可以利用挂西装裤的衣架将丝巾悬挂起来，并用夹子固定。这样取用十分方便。也可将丝巾挂在衣架上，并用衣夹固定。将厚纸夹在夹子与丝巾之间，衣夹就不会在丝巾上留下痕迹。选择用厚纸板制作小型收纳盒（宽度为30厘米左右），将折成原来1/4大小的丝巾再对折后收起；也可将丝巾折成原来的1/4大小，放入有多个内层的塑料夹内。收纳时，只要将塑料夹平放，丝巾就不会产生褶皱，而且一目了然，方便丝巾的选择和佩戴。

3）丝巾的系法

丝巾的系法有很多种，对于女性汽车销售顾问而言，最常用的丝巾系法有两种。

（1）单扣结。

丝巾的单扣结系法（图4-36）主要用于穿衬衫时，其步骤如下：

第一步：将丝巾铺平，用手整理掉丝巾的褶皱，使丝巾平整。

第二步：将丝巾两边以丝巾中线为准分别向内对折。

第三步：在第二步的基础上以中线再对折。

第四步：将衬衫衣领立起，把丝巾垂挂在脖子上，放于衬衫衣领下面，两端垂在胸前，丝巾右端略长于左边。

第五步：将右边略长端的丝巾交叉放在左边略短端的丝巾上面。

第六步：将上面一端的丝巾绕过下面一端的丝巾，由里向外翻出。

第七步：调整结扣，结扣位置位于衬衫的第一颗纽扣处，放下衬衫衣领，整理衣领和丝巾，使丝巾绕上来的一端与另一端重叠。

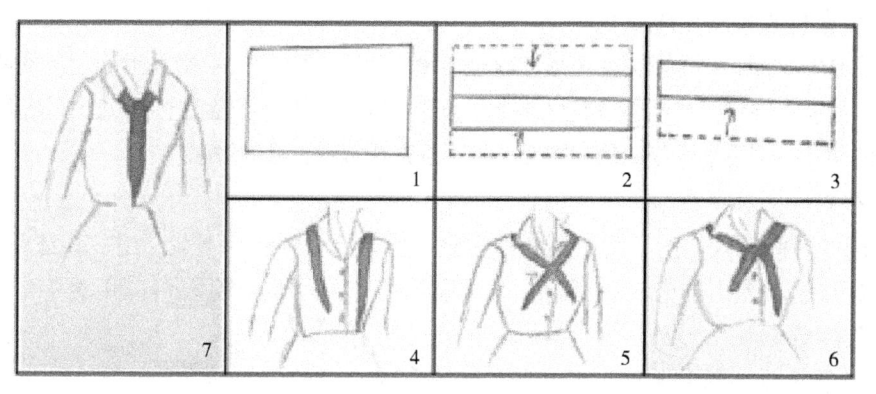

图 4-36　丝巾的单扣结系法

（2）蝴蝶结。

丝巾的蝴蝶结系法（图 4-37）主要用于穿西装三件套时，其步骤如下：

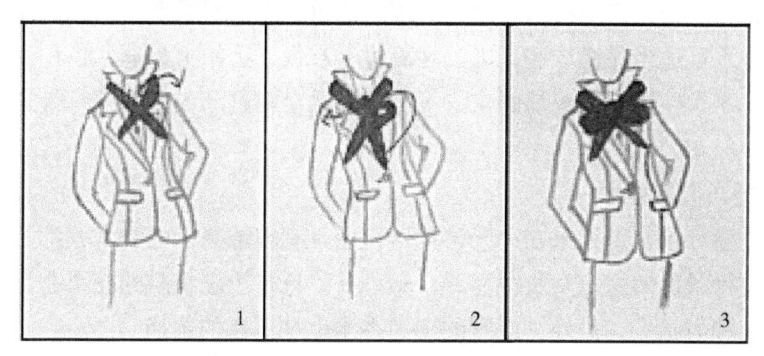

图 4-37　丝巾的蝴蝶结系法

第一步：按照单扣结系法系一个单扣结。

第二步：将下面一端对折 6 厘米，另一端由下至上绕过对折的那端，拉出蝴蝶结的另一端。

第三步：系出的蝴蝶结的两端长度在视觉上应保持一致，将蝴蝶结整理饱满，蝴蝶结的尾端应齐于西装领口。

5. 香水

1）使用香水的含义

爱美的女士都喜欢使用香水。她们非常懂得用味道完善和丰富自己的形象。一个有香气的女人，一定是人们乐于接近和赞美的对象。关于女士香水还有很多种美妙的说法，如"第二层肌肤""无形的性感名片""女人味的灵魂""液体钻石"等，这些词语想表达的是香水可以为女士锦上添花。

2）香水的选择

从古至今就有闻香识女人的说法，香水表现了女士独特的气质品位，在不同的场合女士所要展示的魅力也是不同的，比如职场里的女士想要突出的是她的专业、理性，在休闲社交场合需要更多地展示女士的柔美、温婉，所以女士香水的选择很重要。

(1) 根据自身特点选择香水。

在香水选择方面,第一点需要考虑的就是尽量使"人香合一",一款适合自己的香水很重要。根据年龄、气质、性格,甚至心情变化选择香水都可以,比如,年轻女士可以选择清新一点的花香或橙香的甜美香型香水,年纪稍大的女士则可以选择偏木香型的香水。

(2) 根据时间选择香水。

在不同的时间,人们的心情在不断地变化,比如清晨刚起床不久,用一款清新甘洌气味的香水会让自己和周围的人一扫睡意,从早就有一个好心情;晚上可以用温馨舒缓型的香水,以扫除疲劳。

(3) 根据季节选择香水。

女士与香水本就是相互增添韵味的完美配合,但是,并不是任何香水都可以准确表现女性的魅力,女士要根据季节的变化选择不同品质的香水。春季的气温比较低,花香型的香水会让人觉得温暖如春;夏季使用酸甜青脆的柠檬、苹果香型的香水会更清新惬意一些;秋季是冬季的序曲,与冬季有许多相似之处。温度较低时,人的嗅觉变得迟钝,对香水的味道不敏感,因此,香水可适当喷得浓些,以洒在鬓边、衣领、手帕上为佳,各种香型都适合,没有严格的要求。冬季使用温暖馥郁的东方香型的香水会驱赶寒冬的冰冷,带来更多的温暖和生机。

(4) 根据场合选择香水。

使用香水也要分场合。如果在办公环境里使用具有较浓味道的香水,那么会让周围的人反感,甚至会觉得眼前的这位女士很浮躁、不稳妥。选择温暖细腻的花果香型香水会让人觉得舒适,提升亲和力指数。另外,淡雅的中性香水也是不错的选择。

课 : 堂 : 实 : 训

[实训目标]

(1) 分别掌握男性和女性汽车销售顾问在日常工作中的正装穿着原则。

(2) 男性汽车销售顾问应如何打领带?女性汽车销售顾问应如何系丝巾?

(3) 男性和女性汽车销售顾问应如何根据规则佩戴饰物?

[实训内容]

由学生扮演考官对其他学生进行仪表礼仪测试。

[实训操作]

(1) 学生对照镜子进行自我训练。

学生在考核前,对照实训室的镜子进行自我训练。

(2) 考官以小组形式对学生进行考核。

(3) 每小组选取一个最优代表进行全班展示。

学业仪表礼仪实训场景如图 4-38 所示。

[成果要求]

学生根据仪表礼仪要求完成测试,并将得分填入汽车销售顾问仪表评分标准表(表 4-1)中。

图 4-38 学生仪表礼仪实训场景

表 4-1 汽车销售顾问仪表评分标准表

序号	评分项目	评分标准	分值	得分
1	西装套装	男性遵守三一定律、三色原则，勿犯三大禁忌；女性注意裙装禁忌，并注意着装搭配原则	50	
2	打领带	能使用 2 种以上方法打领带（男性）	20	
3	系丝巾	能使用 2 种方法系丝巾（女性）	20	
4	整体感觉	给人干练、清爽的职业形象	10	

练习与思考

1. 穿西装时，最理想的衬衫颜色是（　　）。
A. 蓝色　　　　B. 白色　　　　C. 灰色　　　　D. 咖啡色
2. 穿西装套裙时，应（　　）。
A. 穿短袜　　　B. 穿彩色丝袜　　C. 光腿　　　　D. 穿肉色传统丝袜
3. 从事服务行业的女士不能留披肩发，其头发最长不应长于（　　）。
A. 耳部　　　　B. 颈部　　　　C. 腰部　　　　D. 肩部
4. 个人形象在组成上主要包括 6 个方面。这 6 个方面又称个人形象 6 要素，包括表情、举止、服饰、谈吐、待人接物和（　　）。
A. 声音　　　　B. 身高　　　　C. 体重　　　　D. 仪容
5. 关于男士领带夹的说法不正确的是（　　）。
A. 穿西装必须佩戴领带夹　　　　B. 领带夹不必随时佩戴
C. 领带夹是已婚人士的标志　　　D. 领带夹应当夹在领带的 3/5 处
6. 领带的下端应（　　）。
A. 在腰带上缘处　　　　　　　　B. 在腰带上、下缘之间
C. 在腰带下缘处　　　　　　　　D. 比腰带下缘略长一点
7. 对于领带的长度，一般是（　　）。
A. 领带尖放在腰带内侧　　　　　B. 领带尖在腰带上方
C. 领带尖盖住腰带扣　　　　　　D. 领带尖在什么位置都可以

8. 佩戴首饰，原则上不应该超过（　　）件。
A. 五　　　　　B. 四　　　　　C. 三　　　　　D. 二

9. 在休闲场合可穿着（　　）。
A. 制服　　　　B. 运动装　　　C. 礼服　　　　D. 套装

10. 在商务礼仪中，男士西装的三一定律是指（　　）。
A. 皮鞋、裤子、上衣应为套装
B. 鞋袜、腰带、公文包应保持同一个颜色
C. 西装上衣、西装裤子、皮鞋应保持同一个颜色
D、皮鞋、西装、腰带应保持同一个颜色

11. 在正式场合，西装是单排双扣的，应将（　　）纽扣扣上。
A. 上面的　　　B. 全部　　　　C. 下面的　　　D. 无所谓

12. 在正式场合，西装是双排三扣的，应将（　　）纽扣扣上。
A. 上面的　　　B. 全部　　　　C. 下面的　　　D. 无所谓

13. 在正式场合，西装有三颗纽扣时，应将（　　）纽扣扣上。
A. 上面的　　　B. 中间的　　　C. 下面的　　　D. 无所谓

14. 在正规商务礼仪中，关于着装的说法，以下哪些说法不正确。（　　）
A. 在上班时间不能穿时装和便装
B. 在工作之余的自由活动时间不能穿套装和制服
C. 在工作之余交往应酬时，最好不要穿制服
D. 在夏季，男士在公共场合可以穿短袖衬衫配西裤，女士应穿套裙和衬衫

15. 在正式场合，衬衫必须是（　　）的。
A. 短袖　　　　B. 无袖　　　　C. 长袖　　　　D. 无所谓

第五章

汽车销售顾问仪态礼仪

学习目标

（1）掌握汽车销售顾问的规范走姿，注意走姿禁忌。
（2）掌握汽车销售顾问的规范坐姿，注意坐姿禁忌。
（3）掌握汽车销售顾问的规范站姿，注意站姿禁忌。
（4）掌握汽车销售顾问的规范蹲姿，注意蹲姿禁忌。
（5）掌握汽车销售顾问的常用手势，并能恰当地使用表情。

案例引导

"你今天对客人微笑了没有？"这是美国希尔顿集团的董事长康拉德·希尔顿在50多年时间里，到设在世界各地的希尔顿酒店视察业务时经常问的一句话。他说："酒店里一流的设备重要，而一流的服务员的微笑更重要。如果缺少服务员的美好微笑，那么好比花园里失去了春日的太阳和春风。假如我是客人，我宁愿住进那些虽然只有残旧的地毯，却处处可见到微笑的酒店，而不愿走进只有一流设备而不见微笑的酒店。"正是运用了微笑的魅力，希尔顿集团渡过了20世纪30年代的经济危机，获得了世界性的大发展。

思考：微笑在汽车营销活动中有什么作用？

仪态也叫仪姿、姿态，泛指人们身体所呈现出的各种姿态，包括举止动作、神态表情和相对静止的体态。仪态是表现一个人涵养的一面镜子，也是构成一个人外在美好的主要因素。不同的仪态显示人们不同的精神状态和文化教养，传递不同的信息，因此，仪态又被称为体态语言。如果把人们的语言分成有声语言和无声语言，仪态就是人们的无声语言。

举止语言学大师伯德惠斯·戴尔的研究成果表明，在两人的沟通过程中，有65%的信息是通过无声语言来表达的。无声语言的信息承载量远远大于有声语言，且常常比有声语言更真实。它们能够表达有声语言所不能表达的情感，而且比有声语言更加简洁、生动。

第一节 走姿礼仪

最能展现一个人精神面貌的姿态就是走姿。

心理学家史诺嘉丝发现，摆动手臂大步走路，且步子有弹性，显示一个人自信、快乐、友善及富有雄心；走路时拖着步子，步伐小或速度时快时慢则相反。喜欢支配别人的人，走路时倾向于脚向后踢高。性格冲动的人，一般低头疾走。而拖着脚走路的人，通常是不快乐的或内心苦闷的。女士走路时手臂摆得高，则显示出她精力充沛和快乐。女士在精神沮丧、苦闷、愤怒和思绪混乱时，则走路很少摆动手臂。

在汽车营销活动中，汽车销售顾问应以热情的姿态迎接客户，让客户从其走姿中看到精神抖擞的状态，从而更好地进行营销活动。

一、汽车销售顾问走姿基本要求

在展厅中走路时，通常情况下男性汽车销售顾问要展示出阳刚之美，女性汽车销售顾问要展示出阴柔之美。汽车销售顾问在行走时应做到头正、肩平、身直，挺胸、收腹、双眼直视、两臂自然下垂摆动，除此之外还应注意"四步"。

（1）步位：汽车销售顾问在行进过程中，应使行走的方向在一条直线上，不能左右晃动。

（2）步幅：步幅为一步的距离，以脚的中心算，走一步后，两脚中心的距离就是步幅。汽车销售顾问在行进过程中步幅不宜过大或过小。通常情况下，男性汽车销售顾问的步幅为50厘米左右，而女性汽车销售顾问的步幅则为30厘米左右。

（3）步速：步速即行走的速度。汽车销售顾问在行进过程中步速不宜过快或过慢，通常情况下，汽车销售顾问的步速为每分钟110~120步。

（4）步态：步态即走路时所表现的姿态。汽车销售顾问在行走过程中应头正、肩平等，保持良好的姿态。错误的步态会导致出现高低肩、内八字步、外八字步等。汽车销售顾问行走时应注意步伐要富有节奏感、韵律感。

二、汽车销售顾问常用走姿介绍

根据环境的不同，走姿也有所不同。下面介绍汽车销售顾问常用走姿（图5-1）：

（1）前进式走姿：前进式走姿是方向向前的行走姿势。具体做法是：精神饱满，步态轻盈，步幅适中，步速适宜。在行进中若与他人交谈或打招呼，上体和头部可以适当转动。前进式走姿适用于所有环境。

（2）后退式走姿：后退式走姿是方向向后的行走姿势。具体做法是：在后退时，小腿抬起幅度不宜过高，以不擦地面为准，步幅应缩小，两脚之间距离要小，重心要稳。后退式走姿适用于特定环境，若与他人告别时，则应先后撤几步再转身离开，转身时应身体先转，头后转。

（3）侧行式走姿：侧行式走姿的具体做法与前进式走姿基本相同，其不同之处在于上身要向左或右转，面向他人，适当以手势辅助。侧行式走姿适用于特定环境，如引导他人或在较窄的地方进行礼仪服务等。

图 5-1 汽车销售顾问常用走姿

三、走姿注意事项

汽车销售顾问在展厅中进行营销活动时,应避免出现以下走姿:
(1) 走路内、外八字步;
(2) 走路低头驼背,脚摩擦地面发出声响;
(3) 走路左顾右盼,摇晃肩膀;
(4) 走路双臂大甩手,扭腰摆臀。

第二节 坐姿礼仪

坐是举止的主要内容之一,在汽车营销活动中,汽车销售顾问无论会客交谈,还是日常办公、会议交流,都离不开坐。据数据统计,汽车销售顾问日常工作中60%的时间都是坐着的,可见良好的坐姿对汽车销售顾问的重要性。

一、汽车销售顾问坐姿基本要求

端庄的坐姿不仅自信、优雅,更会显示出庄重得体的礼仪风范。

通常情况下,汽车4S店对汽车销售顾问的正确坐姿要求如下:

(1) 要从椅子的左侧入座,并要做到轻、稳,通常情况下坐椅子的2/3,不要坐满或只坐椅子边缘处。女性汽车销售顾问若着裙装入座,入座时则应顺势收拢裙摆。

(2) 入座后应做到上身与大腿、大腿与小腿、小腿与地面保持夹角为90°;还应做到面带微笑,双目平视,下颌微收;然后双肩放松,保持水平,手臂自然下垂,放在膝盖、扶手或桌面上。汽车销售顾问入座与客户交流时,为表示重视,应面向客户,同时,把整个上身朝向客户,不可仰头、低头、歪头等。若洽谈桌是圆形或方形的,则汽车销售顾问应避免坐到客户的正对面,这样易给客户造成压力。

(3) 离座时,汽车销售顾问应先向客户示意。起身时不要发出太大声响,应从座位左侧离开。

二、汽车销售顾问常用坐姿介绍

拜访和接待客户时，坐姿是汽车销售顾问最常用的肢体语言。根据场合与性别的不同，汽车销售顾问常用坐姿主要有以下几种。

1. 男性汽车销售顾问坐姿

男性汽车销售顾问与女性汽车销售顾问相比坐姿较少，通常只有两种，分别为正襟危坐式（以下简称"正坐式"）和叠腿坐式。

（1）正坐式：男性汽车销售顾问应抬头，挺胸，双肩打开，双腿略分开与肩同宽，背部挺直，双手自然摆放在膝盖或桌面上。在汽车营销活动中，这种坐姿通常应用于汽车销售顾问与客户洽谈业务和公司部门召开会议等较为正式的场合。

（2）叠腿坐式：右小腿垂直于地面，左腿在右腿上重叠，左小腿向里收，左脚尖向下，双手扶于座椅扶手上或交叉于双腿间。

2. 女性汽车销售顾问坐姿

通常情况下，女性汽车销售顾问的坐姿有正坐式、双腿斜放式、双腿叠放式以及双腿交叉式。

（1）正坐式：女性汽车销售顾问应使身体坐直，并使身体与大腿、大腿与小腿、小腿与地面保持夹角为90°角，并拢双腿，双手十字交叉叠放于大腿上，面带微笑。该坐姿适用于前台值班、与客户洽谈业务等较为正式的场合。

（2）双腿斜放式：在正坐式坐姿的基础上，双腿并拢，不要留有缝隙，双脚左侧或右侧斜放，与地面夹角为45°。该坐姿适合于着裙装的女性汽车销售顾问采用。

（3）双腿叠放式：在正坐式坐姿的基础上，一条腿交叠于另一条腿之上，重叠后的双腿没有任何空隙，犹如一条直线，上面那条腿的脚尖指向地面（切忌指向他人）。该坐姿适合女性汽车销售顾问着短裙时使用。

（4）双腿交叉式：在正坐式坐姿的基础上，双膝并拢，双脚在脚踝处交叉，双脚可后收也可斜放，但是不可远远地伸出去，否则会显得不尊重他人。

三、坐姿注意事项

汽车销售顾问邀请客户在洽谈桌旁入座后，应避免出现以下坐姿：

（1）跷"二郎腿"；
（2）双腿乱动乱颤；
（3）坐下后胡乱地挪动椅子；
（4）身体前后歪动，脊背弯曲；
（5）左顾右盼，摇头晃脑。

第三节　站姿礼仪

在日常生活中，站姿是一种引人注目的姿态。在人际交往中，"站有站相"是对一个人礼仪修养的基本要求。良好的站姿可以提升汽车销售顾问的气质。

挺直、均衡、优美、典雅的站姿十分重要，如果站姿不标准，优美的姿势则无从谈起。

一、汽车销售顾问站姿基本要求

在汽车营销活动中，汽车销售顾问在前台站岗期间以及引导客户看车时都会用到站姿。从某种程度上讲，客户进入展厅时，见到的第一个画面就是汽车销售顾问在前台站岗，所以站姿对于汽车销售顾问尤为重要。优雅稳健的站姿，可以与高端雅致的汽车4S店装潢及展示用车一起构成美好的画面，让客户对即将开始的购车体验充满期待。

站姿是人在静立时的造型，是其他动态美的起点和基础。古人云："站如松。"这表明良好的站姿应该给人一种像松树一般笔直挺拔的感觉。男性汽车销售顾问的站姿应给客户稳健、绅士的感觉，女性汽车销售顾问的站姿则应给客户优雅、柔美的印象。

1. 正确站姿要求

汽车销售顾问在站立时应做到头正、肩平、臂垂、躯挺、腿并，具体要求如下：
（1）两脚跟相靠，脚尖展开，身体重心主要支撑于脚掌、脚弓之上；
（2）两腿并拢直立，腿部肌肉收紧，大腿内侧夹紧，髋部上提；
（3）腹肌、臀大肌微收缩并上提，臀、腹部前后相夹，髋部两侧略向中间用力；
（4）脊柱、后背挺直，胸略向前上方提起；
（5）两肩放松下沉，气沉于胸腹之间，自然呼吸；
（6）两手臂放松，自然下垂于体侧；
（7）脖颈挺直，头向上顶；
（8）下颌微收，双目平视前方。

2. 手位

汽车销售顾问在汽车营销活动中站立时，双手可以采用以下手位：
（1）双手垂于身体两侧；
（2）右手搭在左手上，叠放于身体前；
（3）双手叠放于身后。

汽车销售顾问常见手位如图 5-2 所示。

图 5-2　汽车销售顾问常见手位

3. 脚位

汽车销售顾问在销售活动中站立时，可以采用以下脚位：
（1）"V"字形；
（2）"丁"字形一般为女性汽车销售顾问所采用；
（3）双脚平行分开不超过肩宽。

汽车销售顾问常见脚位如图5-3所示。

图5-3 汽车销售顾问常见脚位

二、汽车销售顾问常见站姿介绍

根据场合的不同，汽车销售顾问在基本站姿的基础上根据手位、脚位的不同分为侧放式站姿、腹手式站姿、后背式站姿和持物站姿等。

1. 男性汽车销售顾问常见站姿（图5-4）

男性汽车销售顾问的站姿与女性汽车销售顾问相比，其不同点主要体现在手位上。通常情况下，男性汽车销售顾问手位为交叉放在背后，或相握放在前身。

（1）侧放式站姿：身体立直，抬头挺胸，下颌微收，双目平视，嘴角微闭，双手自然垂直于身体两侧，双膝并拢，两腿绷直，脚跟靠紧。

（2）腹手式站姿：身体立直，抬头挺胸，下颌微收，双目平视，嘴角微闭，双脚平行分开，两脚间距离不超过肩宽，一般以20厘米为宜，双手手指自然并拢，右手搭在左手上，轻贴于腹部，不要挺腹或后仰。

（3）后背式站姿：身体立直，抬头挺胸，下颌微收，双目平视，嘴角微闭，双脚平行分开，两脚间距离不超过肩宽，一般以20厘米为宜。双手在身后交叉，右手搭在左手上，贴于臀部。

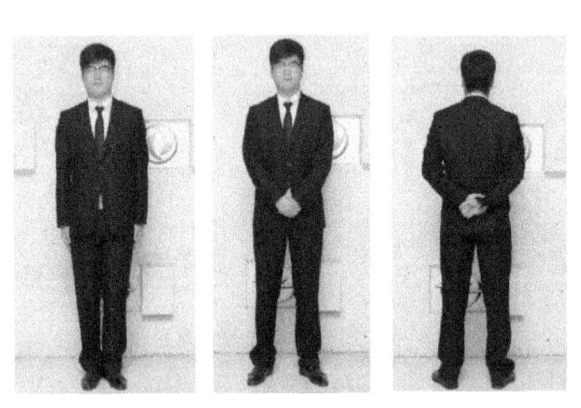

图5-4 男性汽车销售顾问常见站姿

2. 女性汽车销售顾问常见站姿（图5-5）

女性汽车销售顾问的站姿与男性汽车销售顾问相比，站姿的不同点更多体现在脚位上，通常情况下，女性汽车销售顾问的脚位为"丁"字形或"V"字形。

（1）侧放式站姿：身体立直，抬头挺胸，下颌微收，双目平视，嘴角微闭，面带微笑，双手自然垂直于身体两侧，双膝并拢，两腿绷直，脚跟靠紧，脚尖分开呈"V"字形。

（2）腹手式站姿：身体立直，抬头挺胸，下颌微收，双目平视，嘴角微闭，面带微笑，两脚尖略分开，右脚在前，将右脚跟靠在左脚脚弓处，两脚尖呈"V"字形，双手自然并拢，右手搭在左手上，轻贴于腹前，身体重心可放在两脚上，也可放在一脚上，并通过重心的移动减轻疲劳。

图 5-5　女性汽车销售顾问常见站姿

3. 汽车销售顾问持物站姿

在汽车营销活动中，为了更好地开展客户接待工作，汽车销售顾问会手持汽车销售文件夹；在拜访客户时，汽车销售顾问会携带公文包。在这些情形下汽车销售顾问将采用持物站姿。

（1）持文件夹站姿：身体立直，挺胸抬头，下颌微收，提髋立腰，吸腹收臀，手持文件夹。

（2）提公文包站姿：身体立直，挺胸抬头，下颌微收，双目平视，两脚分开，一手提公文包，一手置于体侧。

汽车销售顾问持物站姿如图 5-6 所示。

图 5-6　汽车销售顾问持物站姿

三、站姿注意事项

在汽车营销活动中,汽车销售顾问无论在前台值班站岗还是站立服务客户,均应注意不要歪倚斜靠,不将双手插在裤袋内,不摆弄手机,不乱动,不弯腰驼背,并保持手位、脚位正确。

第四节 蹲姿礼仪

蹲姿是汽车销售顾问常见的举止,如在汽车营销活动中,客户进入车内,汽车销售顾问帮客户调节座椅或向客户介绍车辆性能时;捡拾地面物品时;整理鞋袜时等。此时,若随意下蹲,则显得汽车销售顾问不够专业,尤其当女性汽车销售顾问穿裙装时,如不注意蹲姿,背后的上衣自然上提,会露出腰部皮肤和内衣,很不雅观,因此,汽车销售顾问应当掌握规范的蹲姿,切忌给客户留下不礼貌的印象。

一、汽车销售顾问蹲姿基本要求

蹲姿的上身要求与站姿相同,即身体立直,抬头挺胸,下颌微收,双目平视,嘴角微闭,面带微笑,腿部根据需要进行不同的位置变化。蹲姿的基本要求如下:
（1）下蹲时,应自然、得体、大方,不遮遮掩掩;
（2）下蹲时,两腿合力支撑身体,避免滑倒;
（3）下蹲时,头、胸、膝关节保持同一个角度,以使蹲姿优美。

二、汽车销售顾问常用蹲姿介绍

汽车销售顾问常用蹲姿（图5-7）有高低式蹲姿和交叉式蹲姿。交叉式蹲姿通常适用于女性汽车销售顾问,特别是穿短裙的女性汽车销售顾问。

(a)   (b)

图5-7 汽车销售顾问常用蹲姿
(a) 高低式蹲姿；(b) 交叉式蹲姿

（1）高低式蹲姿：下蹲时左脚在前,右脚稍后（不重叠）,两腿靠紧向下蹲。左脚全脚着地,小腿基本垂直于地面,右脚跟提起,脚掌着地。右膝低于左膝,右膝内侧靠于左小腿内侧，形成左膝高右膝低的姿势，臀部向下，基本上以右腿支撑身体。男性汽车销售顾问选用这种蹲姿时，两腿之间可有适当距离。

(2) 交叉式蹲姿：下蹲时右脚在前，左脚在后，右小腿垂直于地面，全脚着地。左腿在后与右腿交叉重叠，左膝由后面伸向右侧，左脚跟抬起脚掌着地。两腿前后靠紧，合力支撑身体。臀部向下，上身稍前倾。

三、蹲姿注意事项

在汽车营销活动中，汽车销售顾问无论采用哪种蹲姿，都要切记将双腿靠紧，臀部向下，上身挺直，使重心下移。汽车销售顾问绝对不可以双腿敞开而蹲，这种蹲姿叫作"卫生间姿势"，属于不雅蹲姿（图5-8），女性汽车销售顾问尤其应避免出现这种蹲姿。另外，汽车销售顾问下蹲时应注意内衣不可以露，不可以透。

图5-8 不雅蹲姿

第五节 手势礼仪

手是人的体态语中最重要的传播媒介，招手、挥手、握手、摆手等都表示不同的意义。手的魅力并不亚于眼睛，甚至可以说手就是人的第二双眼睛。人在紧张、兴奋、焦急时，手都会有意无意地表现相应情绪。作为仪态的重要组成部分，手势应该得到正确的使用。手势也是人们交往时不可缺少的动作，是最有表现力的一种体态语。俗话说："心有所思，手有所指。"在汽车营销活动中，汽车销售顾问经常会运用手势，如引领客户，向客户介绍车辆情况、介绍他人，因此掌握正确的手势礼仪尤为重要。汽车销售顾问如果能够恰当地运用手势来表达情意，那么就会在汽车营销活动中展示自己良好的形象，赢得客户的信赖和认可。

一、汽车销售顾问手势基本要求

汽车销售顾问恰当地运用手势表情达意，会为其服务形象加分。掌握正确的手势礼仪，务必注意以下基本要求：

(1) 大小适度：在汽车营销活动中，汽车销售顾问应注意手势的幅度。手势幅度的上限一般应不超过客户的视线,下限应不低于自己的胸区。左右摆幅不要太大,应在胸前或右方进行。一般场合下,手势动作幅度不宜过大,次数不宜过多,也不宜重复同一个手势。

(2)自然亲切:汽车销售顾问与客户交往时,应多用柔和的曲线手势,少用生硬的直线条手势,以求拉近心理距离。

(3)避免不良手势:汽车销售顾问与客户交谈时,应避免手势动作过多过大。

二、汽车销售顾问常用手势介绍

在汽车营销活动中,手势的运用是非常普遍的,适当地运用手势,可以表示对客户的尊重,拉近与客户之间的距离。不管汽车销售顾问运用怎样的手势,都要以尊重客户为前提。汽车营销活动中,汽车销售顾问的常用手势如下。

1. "请"的手势

汽车营销活动中汽车销售顾问经常会运用"请"的手势。汽车销售顾问在做"请"的手势时,要在站姿的基础上,将手从体侧提至小腹前,优雅地划向指示方向。这时应五指并拢,掌心向上,大臂与上体的夹角为30°左右,手肘夹角为90°~120°;同时,汽车销售顾问应用亲切、柔和的目光注视客户,并说"您好,欢迎光临,请往里面走"。

2. 指引的手势

汽车销售顾问在做指引的手势时,可以站在被指引物品或道路的旁边,右手手臂自然伸出,五指并拢,掌心向上,指尖朝向所要指引的方向,以肘部为轴伸出手臂,在指示道路方向时,手的高度大约齐腰;指示物品时,手的高度则应根据物品来定。

3. 鼓掌的手势

汽车营销活动中鼓掌的手势较为常用,如汽车销售顾问欢迎客户时鼓掌,在新车交付时鼓掌祝贺客户提车等。鼓掌的标准动作是五指并拢,用右手轻拍左手的掌心。

4. 举手的手势

举手的手势在汽车营销活动中较为常见,比如,汽车销售顾问遇到相识的客户举手致意时,在与客户洽谈时发现客户茶水较少而举手示意服务人员添加茶水,在召开部门会议时举手表示赞同主讲人的意见,等等。举手时,手臂应轻缓地由下而上,向侧上方伸出,可全部伸直,也可稍弯曲。注意致意时要伸开手掌,掌心向外对着他人,指尖指向上方,手臂不要左右来回摆动。

5. 递接物品的手势

在汽车营销活动中,汽车销售顾问在递送名片、车辆资料、茶水、笔等物品时,会使用该手势。汽车销售顾问在递送物品时应双手呈递,以显示对客户的尊重。在递送名片、产品资料等带有文字的物品时,应将正面朝向客户,以方便其阅读;在递送笔、剪刀等锋利物品时,应将尖端朝向自己,不要指向客户;在递送茶水等饮品时,应一手扶杯壁,一手托杯底。

6. 告别的手势

客户离开汽车4S店时,汽车销售顾问与客户告别时需要做出告别的手势。这个手势要求身体站直,不要摇晃和走动,手臂向上、向前伸,掌心向外,指尖朝上。单手告别时手向左右挥动,双手道别时两手同时、同方向由外侧向内侧挥动,不要上下摇动或举而不动。

汽车销售顾问的常用手势如图 5-9 所示。

图 5-9　汽车销售顾问的常用手势

三、手势运用注意事项

在汽车营销活动中，汽车销售顾问在接待客户时应避免抓头发、摆弄手指、抬腕看表、掏耳朵、抠鼻孔、剔牙、咬指甲、玩饰物、拉衣服袖子等手势。

第六节　表情礼仪

在交际活动中，表情倍受人们的注意，因此，表情礼仪在生活和工作中也是人们必学的礼仪之一。在人们千变万化的表情中，眼神和微笑最具礼仪功能和表现力。

一、汽车销售顾问表情礼仪

现代心理学家总结过一个公式：感情的表达=7%语言+38%声音+55%表情。可见，表情在人与人的交往中占有相当重要的地位。表情是人的思想感情和内在情绪的外露，而面部则是最能传情达意的部位，可以表现喜、怒、哀、乐、忧、思等各种复杂的思想感情。

1. 表情礼仪的含义

表情是指人类的面部情态。它可以传情达意，表现人的心理。与仪态一样，表情也是人类无声的语言。现代传播学认为，人类表情属于人际交流之中的"非语言信息传播系统"，并且是其核心的组成部分，因为较仪态而言，表情更为直观，更为形象，所以其更易于为人们觉察和理解。人类的面部表情真实地反映着人们的思想和情感及其他方面的心理活动与变化。

2. 表情礼仪的产生

表情是人类在神经系统的控制之下，面部肌肉及各种器官所进行的运动、变化和调整，以及面部在外观上所呈现的某种特定形态。人体的其他部位也有表情，但表情主要表现在人的面部，因此，在一般情况下，人们所说的表情指的就是面部表情。

1）表情礼仪——眼神

人们常说："眼睛是心灵的窗户。"眼神的表现力是极强的，在生活中，也常常看到配合默契的人之间无须时时进行语言的沟通，一个眼神就可以传递信息，让对方心领神会。

(1) 眼神的含义。

眼神是对眼睛总体活动的统称。一个人的眼神能如实反映其喜怒哀乐。在传递信息的过程中，它能够传达出最细微、最精妙的差异，表达出确切的信息，甚至泄露出人们内心深处的"秘密"，因此发现一个人内心秘密的最好办法是观察其眼神。

(2) 眼神的分类和表达的信息。

汽车销售顾问在服务过程中难免要与客户进行眼神的交流，此时要特别注意自己的眼神。眼神的分类及其表达的信息见表5-1。

表5-1 眼神的分类及其表达的信息

眼神的分类	表达的信息
直视——直接注视	表达自己认真、尊重，适用于各种情况
对视——直视对方的双眼	表达自己大方、坦诚、关注对方或希望得到对方的理解和支持
凝视——全神贯注地注视	表达对对方的专注、恭敬
虚视——目光游离，眼神飘忽不定	表达胆怯、自卑、疑虑、走神、疲乏，或失意、无聊，缺乏主张
盯视——盯着对方看	表达不礼貌，让对方产生压力，有侮辱甚至挑衅的感觉
扫视——视线左、右、上、下打量	表达认真、重视，适用于同时与多人打交道
眯视——眯着眼睛看对方	隐藏自己心理而窥视他人
斜视——从眼角把目光投向对方	表达漠然、漠视和漫不经心甚至轻蔑的心理，十分不友好
转视——视线移动多且有规律	表达自己内心正定且擅长理性思考
审视——如审查犯人一般打量对方	表达怀疑的心理
无视——假装看不见对方	表达不在乎、不感兴趣，会给人高傲的印象

(3) 眼神的分辨。

汽车销售顾问不仅要学会在不同的场合熟练地运用表情礼仪，还要做到能通过客户的眼神判断其性格和心理活动，故学会眼神的分辨很重要。眼神的分辨主要从以下三方面入手：

①注视的部位。

注视的部位不同，不仅表示态度不同，也表示双方关系有所不同。一般情况下，不宜注视他人的头顶、大腿、脚部与手部或"目中无人"。对异性而言，通常不应该注视其肩部以下，尤其不应该注视其胸部、裆部、腿部。在与他人交谈的时候，目光应该注视对方，以示尊重。注视的范围应为上至对方额头，下至对方衬衫的第二颗纽扣，左、右以两肩为准的方框。

目光注视区域主要分为以下三个：

a. 公事凝视区域：额部至眼部。

他人额部至眼部的区域称为公事凝视区域。注视该区域表示严肃、认真，希望公事公办。

如果专注地凝视他人的双眼表示对其很重视，愿意洗耳恭听。

b. 社交凝视区域：眼部至嘴部。

他人的眼部至嘴部区域称为社交凝视区域。注视该区域意味着对方只是普通朋友或者客户，如果是陌生人，那么也可以注视这部分区域来进行正常的社交。

c. 亲密凝视区域：嘴部至胸部。

对方的嘴部至胸部区域称为亲密凝视区域。只有关系亲密的人才可以注视对方的这部分区域，对于初识的异性，是禁忌注视这部分区域的，这会被人误会为不礼貌，从而产生不良印象。

②注视的角度。

注视的角度不同，则表示的态度不同（表5-2）。在给客户提供服务时，应避免不恰当的注视。

表5-2 注视的角度与表示的态度之间的关系

注视的角度	表示的态度
仰视	若注视者所处的位置低于被注视者，而需要抬头向上仰视被注视者，表示对被注视者的重视和信任，也表现注视者处于服从位置
正视	正视对方需要正面相向注视，表示重视被注视者
平视	平视用于注视者与被注视者处于相似的高度，表示双方地位平等与注视者不卑不亢的态度，也表示客观和理智
俯视	俯视用于注视者所处的位置高于被注视者，往往表示注视者自大或对被注视者不屑一顾，表现注视者的优越感和权威感

③注视的时间。

注视他人的时间长短不同，则表示的态度不同（表5-3）。注视的时间与全部相处时间之比应控制在1/3~2/3。

表5-3 注视的时间与表示的态度之间的关系

注视时间与全部相处时间之比	表示的态度
1/3	普通社交，表示友好和善
2/3	表示很重视、关注对方
小于1/3	表示轻视、冷落、反感、不在乎
大于2/3	表示敌意、挑衅或者有非分之想

④眼神的主要应用。

a. 若想中断谈话，则可以有意识地将目光稍稍转向他处。

b. 当对方因说出幼稚或者错误的话而显得拘谨、害羞时，不要马上转移视线，要继续用柔和的眼神注视对方。

c. 当双方缄默不言，冷场的时候，不要再注视对方，以免更加尴尬。

d. 当谈话投入或者谈正事时要注视对方，不要东张西望。

e. 被介绍与他人认识的时候，眼睛应该注视对方的脸部，不要上下打量对方。

f. 有求于对方或者等待对方回答时,应该将眼睛略向下看。
g. 进入上级办公室的时候,目光不要停留在办公桌上面摆放的文件上。
h. 进入他人的居所的时候不要东张西望,除非被邀请参观。
i. 和长辈说话时,需走近长辈,用尊敬的目光直视对方。
j. 上台发表讲话时应先环顾四周,表示对在场所有人的尊重。
k. 在社交场合,忌讳和他人眉来眼去及使用傲慢的眼神。
l. 不能将目光长时间停留在对方面部或身体的某一部位,尤其是初次见面或者面对异性时。

2)表情礼仪——微笑

人们常说脸上最宝贵的财富就是微笑,即笑容。俗语也常说:"伸手不打笑脸人。"笑容是指人们在笑的时候,脸上露出的表情,有时还伴着口中发出的欢喜的声音。笑容可以缩短彼此之间的距离,为进一步深入沟通与交往创造和谐、温馨的良好氛围。

(1)微笑的含义。

微笑是自信的象征,是友好的表示,是一种交际手段,是健康的表露,是能被读懂的世界语,是成功的法宝。微笑是表情中最能赋予人好感、最受欢迎、最具吸引力、用途最广、损失最小而效益最大的,也最有价值的面部表情,是使人感到心情愉悦的表现方式。

(2)微笑的基本特征。

微笑时嘴角两端微微上扬,笑不闻声,笑不露齿,肌肉放松,脸上挂着笑意即可。

职业化微笑应露六颗牙齿,当笑则笑,注意笑的场合。汽车销售顾问的职业化微笑如图5-10所示。

图5-10 汽车销售顾问的职业化微笑

(3)微笑的具体要求。

微笑要真诚,发自内心。力求拥有表里如一的微笑,虚伪的假笑只会让他人感到生硬、别扭和反感。

微笑要甜美自然,即五官和肌肉要协调。

微笑是眼神、面部肌肉和唇部形态等方面协调完成的面部表情,所以要多对镜子练习微笑。扭曲的、不自然的微笑会让人看起来很怪异,反而得不到好感。

微笑要有尺度，即热情有度。

在交际中笑得不合时宜，或者笑得比较夸张，不仅会让他人觉得不自然以及莫名其妙，还会使气氛变得尴尬。微笑加上得体的手势，会显得更自然、大方。

（4）职场微笑禁忌。

一忌皮笑肉不笑或嬉皮笑脸，这使人感觉不够尊重。

二忌夸张性地张嘴大笑，要做到笑不露齿，笑不出声。

三忌不分场合乱笑。

四忌在公共场合放声大笑，这会破坏安静气氛，显得没分寸。

五忌长时间控制不住地笑，这会让他人感到莫名其妙。

课 堂 实 训

[实训目标]

（1）分别掌握男性、女性汽车销售顾问日常工作中的行、坐、站、蹲礼仪。

（2）能够在日常工作中灵活运用手势和表情。

[实训内容]

由班级学生扮演考官对班级同学进行仪态礼仪测试，学生礼仪实训场景如图5-11所示。

图5-11 学生礼仪实训场景

[实训操作]

（1）学生对着镜子自我训练。

学生在考核前对着实训室的镜子进行自我训练。

（2）考官以小组形式对学生进行考核。

（3）考官在每小组选取一个最优代表，在全班进行展示。

[成果要求]

学生根据仪态礼仪考核要求完成测试，并将得分填入仪态礼仪项目评分表（表5-4）中。

表 5-4 仪态礼仪项目评分表

序号	评分项目	评分标准	分值	得分
1	走姿	(1) 抬头挺胸，步幅适宜，步速适中，步位摆正，步态良好； (2) 注意勿犯走姿禁忌，如内外八字脚等	15	
2	坐姿	(1) 左进左出，入座要轻稳，坐椅子的2/3处； (2) 入座后身体呈现3个90°	15	
3	蹲姿	(1) 男士：高低式蹲姿要领； (2) 女士：高低式、交叉式蹲姿要领	15	
4	站姿	(1) 注意不同站姿的手位、脚位； (2) 男士站姿体现阳刚，女士站姿体现优雅	15	
5	手势	(1) 指引手势：右手手臂自然伸出，五指并拢，掌心向上，指尖朝向所要指引的方向。以肘部为轴伸出手臂，在指示道路方向时，手的高度大约齐腰，指示物品时，手的高度根据物品来定； (2) 递接物品手势：注意递送名片、产品资料、茶水、笔等情况下不同的手势	20	
6	表情	(1) 眼神注视的部位、角度、时间； (2) 真诚微笑，热情有度	20	
		合计	100	
综合评语				

练习与思考

一、单选题

1. 入座、离座时的姿态规范中，要求（　　）。
   A. 右进右出　　B. 左进左出　　C. 左进右出　　D. 以上都可以

2. 从座位的（　　）侧就座。
   A. 左　　B. 右　　C. 后　　D. 前

3. 商务礼仪中的站姿要点"一平、二直、三高"中的"一平"是指（　　）。
   A. 眼光平视，腿要平行
   B. 头平以致顶书时书不掉下来
   C. 两脚平行，头平正，双肩平，两眼平视
   D. 后脑勺、背部、脚后跟在一个水平面上

4. 商务礼仪中的站姿要点"一平、二直、三高"中的"二直"是指（　　）。
   A. 头直立
   B. 躯干挺直
   C. 腿部绷紧，脚平直
   D. 腰直，腿直，后脑勺、背、臀、脚后跟成一条直线

5. 商务礼仪中的站姿要点"一平、二直、三高"中的"三高"是指（　　）。

A. 头高，臀部提高，手放高位

B. 重心上拔

C. 眼睛看向稍微高处，手放高位，重心提高

D. 臀部收紧提高，胸部外挺提高，脖子伸长提高

6. 商务礼仪的站姿中，一般情况下应该保持双腿并拢，脚后跟紧靠，若脚尖分开，开度以（　　）为宜。

A. 10°　　　　　　B. 15°　　　　　　C. 90°　　　　　　D. 60°

7. 商务礼仪的站姿中，一般情况下应该保持双腿并拢，脚后跟紧靠。男士也可以两脚分开，分开的距离以（　　）为宜。

A. 0.5米　　　　　B. 脚长的4倍　　　C. 与肩宽度相近　　D. 一步步长

二、判断题

1. 按商务礼仪，接待客人时，引导者应在客人的右前方引路。（　　）
2. 女性汽车销售顾问常见的坐姿有正坐式、斜放式、交叉式等。（　　）
3. 男性汽车销售顾问常见的蹲姿有高低式、交叉式。（　　）
4. 汽车销售顾问与客户交流时，双眼应注视对方的面部三角区。（　　）

第六章

汽车销售顾问见面礼仪

学习目标

(1) 掌握见面时待人接物的基本礼仪以及见面礼仪的相关内容。
(2) 熟练应用见面礼仪的各种相关规则，注意细节。
(3) 熟练应用所学知识，形成良好的习惯，成为擅长与人沟通、内外兼修的有礼之人。

案例引导

古时，有一个男人想去一座名为"夏华寺"的寺庙，于是他来到了这座寺庙所在的城镇。这个男人迷路了，不知道该往哪里走。这时，刚好有一位老伯伯走过他身边，他一把挡在老伯伯面前，大声吼道："喂，老头儿！快告诉我夏华寺在哪里？还有多远啊？"老伯伯看了看他，平静地说："无礼（五里）。"于是那个男人往前走了五里，可还看不到夏华寺。这时候，他回想着老伯伯的话，突然明白了什么……赶紧回头去找那位老伯伯，才走了回头路的一半多，男人就发现老伯伯在路边等他，于是男人有礼貌地对老伯伯说："老伯伯，方才我因为赶路急眼了，所以冒犯了您，请您谅解，请告诉晚辈夏华寺在哪里？"老伯伯笑呵呵地回答他："夏华寺在不远处的一座高山上。老朽家在山脚下，现在天色已晚，不便登山，附近也没有住宿的地方，若你不嫌弃，则可到老朽家中住一晚，第二天一早再去寺庙。"

思考：为什么这个男人多走了五里路还是找不到寺庙？

第一节 见面礼仪的基本内容

见面礼仪又称为会面礼仪，是日常社交礼仪中最常用，也是最基础的礼仪。人与人之间的交往要用到见面礼仪，特别对于汽车销售顾问来说，见面礼仪的使用频率更高。在与人交往时熟用见面礼仪，会给对方留下良好的印象，展现出施礼者较高的素养。汽车销售顾问掌握常见的见面礼仪，不仅能给客户留下良好的第一印象，也可为顺利开展工作埋下成功的伏笔。

一、见面礼仪的四大区别

见面礼仪虽然是最常用、最基本的礼仪，但在日常生活中使用见面礼仪时是有区别的。见面礼仪的四大区别（图 6-1）是场合有别、古今有别、中外有别和外外有别。

场合有别
- 场合不同，礼节不同。正式场合常规的见面礼节不可缺少。
- 非正式场合可以比较随意。

古今有别
- 我国被称为"礼仪之邦"。
- 古人见面常行"拱手礼"，也称为"作揖"，不同等级的官员见面时行的见面礼也不同，等级相差大的官员，位低者行跪拜礼。
- 如今通用握手礼。

中外有别
- 国际社会上，最通用的见面礼是拥抱和亲吻。
- 在欧美国家，拥抱亲吻是常见的见面礼。
- 在我国，见面时通行握手礼。

外外有别
- 外国人的见面礼也不是千篇一律的。
- 欧洲传统国家流行拥抱礼、吻手礼。
- 韩国、朝鲜、日本流行鞠躬礼。

图 6-1 见面礼仪的四大区别

二、常用的见面礼仪

1. 行为礼仪

1）举手礼

举手礼是一种常见于学校和军队的见面礼仪，举手礼的要领是上体正直，右手迅速抬起，五指并拢，自然伸直，中指微接帽檐右角前约 2 厘米处（戴无檐帽或者不戴军帽时中指微接太阳穴，与眉同高），手心向下，微向外张（约 20°）。手腕不得弯曲，右手臂膀尽量水平摆放，与两肩成一条直线，敬礼者应双目注视受礼者。

2）握手礼

握手礼是当今世界上最为流行的礼节。握手礼通常是双方先打招呼，然后伸手互握，同时寒暄致意。注意，应主人、长辈、上司、女士主动伸出手，客人、晚辈、下属、男士再相迎握手。

3）拥抱礼

拥抱礼是流行于欧美国家的一种见面礼仪，在其他国家和地区，特别是上层社会中亦有行此礼的习惯。拥抱礼常用于官方或民间迎送宾朋或祝贺、致谢等场合（如许多国家的涉外迎送仪式）。

行拥抱礼时，通常是双方相对而立，各自右臂偏上，左臂偏下，右手环抚于对方的左后肩，左手环抚于对方的右后腰，彼此将胸部各向左倾而紧紧相抱，同时头部相贴，然后再向右倾而相抱，接着再一次左倾相抱。

4）亲吻礼

亲吻礼是源于古代的一种常见的见面礼仪，在许多欧美国家广为流行。美国的亲吻礼通常用于熟人之间；法国人不仅在男女间，而且在男子间也多行此礼。法国男子互相亲吻时，常常左、右脸颊各吻一次。比利时人的亲吻礼比较热烈，往往反复多次。在许多国家的迎宾场合，宾主双方往往以握手，拥抱，左、右吻面或贴面的连动性礼节表达敬意。

行亲吻礼时，往往与一定程度的拥抱礼相结合。不同身份的人，相互亲吻的部位也有所不同。一般而言，夫妻、恋人或情人之间，宜吻唇；长辈与晚辈之间，宜吻脸或额；平辈之间，宜贴面。在公开场合，关系亲密的女子之间可吻脸，男女之间可贴面，晚辈对长辈则可吻额。

5）吻手礼

吻手礼是流行于欧美上层社会的一种见面礼仪，其是一种爱情文化的传承，是西方社会交际的必要礼仪之一。

吻手礼的基本规范是男士行至女士面前，首先垂首立正致意，然后以右手或双手捧起女士的右手，俯首用自己微闭的嘴唇象征性地轻吻一下其指背。若女士身份地位较高，男士通常曲膝作半跪式后再握手吻之。

2. 致意礼仪

人们在生活中除了经常用到的一些见面礼仪，还会用到一些致意礼仪。所谓致意礼仪，指的是在各种场合中以细微的动作、不出声的方式问候他人。

致意礼仪的基本规范是：男士向女士致意（年轻女士遇到比自己年长很多岁的男士时，女士应先向男士致意），晚辈向长辈致意，卑者向尊者致意。

1）微笑致意

在日常生活中，微笑致意是常用的一种礼仪，尤其在见到不熟悉的人时，常用微笑致意的方式来打招呼。温暖、友善的微笑可以瞬间拉近人与人之间的距离，也可以加深他人对自己的良好印象。报人以微笑，是懂文明、有教养的表现。

2）举手致意

举手致意在生活中使用频率很高，往往用于和距离较远的人打招呼。举手致意的要领是将右臂伸直，右掌心朝向对方，轻轻摆动一下手掌即可，不能反复摇动手掌，一般情况下不用说话。

3）颔首致意

颔首致意也称点头致意。其因施行起来简单方便，不受施礼对象及时间、地点的限制，所以成为生活中最为普遍的一种见面礼仪，在世界各国及民族间都通用。颔首致意的适用范围很广，如路遇熟人或与熟人、朋友在会场、剧院、歌厅、舞厅等不宜交谈之处见面，以及遇上多人而又无法一一问候时，都可以颔首致意。

领首致意的具体做法是头部向下轻轻点一下，同时面带笑容。注意不要反复点头，且点头幅度不宜过大。

4）欠身致意

欠身致意是见面礼仪中力度较轻的一种。当人们坐在会场中时，有朋友入座，应欠身致意（将臀部抬起，上身微微弯起，而不必站立起来），如果站着与朋友交谈，这时另有他人参与进来，不能置之不理，也不能中断谈话，就需要欠身致意（上身微微前倾表示不介意并欢迎他人的加入，如果中断谈话，对方反倒误会你不欢迎他的加入）。如果每次见面都鞠躬或握手，实在过于烦琐，而欠身致意正好合适。

5）起立致意

起立致意用在较正式的场合，一般用在课堂上或者晚辈、下级就座时。若有长辈、上级进来或者离去，则晚辈或者下级就应该起立致意。

6）脱帽致意

脱帽致意常用于朋友、熟人见面，其中有人戴着有檐的帽子时。若朋友、熟人迎面而过，只需轻掀一下帽子。若戴的是无檐帽，则不必脱帽，只需欠身致意，但注意不可双手插兜。

第二节　见面礼仪的重要内容

一、交往距离礼仪

"距离产生美"指的就是人与人在交往的时候需要保持一定的距离。在生活中当一个陌生人离得太近时，人们总会感到不适和压抑，因此，在交往时，只有与对方保持一定的距离，才能营造一种舒适的气氛，尤其在商务活动中，根据其对象和目的，选择和保持合适的距离是极为重要的。那么究竟保持多远的距离才合适呢？美国心理学家及人类学家爱德华·霍尔博士将人类交往距离分为四大类。了解这些距离的含义，再选择合适的人际交往距离，可以给他人留下更友好的印象。

1. 亲密距离

在45厘米以内的亲密距离，属于私密距离，多用于情侣或夫妻间、父母与子女间或知心朋友间。两位成年男士一般不采用此距离，但女士间、知己间往往喜欢以这种距离交往。

亲密距离属于交往距离中最为敏感的领域。人们在交往时要特别注意，不能轻易采用这种距离，尤其与异性交往时，若采用这种距离，则很可能引起误会。

2. 私人距离

私人距离一般为45～120厘米，表现为伸手可以握到对方的手，但不易接触到对方身体。

私人距离是与较熟悉的人交往时采用的，对讨论个人问题是很合适的。一般的朋友交谈多采用这种距离，日常的工作、生活与熟人、同学、同事交往也适合采用这种距离。

3. 社交距离

社交距离一般为120～360厘米，属于见面礼仪中较正式的距离。

一般在工作场合（办公室洽谈、商务谈判、招聘会面试、论文答辩等），人们多采用社交距离交谈。在小型招待会上与没有过多交往的人打招呼也可采用社交距离。

4. 公共距离

公共距离是指大于 360 厘米的距离，一般适用于演讲者与听众及非正式的场合。

不过，人们交往时所需要保持的距离不是绝对的，现实生活中，影响人际交往距离的因素很多，如性别、年龄、文化背景和生活习性等。这些因素都会导致人对距离的需求和理解的不同。有时，同一个人对距离的要求和理解也会受到自身情绪和所处环境的影响，因此，与他人交往的时候，一定要注意把握好距离的分寸，随机应变。

二、称谓礼仪

称谓礼仪也叫作称呼礼仪，属于日常生活、工作中的常用礼仪。尤其在中国，我们的祖先使用称谓十分讲究。对于不同的身份、不同的场合，在使用称谓时应丝毫必辨。现代礼仪虽不必泥古，但也要在前人的基础上推陈出新，使称谓礼仪变得更通俗易懂、更国际化。

1. 称谓的基本要求

人际交往，礼貌当先；与人交谈，称谓当先。使用称谓应当谨慎，稍有差错则贻笑大方。恰当地使用称谓，是社交活动中的一种基本素养。称谓要尊敬、亲切和文雅，使双方心灵能沟通，感情可融洽，缩短彼此之间的距离。正确地掌握和运用称谓，是人际交往中不可缺少的礼仪因素。

1）合乎常规

合乎常规是指称谓礼仪要入乡随俗。当对方来自不同地区、民族或者国家时，应照顾其个人和社会习惯；当不能确定如何称呼对方时，应礼貌地询问对方，不可随心称呼，以免引起误会。比如，英国、美国、法国等国家的称谓一般是名在前，姓在后，女士婚后冠夫姓，正式场合要称其全名；一般场合则只称其姓，只有关系密切的人才可以直呼其名。中国广东地区不管女士漂亮与否，都称其为靓女；而在其他地区，若这样称呼一位不漂亮的女士，则可能会让其认为这是在讽刺她。

2）合乎场合

称谓应合乎场合。称谓在正式和非正式的场合是不同的。在正式场合，如参加工作和出席重要的商务场合等，对他人的称呼都要以规范、庄重为前提，哪怕与对方的关系再密切，也不可随意称呼其昵称。比如，孩子的爸爸是学校的校长，孩子在学校应该称其为校长；如果孩子在校称其为爸爸，则会有炫耀的嫌疑，也会给人以校长在学校里偏袒自己孩子的印象。

3）合乎身份

称谓应合乎身份。一方面要合乎自己的身份，另一方面则要考虑对方的身份。在称呼对方时除了要考虑其性别、年龄、职务、职称等，还应考虑自己与对方的关系。当年幼者称呼年长者时，要体现出尊敬；而年长者称呼年幼者时，主要应体现出关爱。比如，小辈称呼长辈时，不可以直呼"老张""老王"等，可以将"老"字与其姓相倒置，称其为"张老"

"王老",或"王老先生""张老先生",或以"姓+职务(或职称等)"称呼,如"李主任""刘总""杨工""罗老师""陈师傅"等。当清楚对方身份时,既可以对方的职务相称,也可以对方的身份相称;当不清楚对方身份时,可以性别相称,如"某先生""某女士"或"某老师",亦不失为权宜之计。

4)合乎次序

一般情况下,同时与多人打招呼时应遵循先长后幼、先上后下、先近后远、先女后男、先疏后亲的原则。人际交往中,在使用称呼时,一定要避免失敬于人。称呼时应注意细节,不因粗心大意,用心不专而使用错误的称呼。如念错对方的姓名,对对方的年龄、辈分、婚否以及与其他人的关系作出错误判断将产生误会。如两个公司的经理和秘书见面,秘书应先称呼对方公司的经理,否则会让对方地位高者感觉自己被轻视,引起地位高者心中不快,而地位低者则会因为感觉逾越身份而惴惴不安。称谓的本末倒置会直接导致美好的见面变得尴尬无比,气氛异常。

2. 常见的称谓方式

同一个人由于其在社会中扮演着各种不同的角色而有好几个称谓。场合不同,同一个人的称谓也会有所变化。

1)生活中的称谓

生活中的称谓相对工作中的称谓和国际称谓要随意一些,其主要内容如下:

(1)泛尊称。

生活中经常会遇到与他人第一次见面,对其情况一无所知,不知该如何称呼的情况。在这种情况下就可以使用泛尊称,泛尊称可分为一般称谓和代词称谓。

①一般称谓:初次见面,又对他人情况一概不知,也不能从其着装判断其职业时,就需要用到一般称谓,即将男士称为"先生",将女士称为"夫人",有时也可称其为"同志"等,还可在"先生""女士""同志"前加姓或者加姓名。

②代词称谓:见面沟通时,不应全程都用十分正式和特定的称谓称呼他人,这会显得复杂、不利落,这时就需要用到代词称谓,如"您""你""他"等。

(2)时尚性称谓。

生活中经常会用时尚性称呼去称呼他人。比如,向陌生人问路或希望陌生人帮助自己完成一些小事时,都会随意而不失礼貌地称呼对方为"帅哥""美女"等。

(3)姓名称谓。

姓名称谓往往应用在熟人之间,姓名称谓的主要方法有以下3种:

① 直呼其姓名:姓+名。

这种方式适用于比较严肃的场合,所以需要严谨地、一丝不苟地称呼对方的全名,但是在某些场合,对于年长者,这样单独称呼其全名是不礼貌的。

② 只呼其姓,不称其名:(老、大、小)+姓、姓+(老、公)。

如果以"(老、大、小)+姓"来称呼对方,那么此种称谓则主要应用于熟人之间。这样的称谓显得比较亲切,并且还能体现出长幼的关系。

如果以"姓+(老、公)"来称呼对方,那么一般运用于一些德高望重的人身上,在表达出敬佩之情的同时又不失亲昵感,如"谢公""雁老"等。

是"情人""小三"的意思；中国人喜欢称小孩子为"小鬼"，外国人则容易理解成"妖怪""精灵"的意思。

再比如，北方人喜欢称呼他人为"伙计"或者"师傅"；而南方人则容易把"伙计"理解成"打工仔""小二"，把"师傅"理解成"出家人"等。

4）使用庸俗的称谓

有些称谓是很忌讳在正式场合使用的，如"哥们儿""兄弟""死党""李姐"等，这些称谓听起来很不正规，所以在正式场合不要使用这些称谓。

5）使用绰号性称谓

关系一般的人，不要轻易给对方起绰号，尤其有侮辱性的绰号要避免使用，如"四眼仔""肥婆""独臂侠"等。不可拿他人的生理缺陷和姓名来乱开玩笑，尊重他人应从尊重名字开始，不要伤害他人，也不要践踏自己的修养。

6）不使用任何称谓

在与他人打交道时，应该选择一个适当的称谓，用"喂""嘿""那个谁"去称呼他人是不礼貌的。

7）不注意对象的称谓

中国人很多时候喜欢称他人为"师傅""同志"，但是，如果称医生为"师傅"，称外国人为"同志"，那么这些称谓会很怪异。

8）同音歧义的称谓

这些称谓一般用于非正式场合，如"王总""张处""徐校"等，但应谨慎使用，如果对方姓范，又是局长，若称其为"范局"（饭局）则会产生误会，所以在正式场合不能用简称。

如果对方姓"傅""戴""贾"，称其"傅局长"（副局长）"戴局长"（代局长）很容易让人认为受到调侃，所以遇到这类姓氏应在称呼的时候加上姓名或干脆称其职务等。

9）随便称谓姓名

对于初次见面的人，不要一开始就"自来熟"，自以为亲切地称呼对方为"老倪""小李"等，也不要直接叫对方的全名。

总而言之，称谓是交际之始。要慎用称谓、善用称谓、巧用称谓才能赢得他人的好感，开启顺利沟通的第一步。

三、寒暄及问候礼仪

在见面礼仪中，经常会用到寒暄与问候礼仪。寒暄，是指商务活动和生活中经常用到的简短常用语；问候，是指人们见面时相互之间打招呼。寒暄与问候在很多情况下应用的情景是比较相似的，常常作为见面交谈的"开场白"。

1. 寒暄

寒暄主要用于人们初次见面或者在人际交往中打破僵局，缩短两者之间的距离，借以向对方表示自己愿意与其交际。寒暄一般分为以下两种情况。

1）初次见面

初次见面，汽车销售顾问被他人介绍时，如果只是向对方点点头或者象征性地握一下对方的手，常会被理解为对对方很冷淡，不想与其有过多的来往，不想与其进一步交谈，所以此刻应适当与对方寒暄，表达想与其交谈的意愿，这样可以拉近与对方的距离。

不要使用比较复古的寒暄用语，如"久仰大名，如雷贯耳，今日一见，三生有幸，初次见面，请多关照"。这样程式化的语言很不合时宜，会让人感到不适。

常见寒暄用语有以下3种：

（1）标准式："您好""能见到您感到非常荣幸""认识您真高兴"等。

（2）文雅式："久仰了""幸会"等。

（3）随意式："我听××常提起您呢""之前听说过您的大名了""您的××我听说过"。

2）熟人寒暄

见到熟人时应适当寒暄，视而不见会显得不礼貌。与熟人寒暄时，不用像初次见面那样拘谨生涩，可以亲切一些，更生活化一些。常用的熟人寒暄用语有"你吃了吗""今天你的气色真好""你换的新发型真好看"等。

寒暄用语不一定要有很实质的内容，可以根据时间、地点、人物选择寒暄用语的内容和长短，但是用寒暄用语要相对简洁，表达尊重和友好，不可以敷衍了事，也不可以调侃对方。如"嘿""你又圆了""看你脸上又长痘了"这种用语很失礼，最好不要出现。

2. 问候

问候常用于熟人之间。西方人喜欢用"哈喽""天气真好"等。中国人则更爱说"你去哪儿呀""最近好"之类的话。生活中，人们常常把寒暄和问候直接结合，最常见的就是以"你好"来表示寒暄与问候。

1）问候的形式

问候主要有直接式问候和间接式问候两种形式，分别适用于不同场合，其具体内容如下。

（1）直接式。

所谓直接式问候，就是直接以问好作为问候的主要内容。它适用于正式的交往场合，特别是在双方初次接触的商务及社交场合，如"您好""大家好""早上好"等。

（2）间接式。

所谓间接式问候，就是以某些约定俗语成的问候语，或者在当时条件下可以引起的话题进行问候，主要适用于非正式、熟人之间的交往场合，如"最近过得怎样""忙什么呢""您去哪里"等。

2）问候的次序

在正式场合，问候一定要按约定俗成的次序进行。

（1）一对一的问候。

一对一的问候即两人之间的问候，通常是"位低者先问候"，即身份较低者或年轻者应先问候身份较高者或年长者；男士应先问候女士，主人应先问候客人。

（2）一对多的问候。

如果同时遇到多人，特别是在正式场合，问候方式有以下两种：

① 笼统式问候：如"大家好""你们好"。

② 逐个式问候：当一个人逐一问候多人时，既可以由"尊"而"卑"、由"长"而"幼"依次而行，也可以由"近"而"远"依次而行。

3）问候的禁忌

问候是有禁忌的，如果触犯了这些禁忌，那么在问候时不但不会拉近彼此的距离，反而会导致双方关系疏远，问候效果适得其反。问候的禁忌如图 6-2 所示。

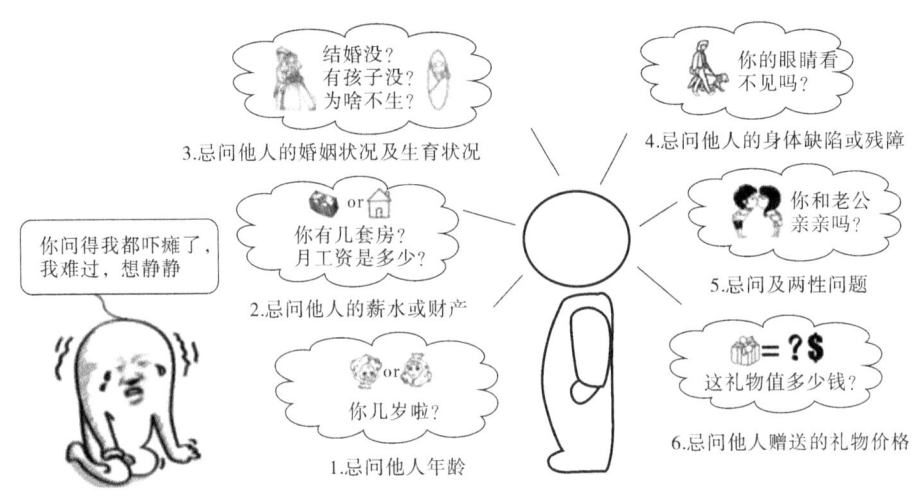

图 6-2　问候的禁忌

四、介绍礼仪

介绍礼仪是汽车销售顾问最常用的一种商务礼仪。商务交往始于介绍，介绍是通往商务交往的一座桥梁，可以打破和缩短人们之间的距离，是建立基本了解、信任和促进继续交往的一种最为常见有效的方式，为商务交往奠定了良好的基础。

1. 介绍的分类

介绍的意义在于向他人说明情况，根据介绍的"主角"不同，介绍可以分为四类，其具体作用如下：

（1）自我介绍：向他人说明自己的情况。

（2）介绍他人：在商务交往中，若两者相互不认识，应由同时认识两者的第三方出面为互不认识的双方作介绍，说明情况。

（3）介绍集体：在大型交际活动场合中，需要将某个单位或者某个集体的情况介绍给他人。

（4）介绍业务：在日常工作中，需要将本单位的产品、服务、技术介绍给他人了解。

2. 自我介绍

在很多社交场合，尤其作为汽车销售顾问，需要把自己介绍给他人，使他人对自己有一个初步的印象。恰当的自我介绍不仅会增进他人对自己的了解，缩短彼此的距离，有时甚至可以达到意想不到的效果。

1）自我介绍的分类

在日常生活和工作中，根据不同情况，通常将自我介绍分为两种类型，即主动式自我介绍和被动式自我介绍。

（1）主动式自我介绍：当想结识对方，想要对方了解自己，却又无人引见时，需要自己充当自己的介绍人，将自己介绍给对方。

（2）被动式自我介绍：应对方要求，对自己的具体情况进行介绍。

2）自我介绍的场合与时机

自我介绍很重要，但不是在任何场合都需要进行自我介绍的。如有的人没有养成寻找自我介绍时机的习惯，每次都在把事情讲完之后才发现对方好像还不认识自己，然后草草补上自我介绍。这样不仅造成了之前沟通的尴尬和不顺畅，也给对方留下了不稳重的印象，因此，自我介绍要看准场合和时机。

（1）自我介绍的场合。

自我介绍的场合一般有以下9种：

① 应聘求职或应试求学时；

② 在社交场合，有陌生人要求自己作自我介绍时；

③ 在公共聚会场合，与周围的陌生人组成了交际圈，并打算进入这个交际圈时；

④ 在工作、生活中遇到陌生人，并要与之临时接触时；

⑤ 交往对象有健忘倾向，不要等对方询问，最佳做法是再次进行自我介绍时；

⑥ 有求于人，但对方对自己一无所知或者不甚了解时；

⑦ 初次拜访他人居所或者在办公场所时；

⑧ 拜访时，被拜访者不在，与陌生人相遇需要其代为转达事项时；

⑨ 前往陌生单位，进行业务联系或者因业务需要在公共场合进行业务推广时。

（2）自我介绍的时机。

① 对方空闲时：对方空闲时才会专注地听自我介绍，否则会心不在焉，气氛尴尬。另外，在对方闲聊空隙时进行自我介绍也是可以的。

② 对方心情轻松时：应在对方情绪比较稳定轻松的时候进行自我介绍，在对方心情烦躁时作自我介绍，会被认为不知趣，自我介绍的效果不佳。

③ 没有外人在场时：有外人在场时，对方往往会忙着应付外人，会忽略自我介绍的内容。

④ 周围环境比较安静，氛围比较舒适时：在吵闹的环境中，对方根本听不到说话内容；在不舒适的环境中，如拥挤的公交车上、人行道上，说话内容易被遗忘，自我介绍的意义也就没有了。

3）自我介绍的方式及内容

在不同的场合，自我介绍的方式是不同的，所以在进行自我介绍时，应根据场合选择不同的方式及内容。

（1）应酬式：适用于公共场合和一般性社交场合（途中邂逅、宴会、舞会、打电话时等），如"您好，我叫杨洁。"

（2）工作式：适用于工作等比较正式的场合，如"我的名字是杨洁，是奔驰4S店的销售经理。"

（3）交流式：适用于刻意让对方详细认识、了解自己，以便后期联系，与对方有进一步的交流，如"我的名字是杨洁，是奔驰4S店的销售经理，学历是本科，业余时间喜欢打羽毛球，与您的爱人是同乡"。

（4）礼仪式：适用于讲座、报告、仪式、典礼等正规场合，主要表达自己对交往对象的尊重与友好，如"各位来宾，大家好，我的名字是杨洁，是奔驰4S店的销售经理，欢迎大家……"。

（5）问答式：适用于应聘、应试和公务交往或普通交际应酬场合，如问："先生怎么称呼？"答："李想，木子李，相心想。"

4）自我介绍的顺序

自我介绍的顺序的基本原则是"位低者先行"，即地位低的人先进行自我介绍。如对于位低者与位高者，则由位低者先作自我介绍；对于主人与客人，则由主人先作自我介绍；对于长辈与晚辈，则由晚辈先作自我介绍；对于男士与女士，则由男士先作自我介绍。

5）自我介绍三要点

在进行自我介绍的时候要注意自我介绍三要点：

（1）先递名片；

（2）时间简短（一般为半分钟或一分钟，面试等除外）；

（3）内容完整。

6）自我介绍的注意事项

自我介绍的注意事项有以下六点：

（1）注意时间。

自我介绍要注意时机、场合还有效率，时间不可太长，一般控制在一分钟左右（某些面试场合除外）。自我介绍的时间太长会让对方觉得不耐烦，也容易被对方忘记大部分内容。

（2）注意语言。

自我介绍的语言应该简洁凝练，因为自我介绍准备不充分的人容易语无伦次，经常停顿，口头禅频出，因此，汽车销售顾问应努力做到作自我介绍时扬长避短，给客户留下良好的印象。

（3）注意态度。

自我介绍时的态度也很重要，不可畏畏缩缩、紧张颤抖、目光涣散，应充满自信、落落大方、胸有成竹、自然亲切、随和友善，不妄自菲薄，不唯唯诺诺，更不能虚张声势。要语气柔和、语速正常、口齿清楚、态度诚恳。

（4）注意技巧。

很多时候，对方可能已经听了很多人的自我介绍，平常的自我介绍总是很普通，所以常常会被人遗忘，有技巧的自我介绍才可以让人印象深刻，如："我叫倪端儿，端倪反过来就是我，我是端午节出生的，所以爸妈给我取名端儿。"

（5）注意真实。

在进行自我介绍时，所述的每项内容一定要实事求是，不可虚假捏造，否则，若一旦被查出不实，会给人留下不诚信的印象；更不可自吹自擂，夸大其词。

（6）注意分寸。

自我介绍的时候要扬长避短，尽量把自己好的一面表现出来，但是也要留有余地，"很""非常""第一""特别"这类词语要慎用，否则会给对方留下一种不谦虚的印象。

3. 介绍他人

介绍他人指的是向第三方介绍他人，也叫第三方介绍或者居间介绍。

介绍他人的一个重要因素就是介绍人，应明确由谁来扮演介绍人的角色以及介绍人应该具备哪些素质，作为介绍人应了解介绍的时机、顺序及介绍的方式和内容，以及介绍的注意事项。

1）介绍人要求

并非所有人都可以充当介绍人，介绍人是有一定要求的，主要有角色要求和礼仪要求两部分。

（1）角色要求。

日常生活和工作中会根据场合和来宾的不同，安排不同的介绍人，比如家里来了客人，那么女主人就是承担介绍人这一角色的首选；单位来了客人，介绍人一般就是单位里的公关人员。具体的介绍人及其适合承担介绍人角色的场合如下：

① 公关礼宾人员：在公务活动中，一般由礼仪先生、公关人员等人员承担此角色（接待来宾时应根据来宾身份安排公司相应身份的领导承担介绍人角色）。

② 专职接待人员：在工作场合，办公室主任、秘书、前台接待等人员承担此角色。

③ 对口人员：在一般场合，联系人或者中间人有责任和义务向其他不熟悉的人员作出介绍。在舞会、宴会等场合，主人应义不容辞地担当介绍人（有的时候应规格对等礼仪要求，贵宾的介绍应由东道主职务相应的领导来完成）。

④ 两者的熟人：在一些非正式的场合，与双方都认识的人可作为介绍人，想结识一个人，可要求一位和双方都熟悉的人作为引见人也是不错的选择。

（2）礼仪要求。

介绍人应优雅大方，举止端庄。其礼仪要求如下：

① 态度神情：态度诚恳，热情友好，不可敷衍了事，神情放松，不可太过僵硬，微笑致意，在介绍一方时，应用眼神将对方的注意力引导到被介绍者身上。

② 口齿清楚：语速适中，语言清晰明快，内容完整简洁，可从双方的共同点入手，如共同爱好、相似经历，被介绍的双方进入话题后，方算完成介绍。

③ 手势动作：手心朝上，手背朝下，四指并拢，拇指张开，指向被介绍方，向另一方微笑点头致意。

2）介绍时机

介绍他人讲究时机，如果不分时机随意介绍，会让人觉得莫名其妙，所以把握介绍时机很重要。

（1）与熟人外出，偶遇与自己相识却与和自己外出的熟人不相识的人时。

（2）作为引见人陪同自己的熟人去拜访其不认识却与自己相识的人的时候。

（3）在陪同长者、上司或接待对象时，遇到了他们不相识的人，而对方又主动和自己打招呼。

（4）在自己家中或者办公地点接待除自己外不相识的客人或者访客时。

（5）受到他人委托自己作为介绍人的邀请时。

（6）想要推荐某人或者某一群体加入一个其不熟悉的交际圈时。

3）介绍顺序

在进行介绍的时候千万不可忽略介绍的顺序，不然容易引起误会，对方也会觉得介绍人不懂礼仪。具体的介绍顺序的核心要点是"尊者有优先知情权"，换而言之就是要先介绍位低者，让位高者优先知道情况。介绍顺序往往有以下9种情况：

（1）先位低后位高：先介绍职位低者，后介绍职位高者；

（2）先幼后长：先介绍年幼者，后介绍年长者；

（3）先男后女：先介绍男士，后介绍女士；

（4）先晚辈后长辈：先介绍晚辈，后介绍长辈；

（5）先未婚后已婚：先介绍未婚者，后介绍已婚者；

（6）先客后主：先介绍客人，后介绍主人（适用于客人很多，类似聚会这种情况，尤其是主人未必都认识客人的情况）；

（7）先主后宾：先介绍主人，后介绍宾客，如果宾客有身份差别，那么就在先主后宾的基础上，按先位高后位低的方式介绍；

（8）先迟到者后早到者：先介绍迟到者，后介绍早到者；

（9）先家人后同事：先介绍家人，后介绍同事。

若介绍双方符合以上两种或两种以上的情况，我国按照先职位再年龄，先年龄再性别的原则进行介绍；而在崇尚"女士优先"的西方国家，女士拥有绝对优先的权利。比如，介绍一位年长的位低的女士和一位年轻的位高的男士相识时，我国先介绍女士，后介绍男士，即将女士介绍给男士，让男士优先了解情况；而西方国家则先介绍这位男士，后介绍女士，让女士优先了解情况。

4. 介绍集体

介绍集体是一种很特殊的介绍他人的形式。介绍集体时，被介绍一方、双方甚至多方是集体，其顺序如下：

（1）单向介绍：此种介绍方式适用于演讲、报告、会议等重大活动中对年长者、位高者、特邀嘉宾或主角的介绍。

（2）强调身份和地位：在被介绍双方的身份存在很大的差异时，应让尊者优先了解对方的情况。

（3）少数服从多数：在被介绍方身份相似的时候，应首先介绍人数较少的一方。

（4）人数较多的一方介绍：此种情况指的是对人数较多的一方进行较为笼统的介绍。可用于比较随意的场合，比如"这是我的同学们"。

（5）人数较多双方介绍：此种情况指的是双方人数都较多，但场合比较正式，此时就需要介绍人先按照两个团体的身份高低来决定先介绍哪个团体，再根据团体成员的身份高低来依次进行介绍。如A团和B团人数都很多，但A团地位高于B团，则应先介绍B团，让A团优先了解情况；然后将B团成员按身份地位的高低依次介绍给A团成员，最后再将A

团成员按身份地位的高低依次介绍给 B 团成员。

（6）人数较多且各方互相认识：需要介绍的团体不只两方，而且每方人数都很多，则介绍的顺序有以下 6 种：

① 以负责人身份为准；

② 以被介绍方的规模为准；

③ 以被介绍方的集体名称英文首字母顺序、拼音首字母顺序、首字笔画数量为准；

④ 以抵达时间的先后为准；

⑤ 以座次顺序为准；

⑥ 以距介绍人远近为准。

如果需要介绍的团体中有几方身份明显高于其他几方，那么也应按身份地位介绍团队。如有特殊要求，并在时间条件允许的情况下，可对团体成员按身份地位高低依次进行介绍；若时间不允许，则不用一一介绍成员。

5．介绍业务

汽车销售顾问经常需要向客户介绍公司的产品、技术、服务和优惠政策，介绍这些内容即介绍业务。汽车销售顾问在销售活动中介绍业务时应注意以下三点。

1）把握时机

销售礼仪中有一个"零干扰"原则，其主要含义是不可强制性、灌输式地介绍业务，这样会让客户很反感；可以趁客户心情愉悦、时间空闲，需要了解的时候进行业务介绍，这样效果会更好。

2）讲究技巧

作为汽车销售顾问，销售技巧是必须掌握的，但是整体脱离不开以下四点：

一是诚信无欺。不可为了促成业务而夸大产品的优点，欺骗客户。

二是人无我有。对同类型的产品，所推荐的产品的优点应是其他产品没有的，是最独特，也是最利于客户的，这样才能突显所推荐产品的优势。

三是人有我优。对包含的价值和技术相同的产品，所推荐的产品的服务应更周到，质量更经得起时间的考验。

四是人优我新。随着造车技术的日渐成熟，汽车各方面的质量、技术都差不多，所以要推荐新的销售理念，提出优惠政策，增加业务谈成率。

3）不可诋毁他方

商务活动要以诚信为本，遵循公平买卖原则。习惯于诋毁他方的人，就会让别人怀疑其品行。在商务活动中，不能为了抢生意、拉客户而诋毁其他公司的产品或服务，因此，汽车销售顾问在汽车营销活动中不能以诋毁他方的方式来维护自己公司的形象。

五、握手礼仪

传说握手礼仪来源于原始社会。早在远古时代，人们以狩猎为生，如果遇到素不相识的人，为了表示友好，人们会赶紧扔掉手里的打猎工具，并且摊开手掌让对方看，示意手里没有藏东西。后来，这个动作被武士们学到了，他们为了表示友谊，不再互相争斗，就互相摸一下对方的手掌，表示手中没有武器。随着时代的变迁，这个动作逐渐形成了现在的握手礼。握手礼是日常生活中最常用的礼仪。

1. 握手的意义

握手是一个看似很简单的礼仪动作，但却包含很多细节，它们所蕴含的意义也不同：在他人成功时与其握手，表示祝贺；在他人失败时与其握手，表示理解；商务谈判后与对手握手，表示和解；与合伙人握手，表示达成合作；在他人悲伤时与其握手，表示安慰；在他人高兴时与其握手，表示恭喜；在他人到来时与其握手，表示欢迎；在他人离开时与其握手，表示欢送。

2. 握手的时机

商务礼仪讲究时机，握手礼也是如此，不能随意与他人握手，否则会显得热情过度、不得体。以下时机适合握手：

（1）在被人介绍与他人认识时，握手表示与其结识很荣幸；

（2）遇到久未谋面的熟人时，握手表示亲切热情；

（3）作为主人迎送客人时，握手表示尊重、欢迎或者欢送；

（4）当他人获得较大成就或者赞赏时，握手表示祝贺；

（5）当他人向自己颁发奖杯或者赠与礼品时，握手表示感谢与尊重；

（6）参加他人举办的宴会，在离开时与主人握手，表示感谢其招待；

（7）他人应邀前来，在其走时，握手表示感谢他人的光临；

（8）在他人遭受挫折时，握手表示理解和支持；

（9）他人为你帮忙后，应握手对其表示感谢；

（10）参加追悼会，离开时应与逝者家属握手道别，表示慰问。

3. 握手的姿势

握手的姿势讲究很多细节，如果不注意，就会贻笑大方。握手的姿势应根据情况的不同而发生改变，一般握手姿势有以下四种。

1）基本握手的姿势

在握手时，两者相距70厘米左右（一步之远），两足立正，上身稍向前倾，面带微笑，目视对方；伸出右手，四指并拢，虎口相交，使用七分力度，微微摇动3~4下；男女平等握手，3秒结束，恢复原状。根据关系的远近，握手力度和摇动次数可适当增加。双手热烈相握也是可以的。

2）男男握手的姿势（图6-3）

男士与男士握手，除了要遵守基本握手的姿势之外，可以大方、更有包容性地握住整个手掌。

3）女女握手的姿势（图6-4）

女士与女士握手，更显优雅之风，除了遵守基本握手的姿势之外，应握住对方食指末关节位。

4）男女握手的姿势（图6-5）

男士与女士握手，要显出对女士的尊重和绅士风度，男士需要握住女士的手指部位（约手掌的1/3位置）或轻轻贴一下手掌。

图 6-3　男男握手的姿势　　　图 6-4　女女握手的姿势　　　图 6-5　男女握手的姿势

4. 握手的方式

在日常生活中有很多种握手的方式，每种握手的方式都有其应用场合，其代表的意思也是不同的。

1）单手相握

单手相握主要有四种方式。

(1) 垂臂式握手（图6-6）。

垂臂式握手又称标准式握手。其动作要领是右手握手，左手垂臂，双方手心相对。一般可说"你好，欢迎你！"以表示尊敬和郑重。在初次见面，特别是政务会面、商务会面时，这种握手的方式是最常见、最合适的。

(2) 背臂式握手（图6-7）。

背臂式握手动作的要领是右手相握，左手握拳背于身后，以展现年轻人的自信。用语一般是："你好，认识你很高兴。"

图 6-6　垂臂式握手　　　　　　　　图 6-7　背臂式握手

(3) 控制式握手（图6-8）。

控制式握手的动作要领是掌心向下，或左下姿势握住对方的手。这种握手的方式用于展示自己的控制欲望，最好不要采用。尤其是和上司或长辈等握手时千万不可采用这种方式。

(4) 谦恭式握手（图6-9）。

谦恭式握手的动作要领是掌心向上或左上地握住对方的手。这种握手的方式显得自己比较谦恭，有时表示个人性格软弱，处于卑者身份。

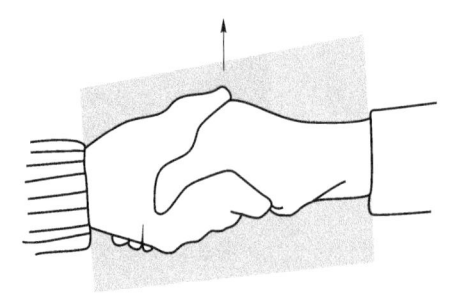

图6-8 控制式握手　　　　　　　　　图6-9 谦恭式握手

2）双手相握

双手相握主要有四种方式。

（1）抱握手式握手（图6-10）。

抱握手式握手又称汉堡包式握手。其动作要领是右手与他人右手相握，左手覆于他人右手上。此种握手方式用来表示感激与祝贺，意思是表达感谢你对我的关怀或者祝贺你获得那么卓越的成就等。

（2）按握手式握手（图6-11）。

按握手式握手的动作要领是右手握手，左手由上往下按握对方手臂。这种握手的方式表达安抚和慰问。如对方要离开本地，告诉其好好保重，一路走好；或者在探望病人，告别时采用这样的方式握手，告知对方好好休养，早日恢复身体健康；或者和过世者的家属以这种方式握手，以示安抚和慰问，让其化悲痛为力量。

图6-10 抱握手式握手　　　　　　　　　图6-11 按握手式握手

（3）拍臂式握手（图6-12）。

拍臂式握手的动作要领是右手相握，左手拍一拍对方的小臂或者手肘，有夸奖和赞誉之意。

（4）拍肩式握手（图6-13）。

拍肩式握手的动作要领是右手相握，左手在对方肩肘斜着拍对方的肩膀，并加以夸奖赞誉，其代表的含义是肯定和鼓励。

图 6 – 12　拍臂式握手　　　　　　　　图 6 – 13　拍肩式握手

5. 握手的顺序

握手的顺序是相当有讲究的，如果不熟知握手的顺序，不按顺序握手，那么不但会引起误会和尴尬，还会给他人留下不好的印象。握手的顺序分为两种，即双方握手和多方握手。

1）双方握手

（1）握手坚持"尊者优先伸手的原则"。

（2）年长者与年幼者握手，年长者先伸出手。

（3）长辈与晚辈握手，长辈先伸出手。

（4）位高者与位低者握手，位高者先伸出手。

（5）先到者与后到者握手，先到者先伸出手。

（6）男士与女士握手，女士先伸出手。

（7）已婚者与未婚者握手，已婚者先伸出手。

（8）接待客人时，不管其是男是女，主人都应先伸手表示欢迎。如果主人迟迟不伸手，那么会向客人传递"我不欢迎你"的信息；客人走时，应由客人先伸手，表达"再见，请留步"之意，如果主人先伸手，那么便会表达"逐客"之意。

正式场合判断握手顺序往往优先考虑的因素是双方的地位、身份、职位，非正式场合则优先考虑的因素是年龄、性别、婚否等。一位职位低的女士与一位职位高的男士相遇时，如果在正式场合，那么由男士先伸手；如果在舞会等休闲场合，那么由女士先伸手。

2）多方握手

多方握手是指一人与多人握手或者多人与一人握手的情况。

（1）一人与多人握手。

一人与多人握手的形式有以下三种：

① 坚持"尊者优先"原则，先与对方身份高者握手，后与身份低者握手。

② 不明对方身份高低时采用由近及远的方式握手。

③ 宴请时，在圆桌上握手，可以从主要宾客开始，顺时针方向进行。

（2）多人与一人握手。

多人与一人握手时，应请身份高者先与对方握手，轮到自己时再伸出手。

在商务场合，若遇到违反握手顺序的人，则也要伸手回握。如果因对方弄错伸手顺序而忽略对方或者拒绝与其握手，那么会显得个人修养不高，很失礼。

6. 握手的注意事项

握手除了讲究上述内容之外还应注意以下事项。

1）握手姿势要正确

握手的基本姿势要正确，而且必须使用右手，如果右手正好在做事，或者右手很脏很湿，那么就伸出右手示意并表示歉意，然后立即擦洗干净双手再与他人握手。握手后，不要立即擦拭双手，否则会让对方认为被嫌弃。握手时，另一只手不可插在衣袋里，或者另一只手仍拿着杂物不放下。另外，握手时摆动幅度不可过大，也不可频率过高，否则看起来像玩闹一样，也不可坐着握手。

2）注意神态

与对方握手时，神态应热情、友好、自然，面带微笑，神情专注，目视对方，开始问候。切不可拖拖拉拉，敷衍了事。与此同时，也不可在握手时与第三方说话，也不可热情过度，长篇大论，让对方感到不适。

3）力度适中

握手时，应该力度适中，如果力度太大，不仅会造成对方的不适，还会认为被挑衅，如果力度太小，会让人觉得敷衍了事，很勉强。

男士之间握手时，应该有一定力度，不可太轻；男士和女士握手时，应该大方一些，不要矫揉造作。

4）时间适中

握手时间通常为3~5秒，握手后立刻放开显得很敷衍；若长时间握着他人的手不放，则显得很尴尬；若遇到熟人或与亲人挚友惜别，遇到敬慕已久却初次见面的人或衷心感谢无以言表的时候，握手时间可以相对长一些。

5）不戴手套握手

与他人握手时，应立即脱下手套，表示对其尊重。在社交场合，女士戴装饰性手套与他人握手是被允许的。

6）不戴墨镜握手

不可戴着墨镜与他人握手。这是不尊重对方的表现，只有眼部有疾病的人才可以戴着墨镜与他人握手。

7）不戴帽子握手

握手时，脱帽是最基本的礼仪。军人戴军帽握手时，应先敬礼，后握手。

8）对方自愿

握手要遵从对方意见，不可强行握手。尤其与女士强行握手会显得很无礼。

9）忌多人交叉握手

在人多的场合，不可左手握一个人的手、右手握另一个人的手。这种行为既不庄重，也不雅观，对他人不尊重。

10）忌拍打

握手时，另一只手不可拍打对方的后背、前胸等部位。

7．握手技巧

了解了握手的各种礼仪内容、注意事项之后，掌握握手技巧可以为社交行为画龙点睛。

1）主动握手

在某些商务活动正式开始前，尤其是汽车销售顾问接待客户时，最好表现得主动一些，用握手的方式来表达善意和对客户的尊重。

2）巧用握手与他人单独谈事

生活中有很多时候，想与某人单独谈有些事，但是对方身边有其他人，在耐心等待很久之后都没找到时机，又不能直截了当地说："走，咱外面说去。"此时就可以巧用握手来引导对方和自己单独谈话。

先靠近对方，以告别的名义礼貌地与之握手，对方也会出于尊重起身离开自己的座位，此时可以边说边往外走，对方也会往外走，期间不要停止说话，眼睛要看着对方。走到人少的地方，将要告辞的时候，主动伸手与之握手，握手的时候不要立刻松开，并礼貌提示对方："您看，我还有件事想和您商量"，对方一旦领会意思，一般都会主动配合进行交谈。

3）握手时要寒暄

握手时的寒暄很重要，会显得更友善、更尊重对方，所以与对方握手时可以适当地对其表示关心和问候，也可以赞扬对方。

握手时双方距离很近，对方的修饰部位尽收眼底，比如对方的发型很美、手表很有品位、西装做工精良、皮肤很好等都可以用来寒暄。这样显得注意对方而且和善大方、细心热情，可以给他人留下好印象。

六、鞠躬礼仪

1．鞠躬的含义

鞠躬即"弯身行礼，以示恭敬"，是表示对他人敬重的一种礼仪。此种礼仪一般用于下级对上级或同级之间、学生向老师、晚辈向长辈、服务人员向宾客表达由衷的敬意。上级或长辈还礼时，可以欠身点头或同时伸出右手以作回应。不鞠躬也是可以的。

鞠躬是中国、日本、韩国、朝鲜等国家传统的、普遍使用的一种礼仪。日本人最讲究鞠躬礼仪，所以同日本人打交道时，要特别注意使用这种礼仪。

2．鞠躬的场合

鞠躬在生活中虽然应用得很普遍，但是并不是所有场合都适合应用鞠躬，应用鞠躬的场合通常有以下几种：

（1）庄重严肃、喜庆欢乐的场合；

（2）朋友初次见面、学生对老师、宾主之间、下级对上级及晚辈对长辈等，都可以鞠躬以表达对对方的尊敬；

（3）谢幕时，表演者对观众的掌声用鞠躬的方式致谢；演讲者也用鞠躬来表示对听众

的谢意;

（4）颁奖典礼上，领奖者对颁奖者和全体参与典礼者表示敬意和感谢;

（5）获得帮助后表示感谢或者回礼，以及表示致歉时，可以鞠躬。

3. 鞠躬动作要领

鞠躬的动作要领如下。

1) 鞠躬前（图6-14）

（1）立正站好，脚跟靠拢，脚尖微分，保持身体端正。

（2）面向并目视受礼者，相距两三步远。

2) 鞠躬时（图6-15）

以腰部为轴，必须伸直腰，脚跟靠拢，双脚脚尖处微微分开，整个肩部向前倾一定角度（15°~90°，具体视行礼者对受礼者的尊敬程度和场合而定）。男士鞠躬时（图6-16），双手自然下垂，贴放于两侧裤线处；女士鞠躬时（图6-17），双手下垂，搭放于腹前，同时问候"您好""早上好""欢迎光临"等。

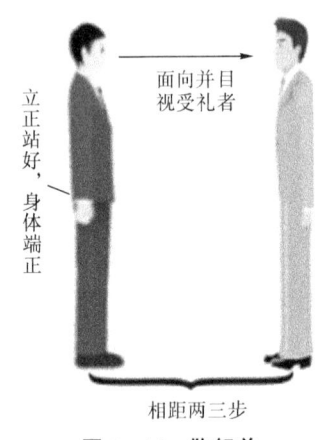

图6-14 鞠躬前

图6-15 鞠躬时

图6-16 男士鞠躬时

图6-17 女士鞠躬时

3)鞠躬后(图 6-18)

鞠躬后,应恢复原来的站姿,目视受礼者。

图 6-18 鞠躬后

4. 鞠躬的幅度

鞠躬的幅度不同,表示的意思也不同。鞠躬一般有四种幅度。

(1) 15°鞠躬(鞠躬时目视受礼者肩部位置)。

15°鞠躬一般用于打招呼以及问候,或者表示谢意,意为"谢谢,麻烦了"。

(2) 30°鞠躬(鞠躬时目视距离自己脚尖1.5米左右处)。

30°鞠躬一般用于迎接客人,表示诚恳谦逊。

(3) 45°鞠躬(鞠躬时目视距离自己脚尖1米左右处)。

45°鞠躬一般用于送别客户,表示真诚,意为"欢迎下次再来"。

(4) 90°鞠躬(鞠躬时目视距离自己脚尖0.5米左右处)。

90°鞠躬用于比较庄重的场合,如丧礼、婚嫁,也表示忏悔改过、谢罪、深刻的道歉或者感谢。

5. 鞠躬的方式

鞠躬分为两种方式,即一鞠躬和三鞠躬。其代表的含义、适用的场合都不同。

1) 一鞠躬

一鞠躬的幅度一般是15°~90°,分为社交、商务鞠躬(15°~45°)和深鞠躬(90°)两大类。

(1) 社交、商务鞠躬(15°~45°)。

在一切适用鞠躬的社交活动和商务活动场合都可使用社交、商务鞠躬。

在一鞠躬的时候,应立正站好,端正身体,面对受礼者,与其相距两三步,以腰为轴,将腰及肩部向前倾15°~45°(具体的前倾幅度应该根据行礼者对受礼者的尊重程度而定),目光向下,同时伴有问候语"您好""请多指教"等。双手在身体前倾前应自然下垂,贴放于体侧(裤缝)或平放于膝前,面带微笑,持续1秒左右(持续时间依情况而定),然后恢复立正姿势,双眼和善地注视对方。

(2) 深鞠躬(90°)。

深鞠躬往往表示深刻的感谢和歉意。

深鞠躬之前应当先脱帽或摘下围巾，身体肃立，目视受礼者。男士的双手自然下垂，贴放于两侧裤线处；女士的双手下垂，搭放在腹前。身体上部向前下弯约90°，然后恢复原样，深鞠躬完毕。

2）三鞠躬（90°）

三鞠躬是大礼，适用的场合是非常有限的，主要用于婚、丧、嫁、娶等比较隆重的场合。在丧事场合，如灵堂吊丧、追悼会向遗体祭奠告别，赠送花圈、鲜花，上香时都应向遗像、遗体或骨灰盒三鞠躬。

在三鞠躬之前，应脱帽或摘下墨镜、围巾等，身体肃立，目光平视，身体向前下弯约90°，然后恢复原状，如此重复三次。

6. 鞠躬的注意事项

（1）不可不脱帽或不摘墨镜（眼疾者除外）鞠躬。

（2）不可注意力不集中，或边做事边鞠躬。

（3）不可鞠躬前不目视受礼者，目无对方，给人应付了事的感觉。

（4）不可摇头晃脑地鞠躬，鞠躬时有过多的身体语言反而显得不尊重对方。

（5）不可双腿叉开式、驼背式（可以看到后背式）鞠躬，这样既不规范也不美观。

（6）不可上身不动，弯曲膝盖式鞠躬。

（7）不可起身过快或者频率过高，连续、重复地鞠躬。

（8）不可目光斜视或者环视，嘴里不要发出无关紧要的声音。

受礼者要还施礼者鞠躬前倾角度大致相同的鞠躬礼，但上级不必还鞠躬礼，还握手礼或欠身点头即可。

第三节　名片礼仪

名片，又称卡片，中国古代亦称名刺，是标示姓名及其所属组织、公司、单位和联系方法的纸片。名片是新朋友互相认识、自我介绍的最快速有效的方法。交换名片是商务交往中的标准官式动作。

1. 名片的作用及功能

名片对于汽车销售顾问有巨大的作用，汽车销售之王乔吉拉德经常发送他的名片给他人，因为名片不仅能让更多人认识他，更成为他成交订单的初始。作为汽车销售顾问应详尽地了解名片的作用及功能以做到"物尽其用"，发挥名片的最大作用。

1）自我介绍

在与他人初次见面时，口头自我介绍很烦琐，而且总会受到环境、地域、口音，或者对方记忆力和听力的影响，而且中文同音字很多，容易混淆。口头自我介绍的效果常常不可保证。如果在简短的口头自我介绍之后，递送关于自己信息详细资料的名片，必定能强化自我介绍的效果，让他人印象深刻。

2）业务及自我宣传

名片上一般都会印有自己的单位名称和相关业务，在进行商务往来时（如汽车销售顾问接待客户时）递送名片就是在替自己和单位的业务和产品作宣传。

3）通报情况

在求见陌生人的时候，为避免对方排斥，应让对方先了解自己的基本情况。此时，若由熟人将自己的名片递送给对方，则此时名片就起到了"拜帖"的作用。

当自己的单位、联系方式发生改变时，需要将最新信息知会亲友与合作伙伴，以免对方联系不上自己，错过重要的事情。此时，最好的办法就是向对方递上一张印有自己最新信息的名片。

4）维持联系

名片有"袖珍通信录"的昵称，因为名片上有很多关于名片递送者的相关信息，如果对方有意便可通过名片与自己取得联系。

5）拜会留言

在拜访友人，尤其是拜访客户时，若对方不在家，拜访者可以在名片上写上"很遗憾，未能相见，愿下次幸运得见"之类的文字，如果对方与拜访者从未谋面，则如此一来，对方可以在了解拜访者的基本情况的同时知道其联系方式，为双方相约见面奠定了基础。

6）介绍他人

如果某人想介绍自己的熟人给另一个熟人认识，又由于某些原因无法当面介绍，就可以在自己名片的左下角写上"介绍"（Pour Presentation，P.P），然后，将被介绍人的名片附在自己名片的后面，一并送给对方。

7）用作礼单

人们在向他人赠送礼品时，会以不同形式留下自己的署名，向对方寄送或者托送鲜花时，可在花束上附上名片和祝贺短语，或者将自己的名片放入一个未封口的信封中，然后固定在礼品外包装的正上方。

接收到此种形式的礼品时，应立即回复一张自己的名片，左下角用铅笔写上"谨谢"（Pour remerciement，P.r），表示回礼感谢。

2. 名片的种类

名片主要有以下六种分类方式。

1）按照名片用途分类

按照名片用途，一般可将名片分成三类：商业名片、公用名片、私人名片。

（1）商业名片（商务名片）：为企业进行业务活动所用。它具有以下特点：

① 常使用标志、注册商标、企业业务范围。

② 大公司有统一的名片印刷格式，使用的纸张较高档。

③ 一般不印私人信息。

（2）公用名片（公务名片）：为政府或社会团体人员在对外交往中所用，不以营利为目的。它具有以下特点：

① 名片常使用标志，部分印有对外服务范围；

② 没有统一的格式，力求简单适用；

③ 注重个人头衔和职称，但没有私人家庭信息。

（3）私人名片（社交名片）：为朋友间交流感情，结识新朋友所用。它具有以下特点：
① 不使用标志，设计个性化；
② 常印有个人照片、爱好、职业和头衔，甚至私人家庭信息等。

2）按照名片质料和印刷方式分类

按照名片质料和印刷方式，可将名片分为数码名片、胶印名片、特种名片三种。

（1）数码名片：用电脑与激光打印机制作的名片，具有以下特点：
① 使用专门的电脑名片纸张，利用电脑和激光打印机完成打印，印后需简单加工，印刷时间短；
② 可根据需求制作各种特殊名片，制作效果好于其他名片，是目前国际最流行的名片类型。

（2）胶印名片：用名片胶印机印刷的名片，具有以下特点：
① 使用专用盒装名片纸，印刷随意性较大，质量较好；
② 印刷复杂，工序多，周期长，必须由专业人士操作。

（3）特种名片：使用除纸张外的其他载体，通过丝网印机印刷的名片，具有以下特点：
① 使用金属、塑胶等为载体，采用丝网印刷。
② 名片档次高，印刷成本高，制作周期长，价格高，色彩鲜艳，但是分辨率不如纸质名片。多为个人名片，使用不普遍。

3）按照印刷色彩分类

按照印刷色彩，可将名片分为单色名片、双色名片、彩色名片、真彩名片四种。

（1）单色名片：只印刷一次颜色的名片，具有以下特点：
① 名片正面应用单色的不多，一般为临时用途；
② 背面由于不是主要浏览页，所以单色印刷应用较多。

（2）双色名片：印刷两次颜色的名片，具有以下特点：
能使简单的标志得以表现，价格适中，应用频繁。

（3）彩色名片：印刷三次颜色，不含或者只含浅色图片的胶印名片或电脑输出的彩色名片，具有以下特点：
① 套印复杂，损耗较大，价格较高；
② 制版难度大。

（4）真彩名片：印刷三次颜色以上，带有图片的胶印名片、彩色激光打印机输出的名片、丝网印刷名片，具有以下特点：
① 名片印刷的档次最高，能使整个名片的设计思路得到完美体现；
② 胶印名片的图片需使用菲林制版，图案细节可得到更细致的体现。

4）按照印刷表面分类

按照印刷表面，可将名片分为单面印刷名片、双面印刷名片两种。

（1）单面印刷名片：只印刷名片的一面。一般的名片印刷单面就可以表达全名片的意义，国内大部分采用单面印刷名片。

（2）双面印刷名片：印刷名片的正、反两面。单面印刷名片已经没有空间表达全部意义的时候，可采用双面印刷名片扩大需要表达的信息量。

3. 名片的内容及使用场合

1）名片的内容

名片的内容是指一张名片上印的主要文字和图案信息，分为主要内容和次要内容。

（1）名片的主要内容。

名片的主要内容是指一张名片里主要包含的内容，不可缺失，如图6-19所示。

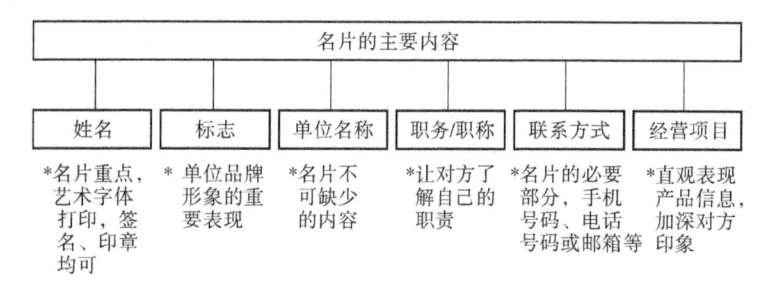

```
                      名片的主要内容
    ┌──────┬──────┬──────┬──────┬──────┬──────┐
    姓名    标志   单位名称  职务/职称  联系方式  经营项目
   *名片重点, *单位品牌  *名片不    *让对方了  *名片的必要  *直观表现
   艺术字体  形象的重  可缺少    解自己的   部分,手机   产品信息,
   打印,签   要表现   的内容    职责      号码、电话   加深对方
   名、印章                              号码或邮箱等  印象
   均可
```

图6-19 名片的主要内容

（2）名片的次要内容。

名片的次要内容可有可无，可以选择性添加，如图6-20所示。

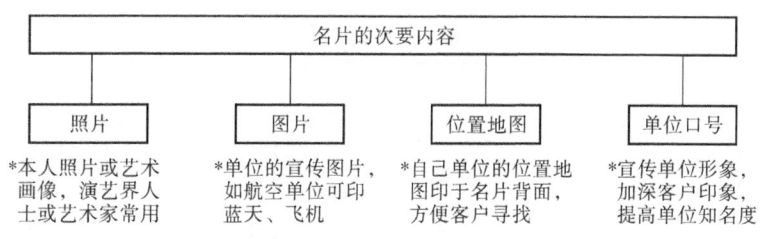

```
                  名片的次要内容
    ┌──────┬──────┬──────┬──────┐
     照片    图片   位置地图  单位口号
   *本人照片或艺术 *单位的宣传图片, *自己单位的位置地 *宣传单位形象,
   画像,演艺界人   如航空单位可印   图印于名片背面,   加深客户印象,
   士或艺术家常用  蓝天、飞机      方便客户寻找      提高单位知名度
```

图6-20 名片的次要内容

2）名片的使用场合

并不是所有场合都适合递送名片。如果遇到陌生人，无人进行介绍，自己也不打算认识对方，那么就不需要递送名片，因为名片不是传单，不能见人就发；如果和对方只是泛泛之交，不想有进一步的联系，那么就无须递送名片。若对方对自己毫无兴趣，不可以强人所难，逼对方收下自己的名片；如果对方是自己的熟人，那么递送名片则多此一举；双方的地位、年龄、身份相差太过悬殊时也无须递送名片。可以递送名片的场合具体有以下三种：

（1）初次见面。

名片的主要作用是将自己介绍给他人，所以初次见面时可以使用名片作为自我介绍的辅助，让自我介绍的效果更佳。

（2）登门拜访。

为了向拜访的客户表明自己的身份，也为了方便其与自己联系，可递送名片。

（3）参加重要的接待会、展览会。

在接待会、展览会上可以通过名片介绍自己，也可借助名片来宣传自己的产品、作品，加深对方对自己和自己的产品（作品）的印象。

4. 名片的设计和制作

1）名片的设计

名片就像是名片主人对外交往的"脸面"，所以在保证名片顺利、较为全面地传递信息以外还要求名片美观大方，符合名片主人的行业及身份、形象和气质特点。设计精美的名片，让人忍不住多看几眼，即便以后联系甚少，也会乐于保存；设计一般、劣质的名片在交流完毕以后，很有可能被他人遗弃。名片设计的基本要求如图6-21所示。

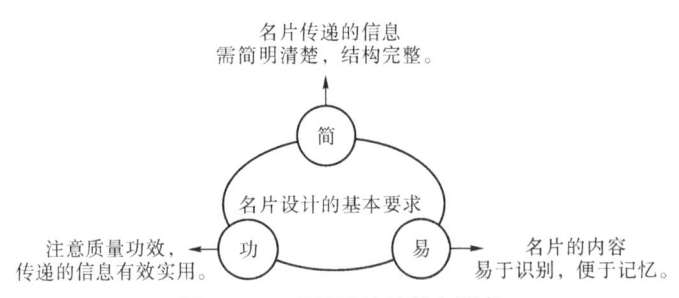

图6-21 名片设计的基本要求

人们为了让自己的形象看起来更好，总会通过衣着和化妆来进行形象修饰。名片也一样，有一定的美化和修饰的方法。名片的美化及修饰方法如图6-22所示。

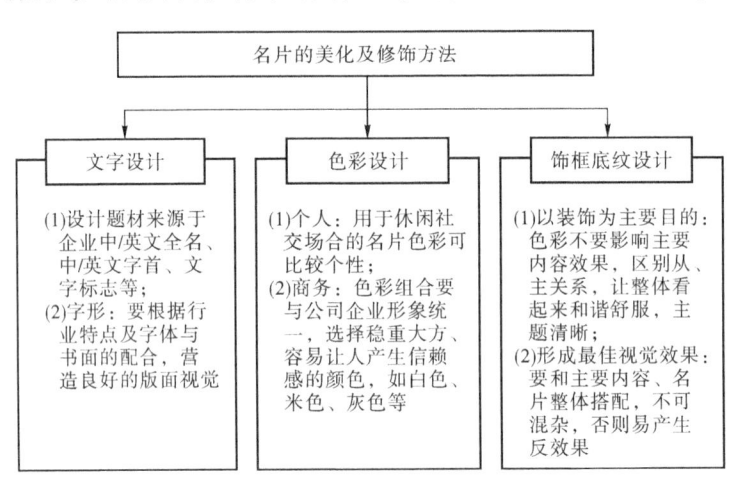

图6-22 名片的美化及修饰方法

2）名片的制作

名片发展至今，已是现代人交往中必不可少的联络工具，汽车销售顾问在制作个人名片时应遵守以下规则：

(1) 规格尺寸：通常情况下，设计名片时应采用以下尺寸：9厘米×5.5厘米（通用规格）、10厘米×6厘米（境外人士所用）、8厘米×4.5厘米（女士专用）；

(2) 材质：最好使用卡片纸，包括再生纸、合成纸、香片纸等；

(3) 色彩：尽量选用浅色系，色彩总数控制在三种以内；

（4）图案：主要使用企业所处位置简图，标志建筑物、主打产品等图案；

（5）文字：一般采用简体中文，若用于国际业务可将中、外文各印一面；

（6）字体：名片最好采用铅印、打印，通用字体为宋体、楷体等。

5. 名片的交换

名片的交换是名片礼仪的核心内容。对于商务人员（尤其是汽车销售顾问），必须懂得如何交换名片。交换名片要按照礼仪要求进行。

1）名片的准备和携带

商务人员（尤其是汽车销售顾问）免不了和名片打交道，经常需要交换名片，名片是交际的通行证、联络卡，所以应随身携带自己的名片。名片的准备和携带需注意以下三点：

（1）足量适用。

① 汽车销售顾问平时一定要随时注意自己的名片数量是否充足，以确保够用。

② 携带的名片要分门别类，根据交往对象和场合的不同使用适合的名片。

（2）干净无损。

除名片数量外，名片质量也很重要。要确保名片干净、整洁，不可出现褶皱、破烂、肮脏、涂改的情况。

（3）放置到位。

应将名片放在办公室中的名片架或者办公桌上。

名片不可和钱包、笔记本放一起，原则上应该放在名片夹内，也可以放在上衣口袋中，但是不允许放在裤袋内。商务礼仪涵养较高的人会将名片放在符合礼仪的固定位置，这样既能保证名片质量，也可保证在需要的时候不会出现手忙脚乱寻找名片的现象。

2）名片的递送

汽车销售顾问在递送名片的时候要注意以下五点：

（1）观察意愿。

名片的递送要在交往双方均有结识对方的意愿并欲建立联系的前提下进行。这种意愿会通过"很高兴认识您""幸会"等一类谦语或者表情和体姿等非语言的方式表现出来。

只要有一方没有表现出这种意愿，就无须递送名片，否则容易被他人误会成强加于人或者刻意炫耀。

（2）把握时机。

递送名片需要把握合适的时机。时机成熟时，名片才会发挥最佳效果。递送名片一般选择初识之时或者分别之际，切不可在他人用餐、跳舞或观看演出时递送名片。这样一来不仅打扰了他人，而且也会使名片的效果大打折扣。切不可在大庭广众之下或有很多陌生人的情况下递送名片，否则就会有"发传单"的不良印象。

（3）讲究顺序。

递送名片讲究顺序，应尊卑有序、循序渐进。在双方交换名片时，应遵循位低者先递送名片的原则，即应当位低者先递给位高者，男士先递给女士，晚辈先递给长辈，下级先递给上级，主人先递给客人，然后，后者再递送名片给前者。

向多人递送名片时有两个原则：一是正规做法，按对方人群中职务高低递送；二是非正规做法，第一种非正规做法是由近及远依次递送，第二种是按顺时针方向递送。在我国，顺时针是一种比较吉利的方向，寓意时光在前，大家共同发展。向多人递送名片时切勿跳跃式递送，这样很容易遗漏中间的个别人，造成不必要的误会。

当和上司一起时，要等上司递送名片后，自己方可递送名片。

（4）先打招呼。

在递送名片前，应先向接收者打招呼，好让对方有所准备。与此同时，还可以简单地进行自我介绍，也可以说"对不起，请稍等"这样的提示语。

将名片递送给他人后应适当寒暄一下，常用语有"多指教""常联系""多关照""这是我的名片，敬请收纳"等，不可一言不发。

（5）表现谦恭。

在递送名片的过程中，应表现得郑重其事。应主动起身站立，走向对方，态度谦恭，面带微笑，上体前倾15°左右，以双手或者右手持握名片上方（两个上角或者上侧），举至胸前，将名片正面朝上，将重要文字内容（字体正方向）对着接收者。如果对方是中国人，而名片是中、英文双语的，应将中文版朝上，同时说礼节性用语和寒暄式用语。

递送名片的整个过程都要表现得谦恭有礼、郑重大方。

3）名片的接收

名片的接收应做到以下五个方面：

（1）态度谦和。

在接收名片时无论自己有多忙都应该暂停手中一切事情，起身或欠身站立，面带微笑，谦恭地用双手的拇指和食指接住名片的下方两角，如果不方便也要用双手接收名片，如果有一只手没办法腾出来，也应使用右手接收，同时和善地说"谢谢"。

接过名片后，如果双方仍是站着说话，那名片就拿到齐胸的高度；如果是坐下的，那么就应该将名片放在桌上自己视线所及之处。

（2）认真阅读。

在接过名片之后，应该表现得十分珍惜。先致谢，并当着对方的面，用至少一分钟的时间仔细将对方的名字读一遍（遇到生僻字或者自己不认识的字时，应立即礼貌地向对方请教"尊号怎么念"，不要想当然地乱读。如果不小心读错，要立即向对方致歉，读错或曲解对方的姓名是很失礼的一件事）。

当读到显示对方荣耀的职务、头衔时，要进行适当的强调，注意将重音放在使对方荣耀的信息上，表示尊重和钦佩。如"梅赛德斯－奔驰4S店销售部副总经理"，在这个称谓上，将重音放在"销售部""副"上的效果远远没有把重音放在"梅赛德斯－奔驰4S店""副总经理"上的效果好。如此，一来表示了对他人的尊重，二来确切地了解了对方的身份、姓名，不容易将对方的信息搞错。

（3）精心存放。

接收他人的名片，认真阅读后，切不可将其拿在手里把玩，不可乱揉乱放、乱涂乱画。为了避免乱中出错，应将自己的名片和他人的名片区别放置。

现场存放：接收完他人的名片后，应将名片放在自己的公文包或者桌面自己视线所及处，也可放在办公桌抽屉中专门存放他人名片的地方，也可放在上衣口袋中，切不可放入裤袋，要给他人一种很重视并妥当处理其名片的感觉。

后期收藏管理：随着接收名片数量的增加，从杂乱无章的名片中寻找某位朋友的名片比较困难，所以为了提高查找名片的效率，一定要合理保存名片并定期整理。

① 收藏名片的分类。

应保持对收藏名片分类的习惯，可按照业务内容、姓氏笔画、地域划分、对方行业、自己的人脉资源（老师、同学等）对收藏名片进行分类。

② 定期翻看名片。

定期翻看名片能更好地唤起对他人的记忆，是重新联系他人的好办法。同时，给他人发去问候或祝福，可让其感受到被尊重和关心。

③ 定期整理。

名片需要定期整理，需要将手边所有名片与相关资源进行全面的整理，依照关联性、重要性、长期互动性与使用率等因素将名片划分成三类：第一类是需要长期保存的；第二类是暂时保存的；第三类是不要的，应及时销毁，不可随处乱扔。

（4）有来有往。

在接收对方的名片时，一般应立即回递给对方一张自己的名片。若对方索要名片，则不应拒绝。当名片用完或者忘带时应及时作出合理的解释，并向对方表示歉意。若对方实在想要名片，又真的没带名片或者名片用完而并非不想给时，则可以告诉对方，改天将名片寄给对方，或者下次见面补上。

如果真的不想给对方名片，在商务礼仪中应比较含蓄地告诉对方："不好意思，没带名片"或者"不好意思，名片用完了"，切不可说"我不想给你"。

（5）使用技巧。

在与多位初次见面的人会谈时，为了避免混淆，可以把名片按照对方座次依次摆放在自己的面前。这样不仅避免了混淆，而且在谈话中，时不时看一眼名片，将其与名片主人对照，可加深对名片主人的印象。

6. 名片的索要

作为汽车销售顾问，将名片发给客户最主要的目的是获取客户的联系方式，若同时能拿到客户的名片是最好的。索要名片很关键，常规的名片索要方法有以下五种。

1）交易法

"欲将取之，必先予之"，而且商务礼仪讲究礼尚往来，可以先将名片递给对方，并说："先生（女士）您好，这是我的名片，请多指教。"对方出于礼节，也会回递一张他（她）的名片。

2）明示法

明示法适用于较熟悉但是很久没见的人。如可说："好久不见，你现在发展得怎样？我们交换一下名片吧，以后常联系。"

3）谦恭法

谦恭法的适用对象是地位高、名气大的名流显达之人，是晚辈对长辈或有地位者索要名片时所选择的名片索要方法。在索求对方名片的时候，一定要用请求的语气，如可说："您现在方便吗？请给我一张您的名片，方便日后联系。"

对于长辈、尊贵的客户和名人，可以先用谦语作过渡，如可说："希望以后能有更多机会向您请教，请问如何联系您？"用这种方法向长辈或者尊贵的客户索要名片的成功率更高，即便对方不给，索要者也不会丢面子。

4）联络法

联络法适用于地位平等或位高者对位低者索要名片的情况，常见于平辈之间、长辈对晚辈、上级对下级，如可说："以后怎么和您取得联系？"当用这种方法索要名片时，如果对方怀有警惕心，则可以说："以后我联系您吧。"

5）激将法

激将法适用于对方的身份地位比自己高的时候，若递送完名片，对方只是说声"谢谢"，并没有交换名片的意思，可以说："能否有幸获得您的名片？"

7. 使用名片的禁忌

汽车销售顾问在日常销售活动中使用名片时应遵守名片使用的"三不准"原则。

1）不准随意涂改名片

名片如同人的脸面，不可随意涂改。汽车销售顾问要有这种形象意识，尤其在国际商务交往中，更不能随意涂改名片。

2）不准印两个以上头衔

名片上往往只出现一个头衔，最多两个，头衔太多会喧宾夺主。应多印几种名片，根据交往对象使用印有不同头衔的名片。

3）不准提供私人联络方式

在日常交际中，应公私有别。公务活动的名片应提供办公室电话号码、公司总机号码，不应提供私宅电话号码，这属于交际中的自我保护。

课 堂 实 训

[实训目标]

(1) 掌握见面时称呼、自我介绍、握手、鞠躬的相关礼仪知识。

(2) 能够在日常工作中灵活应用名片进行人际交往。

[实训内容]

由学生扮演考官对其他学生进行见面礼仪测试。学生见面礼仪考核场景如图6-23所示。

[实训操作]

(1) 学生考核前自我训练。

(2) 考官以小组形式对学生进行考核。

①模拟不同客户，进行恰当称呼和问候。

②进行不同方式的握手（男男握手、男女握手、女女握手），并考核握手禁忌。

③进行不同方式的鞠躬。

④递送名片，索要名片，收取名片。

(3) 考官在每小组选取一个最优代表，进行全班展示。

图6-23 学生见面礼仪考核场景

[成果要求]

学生根据见面礼仪考核要求完成测试，并将结果填入见面礼仪项目评分表（表6-1）中。

表6-1 见面礼仪项目评分表

序号	评分项目	评分标准	分值	得分
1	称呼	1. 举例说明职务、职业、职称、学衔等称呼； 2. 说出常见的错误称呼	15	
2	自我介绍	1. 自我介绍时应注意面带微笑，并注意自己的态度、语言及介绍顺序； 2. 为他人介绍时，地位高者有优先知情权； 3. 进行车辆业务介绍时应正确并讲究技巧，切勿诋毁其他品牌	15	
3	问候	1. 采用合理的话术进行问候； 2. 注意问候的次序，勿犯问候的禁忌	15	
4	握手	1. 双方保持一臂距离，伸出右手虎口相握1~3秒并伴随相应话术（注意男、女握手的姿势）； 2. 考核不同握手的姿势并询问握手的禁忌	15	
5	鞠躬	1. 立正站好，保持身体端正，距离受礼者2~3步，身体呈不同角度弯曲； 2. 注意15°鞠躬、30°鞠躬、45°鞠躬、90°鞠躬的使用场合	20	
6	名片	1. 名片存放在西装、衬衫上衣的口袋中，公文包或名片夹中； 2. 递送名片时，应使有字的一面朝向客户； 3. 使用合理的技巧索要名片	20	
		合计	100	
综合评语				

练习与思考

一、单选题

1. 递送名片时,应该将名片的文字朝向(　　　)。
   A. 自己　　　　B. 左手　　　　C. 接受名片者　　　　D. 右手

2. 介绍同事、朋友与家人认识时,应(　　　)。
   A. 先介绍家人,后介绍同事、朋友
   B. 先介绍同事,后介绍家人、朋友
   C. 先介绍朋友,后介绍家人、同事
   D. 无所谓

3. 男士遇见相识的女士,若女士不先向男士打招呼,则男士应该(　　　)。
   A. 主动向女士打招呼　　　　B. 随便
   C. 不要去打扰女士　　　　D. 由女士决定

二、判断题

1. 在商务礼仪中,进行自我介绍时,顺序为客人先向主人进行自我介绍,长辈先向晚辈进行自我介绍。(　　)

2. 介绍同事、朋友与家人认识时,应先介绍家人,后介绍同事、朋友。(　　)

3. 按照名片的用途,名片可分为商业名片、公用名片、私人名片三类。三者在制作过程中均需要印制私人电话号码。(　　)

4. 国内名片的制作尺寸一般为9厘米×5.5厘米或10厘米×6厘米。(　　)

5. 汽车销售顾问在进行客户接待时通常进行30°鞠躬、45°鞠躬。(　　)

第七章

汽车销售顾问接待礼仪

学习目标

（1）熟悉接待礼仪的基本要求。

（2）掌握正确的接待礼仪并能够在实际生活中灵活、正确地应用。

（3）树立良好的接待礼仪的观念，培养良好的个人风度和修养。除了能正确应用接待礼仪外，还应养成注意落实接待礼仪的习惯。

案例引导

1972年2月21日中午，尼克松乘坐的专机抵达北京，周恩来总理等到机场迎接。在尼克松走出机舱，走下舷梯近一半时，周总理鼓起掌来，尼克松也回之以掌声。请注意，周总理并非等尼克松一出机舱就鼓掌，也不是根本不鼓掌，而是等他下到舷梯中央时才鼓掌。欢迎宴会上还有一个细节：往常在和其他国家领导人碰杯时，周总理总以让自己酒杯的上沿去碰对方酒杯的中间部分，但在向尼克松敬酒时，周总理却特意将自己酒杯的上沿和尼克松酒杯的上沿持平后再碰杯。此次会晤，外媒对我方接待工作的评价是"Correct, not warm"，即"合于礼而不热"，这正是"不卑不亢"的效果。

思考：周总理接待尼克松的做法中有什么值得借鉴的地方？

第一节 基础接待礼仪

掌握接待礼仪需要先了解基础接待礼仪，包括接待的种类、接待的原则、接待文明礼仪三要素以及客户展厅接待流程四个部分。

一、接待的种类

接待的种类很多,有内宾接待、外宾接待、视访接待、上访接待、公众接待和普通客户接待。要策划好每一次接待活动,首先需要熟知接待的种类。

1. 内宾接待

内宾接待是指兄弟单位派人来参观、学习、访问时的接待。这类来宾一般由领导带队,有一定规模,持续数天时间,要安排座谈、参观、游览、住宿。对于这类接待,不论规格高低、规模大小,都应周密安排,否则会影响兄弟单位之间的感情。

2. 外宾接待

外宾接待,有些由专门部门负责,有些则需要有关部门承担或协助。这类接待政治性强,体现国家的外交政策,需要按照外事接待规定和礼仪进行。

3. 视访接待

视访接待是指上级机关各级领导到本地区、本单位视察、检查和指导工作时的接待。领导视访人数有多有少,有时轻车简从,只带一两个工作人员;有时带队视访,有相当的规模。视访时间有长有短,短则一天半日,长则十天半个月。视访任务可以是听取汇报、检查工作、听取意见、了解情况、调查研究。这类接待情况复杂,任务重而且责任大,需要根据不同情况作出妥善安排。

4. 上访接待

上访接待是指下级及基层有关人员到本单位机关部门处理公务时的接待。下级及基层有关人员前来汇报工作、请示事项、反映情况、提出建议及办理其他有关事宜。这类接待一般时间较短,不用安排本单位专门部门负责,但也不能掉以轻心,马虎应付,否则会让人感到自己不受重视,影响本单位的形象。

5. 公众接待

公众接待是指任何单位部门平时对一些前来办事、投诉、上访、采访的有关人员的接待。这些来访人员人数不多,事情零碎烦琐。应明确其来访目的后尽量给予帮助,解决有关问题,必要时可以请示领导,由领导出面解决。

6. 普通客户接待

普通客户接待是指在汽车销售顾问岗位上接待来访的客户,是汽车销售顾问最常进行的接待工作之一。明确客户来访目的之后就可以按照相关流程进行接待。对于自己负责范围以外的内容,可以引导客户找相关部门的工作人员解决。

二、接待的原则

了解了接待的种类以后就应该掌握接待的原则。严格按照接待原则办事,才能事半功倍,具体的接待原则有以下几方面内容:

(1) 汽车销售顾问应注意仪容仪表和仪态,应着单位统一服装;
(2) 汽车销售顾问在接待客户时应注意身份对等的问题。若客户身份地位比较高,则应通知汽车4S店的相应领导接待；

（3）在接待过程中，应讲究礼宾秩序；

（4）汽车销售顾问在接待宾客时要注意安排周到，服务热情；

（5）在接待过程中要实行安全方便、厉行节约的原则；

（6）汽车销售顾问接待时要遵守3A原则，即接受（Accept）对方、重视（Appreciate）对方、赞美（Admire）对方；

（7）未经许可，汽车销售顾问不得以任何形式透露单位的商业、技术秘密。接待过程中凡涉及摄影、摄像及宣传报道的，应报相关领导审批后方可进行；

（8）避免谈论有关政治、宗教及有损主客双方声誉的敏感话题；

（9）在接待约定人员的过程中，要严格遵守时间和计划，接待日程如有变动，经与负责人议定以后，通报相关领导和其他参与人员；

（10）各方面需要遵守惯例。如接待中出现需要握手的情况，如果女士不主动伸手，那么男士不应冒昧伸手。

三、接待文明礼仪三要素

接待文明礼仪三要素是接待流程中比较重要的内容，是接待过程中的礼仪细节。

1. 接待三声

接待文明礼仪三要素的第一要素是接待三声，即来有迎声、问有答声、去有送声。接待三声会立刻建立起客户对汽车销售顾问、对企业的良好印象。

1）来有迎声

客户一旦来店，就要开始迎接。

（1）主动打招呼。凡是来店的客户都要报之以微笑并友善问好。

（2）不熟视无睹。对来店的客户熟视无睹，对个人而言，是欠缺礼貌；对汽车4S店来说，会大大影响自身形象。

2）问有答声

对客户提出的问题做到有问必答。

（1）热情回答，尽量正确，但也不可没话找话。

（2）回答问题之前要想好预案，对不同情况要分开对待。

3）去有送声

做事要有头有尾，善始善终，接待也是一样的道理。

（1）道别。客户离店告辞的时候要进行道别，如说"再见""欢迎下次光临"等。

（2）祝福。道别后可适当地进行祝福或说寒暄的话语，如"祝您生活愉快""开车慢一些"等。

2. 文明五句

文明五句（问候语、请求语、感谢语、抱歉语、道别语）是沟通必备良句。

1）问候语

养成见人就说问候语的习惯。不管对认识的人还是陌生人，见面都要说亲切的问候语。

2）请求语

请求他人帮助时需要说请求语。需要得到他人的理解、支持、配合等时需要说请求语。

3）感谢语

得到他人的帮助、理解、支持、配合以后需要表示感谢。

4）抱歉语

怠慢他人时需要说抱歉语；伤害他人时需要说抱歉语；给他人添麻烦时需要说抱歉语。

5）道别语

欢送他人时需要说道别语。

3．热情三到

热情三到的具体内容如下。

1）眼到

眼到即与人交往时需要注视对方。

（1）注视的眼神需要友善、温暖、亲切。

（2）注视的部位主要是对方的眼睛。

（3）注视的时间不应少于相处总时间的1/3。

2）口到

语言是与他人沟通的主要途径，语言通过人的口来表达。

（1）讲普通话。普通话是文明程度的体现，是员工受教育程度的体现，讲不好也要努力讲，以方便沟通与交际。

（2）讲话要有规矩，因人而异。规矩指不说粗俗语言；因人而异指讲话要看对象。

3）意到

意到即在接待服务中要有表情，要让对方感受到真诚、友善。

（1）把友善、热情表现出来，不能没有表情，冷若冰霜。

（2）表情要互动。沟通是双向的，要讲"三个点"：第一个点就是自我定位准确，要干什么像什么；第二个点就是为他人定位准确；第三个点就是要互动，达到相互理解，这才是最终目的。

（3）接待时要不卑不亢，热情有度，落落大方。

四、客户展厅接待流程

作为汽车销售顾问，接待礼仪用得最多的场合是客户展厅接待，客户展厅接待展示了汽车销售顾问的专业素养，同时也是获取客户信任的重要步骤。客户展厅接待流程如图7-1所示。

图 7-1 客户展厅接待流程

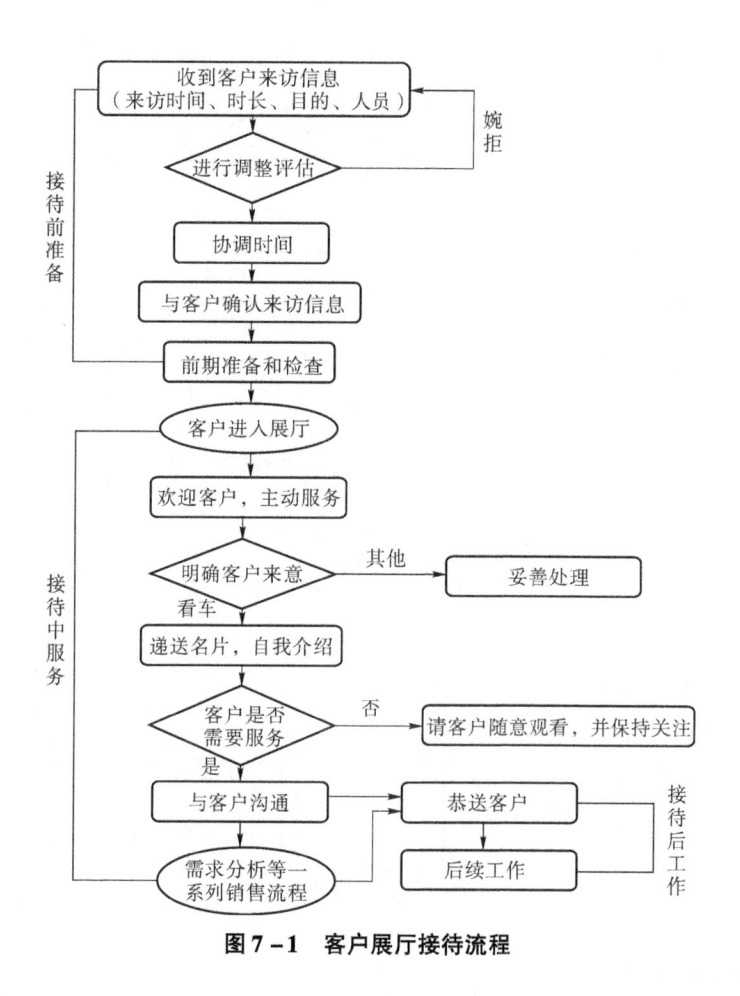

第二节 接待常用礼仪

接待礼仪体现了接待人的素质，也代表着接待人所在单位的形象。礼貌接待，以礼待客，是做好接待工作的基本前提。

一、接待前的准备

接待前的准备很重要，所有可能用到的东西都要准备妥当，这样在接待客户的时候才不会手忙脚乱。汽车销售顾问接待客户前应把一切准备好，以使整个接待过程更流畅，给客户更好的服务体验，让客户对自己产生良好的印象，以提高成交率。

1. 准备办公区和洽谈区

接待前的准备的第一项工作就是准备办公区和洽谈区，如图 7-2 所示。

2. 准备展车

作为汽车销售顾问，向客户宣传车辆的第一项工作就是准备展车，如图 7-3 所示。客户不仅对汽车销售顾问有第一印象，对自己所期望购买的车辆同样有第一印象。准备好展车，营造客户对展车良好的第一印象是接待过程中很重要的组成部分。

办公区和洽谈区的准备

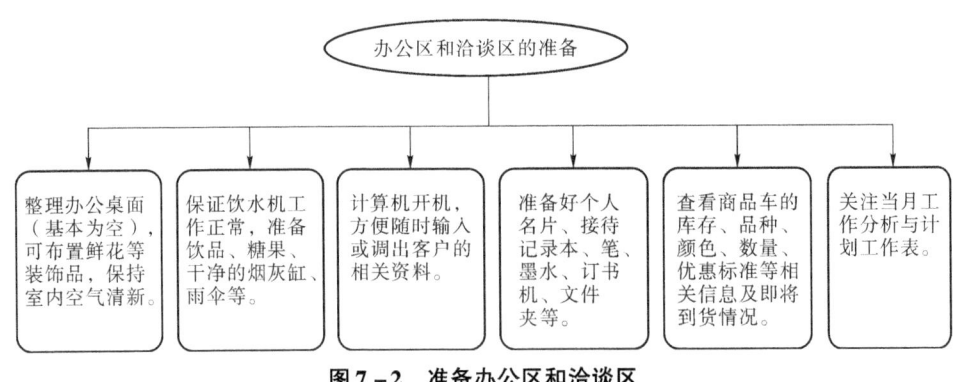

- 整理办公桌面（基本为空），可布置鲜花等装饰品，保证室内空气清新。
- 保证饮水机工作正常，准备饮品、糖果、干净的烟灰缸、雨伞等。
- 计算机开机，方便随时输入或调出客户的相关资料。
- 准备好个人名片、接待记录本、笔、墨水、订书机、文件夹等。
- 查看商品车的库存、品种、颜色、数量、优惠标准等相关信息及即将到货情况。
- 关注当月工作分析与计划工作表。

图7-2 准备办公区和洽谈区

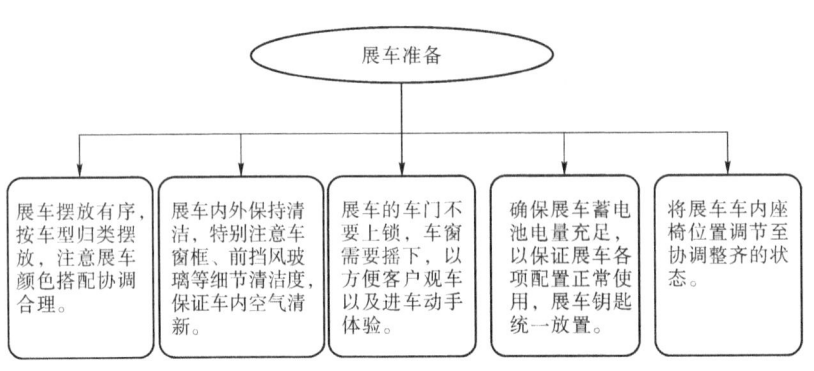

展车准备

- 展车摆放有序，按车型归类摆放，注意展车颜色搭配协调合理。
- 展车内外保持清洁，特别注意车窗框、前挡风玻璃等细节清洁度，保证车内空气清新。
- 展车的车门不要上锁，车窗需要摇下，以方便客户观车以及进车动手体验。
- 确保展车蓄电池电量充足，以保证展车各项配置正常使用，展车钥匙统一放置。
- 将展车车内座椅位置调节至协调整齐的状态。

图7-3 准备展车

3. 汽车销售顾问个人准备

如果办公区和洽谈区的准备、展车的准备是接待前的准备的软件条件，那么汽车销售顾问的个人准备就是接待前的准备的硬件条件。汽车销售顾问的个人准备细则如图7-4所示。

汽车销售顾问的个人准备细则

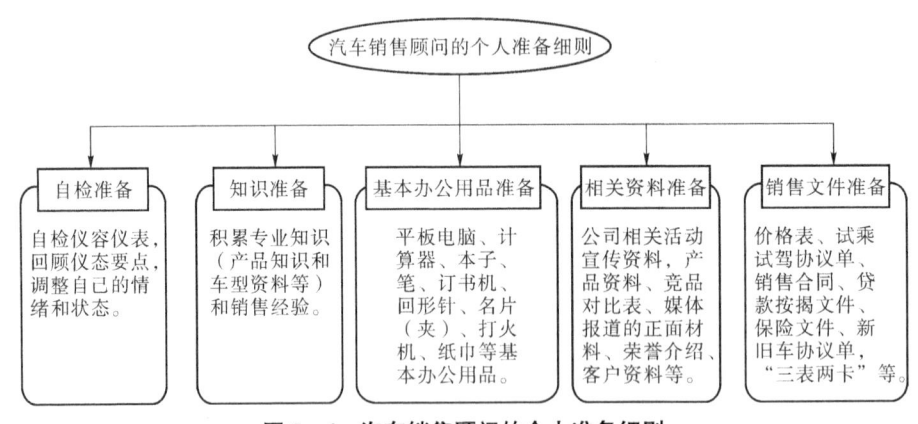

- **自检准备**：自检仪容仪表，回顾仪态要点，调整自己的情绪和状态。
- **知识准备**：积累专业知识（产品知识和车型资料等）和销售经验。
- **基本办公用品准备**：平板电脑、计算器、本子、笔、订书机、回形针、名片（夹）、打火机、纸巾等基本办公用品。
- **相关资料准备**：公司相关活动宣传资料，产品资料、竞品对比表、媒体报道的正面材料、荣誉介绍、客户资料等。
- **销售文件准备**：价格表、试乘试驾协议单、销售合同、贷款按揭文件、保险文件、新旧车协议单、"三表两卡"等。

图7-4 汽车销售顾问的个人准备细则

二、接待中的服务

迎来送往是表达情义、体现礼貌素养的主要方面。尤其迎接，是给客人良好的第一印象的最主要的工作。若给对方留下良好的第一印象,则可以为下一步深入接触打下基础。

1. 欢迎客户

接待的第一步就是欢迎客户,如图7-5所示。

```
┌─────────────────────────────────────────────┐
│ 汽车销售顾问应在第一时间欢迎客户,主动与其打招呼,将客户引导进门。│
└─────────────────────────────────────────────┘
                      ↓
┌─────────────────────────────────────────────┐
│ 注意各方面细节,如天气炎热,可以引导客户至客户休息空调区,并提供冷饮等;若遇雨雪天气,│
│ 则应注意帮助客户收拾雨具等;留意客户的交通工具,如果客户是开车来的,那么应注意其车型。│
└─────────────────────────────────────────────┘
                      ↓
┌─────────────────────────────────────────────┐
│ 当客户进入展厅后,应主动与客户进行交谈,可适当交流一些与购车无关的话题,使客户│
│ 放松,拉近汽车销售顾问与客户的距离,为后续深入的交谈和成交奠定基础。│
└─────────────────────────────────────────────┘
                      ↓
┌─────────────────────────────────────────────┐
│ 任何一名汽车销售顾问对任何一位到店的客户都应礼貌友好地报之以微笑和柔和的眼神,为客│
│ 户营造温馨、热情的购车氛围,以得到客户的信任。│
└─────────────────────────────────────────────┘
                      ↓
┌─────────────────────────────────────────────┐
│ 对于再次来店的客户,汽车销售顾问除了完成以上接待流程,还应用亲切的面部表情和热情的语言│
│ 表示已经认出对方并正确地称呼对方。│
└─────────────────────────────────────────────┘
```

图7-5 欢迎客户

注意,如客户带老人一同前来,汽车销售顾问应代为搀扶。

2. 明确客户来意

客户进店以后,汽车销售顾问应主动亲切地询问客户来店意图(图7-6)并热情地作出妥善安排。如可以询问:"先生/女士,请问有什么可以帮到您的吗?"

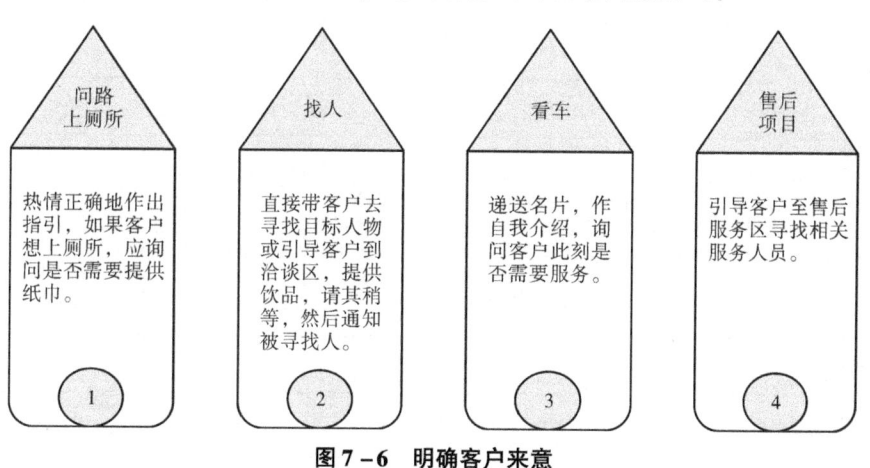

问路上厕所	找人	看车	售后项目
热情正确地作出指引,如果客户想上厕所,应询问是否需要提供纸巾。	直接带客户去寻找目标人物或引导客户到洽谈区,提供饮品,请其稍等,然后通知被寻找人。	递送名片,作自我介绍,询问客户此刻是否需要服务。	引导客户至售后服务区寻找相关服务人员。
1	2	3	4

图7-6 明确客户来意

3. 接待看车客户

1)递送名片并作自我介绍

一旦确认客户是来看车的,则应在接待初期就向其递送名片。

递送名片后,汽车销售顾问应进行自我介绍,自我介绍应简洁凝练,应用各种技巧让客户对自己印象深刻，而且还应主动询问客户信息，如称呼等。了解称呼后应将其记住，以方便在后面的销售活动中尊称客户，避免客户下次来店时出现认不出客户的尴尬场景。

2）询问客户是否需要服务

不同客户进店时的心理活动是不一样的，往往第一次来店的客户都有一种自我保护意识或者对新环境不是很适应，缺乏安全感。在这种情况下，客户是不希望有压力的，所以汽车销售顾问在这时候应尽量给客户营造一种轻松的氛围，不要急于给客户推销汽车，应主动询问客户是否需要服务，给其自主选择的空间。

对于带孩子的客户，主要是注意两方面的安全问题。接待带孩子的客户的注意事项如图7-7所示。

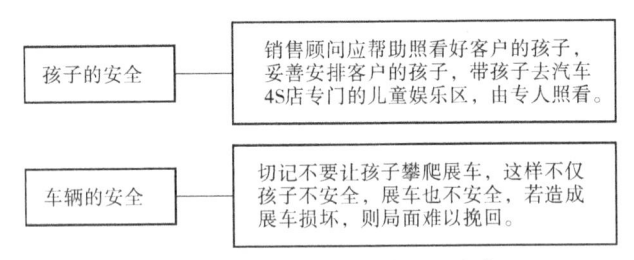

```
孩子的安全 ── 销售顾问应帮助照看好客户的孩子，
             妥善安排客户的孩子，带孩子去汽车
             4S店专门的儿童娱乐区，由专人照看。

车辆的安全 ── 切记不要让孩子攀爬展车，这样不仅
             孩子不安全，展车也不安全，若造成
             展车损坏，则局面难以挽回。
```

图7-7 接待带孩子的客户的注意事项

（1）客户要求自己看车。

提出这种要求的客户不在少数。针对此类型的客户，要告知其如果需要帮助再联系自己，不然会引起客户的反感。汽车销售顾问应对客户保持关注，通过其肢体语言、面部表情等判断自己是否可以上前为其提供服务，具体细节如图7-8所示。

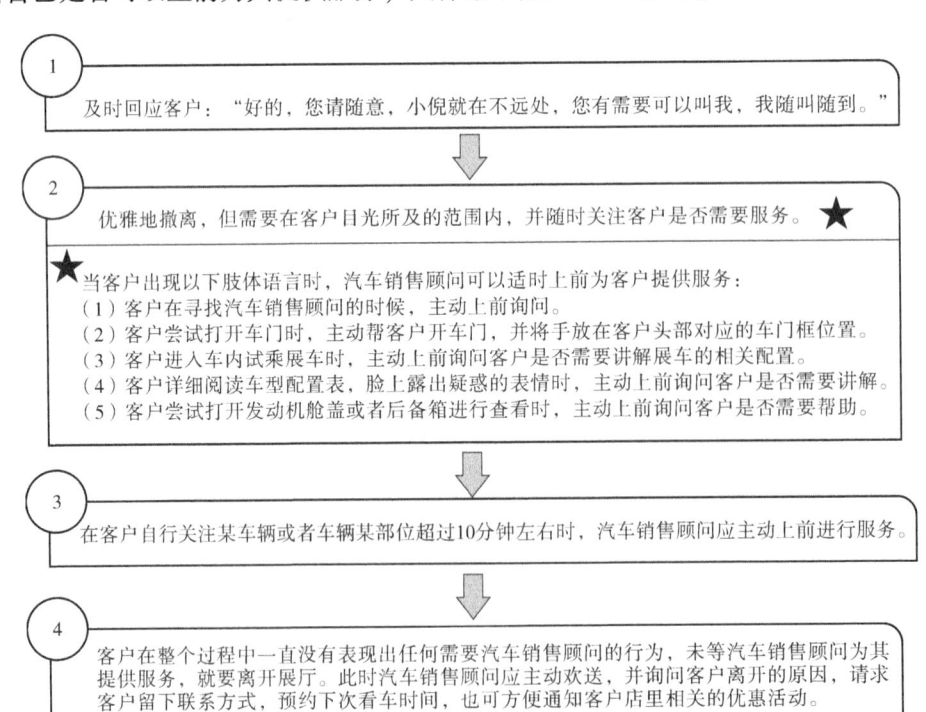

① 及时回应客户："好的，您请随意，小倪就在不远处，您有需要可以叫我，我随叫随到。"

② 优雅地撤离，但需要在客户目光所及的范围内，并随时关注客户是否需要服务。★

★当客户出现以下肢体语言时，汽车销售顾问可以适时上前为客户提供服务：
（1）客户在寻找汽车销售顾问的时候，主动上前询问。
（2）客户尝试打开车门时，主动帮客户开车门，并将手放在客户头部对应的车门框位置。
（3）客户进入车内试乘展车时，主动上前询问客户是否需要讲解展车的相关配置。
（4）客户详细阅读车型配置表，脸上露出疑惑的表情时，主动上前询问客户是否需要讲解。
（5）客户尝试打开发动机舱盖或者后备箱进行查看时，主动上前询问客户是否需要帮助。

③ 在客户自行关注某车辆或者车辆某部位超过10分钟左右时，汽车销售顾问应主动上前进行服务。

④ 客户在整个过程中一直没有表现出任何需要汽车销售顾问的行为，未等汽车销售顾问为其提供服务，就要离开展厅。此时汽车销售顾问应主动欢送，并询问客户离开的原因，请求客户留下联系方式，预约下次看车时间，也可方便通知客户店里相关的优惠活动。

图7-8 为要求自己看车的客户提供服务的具体细节

汽车销售顾问再次上前与客户接洽时，应适当地使用赞美的销售技巧，一方面，可以获取客户的好感；另一方面，也可以体现出客户所关注的车型所具有的价值。例如："先生/女士，您的眼光真好，您关注的这款车是同类车型中配置最全面、性价比最高的。"

（2）客户需要汽车销售顾问陪同看车。

这种类型的客户在实际销售中的存在比例也是比较大的。此时，汽车销售顾问应亲切、热情友善地与客户交流，通过技巧性谈话了解客户购车需求，这是展示汽车销售顾问专业素养的好时机，也是与客户建立良好信任关系的重要步骤。汽车销售顾问陪同客户看车的流程如图7-9所示。

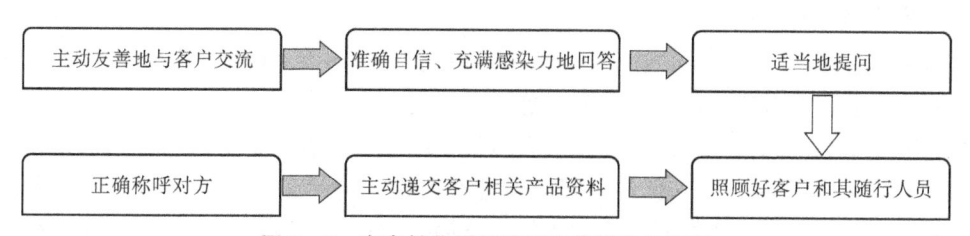

图7-9　汽车销售顾问陪同客户看车的流程

注意在接待过程中不要让客户长时间站立，应采用适当的语言技巧邀请其去客户洽谈区进一步交流，请客户进入车内体验感受，同时与客户进行交流也是不错的选择。

（3）邀请客户去洽谈区。

当客户需要服务，或者当客户已经久站或者来店时已经汗流浃背时，汽车销售顾问应邀请客户去洽谈区休息，这样也便于深入交谈。邀请客户去洽谈区的流程如图7-10所示。

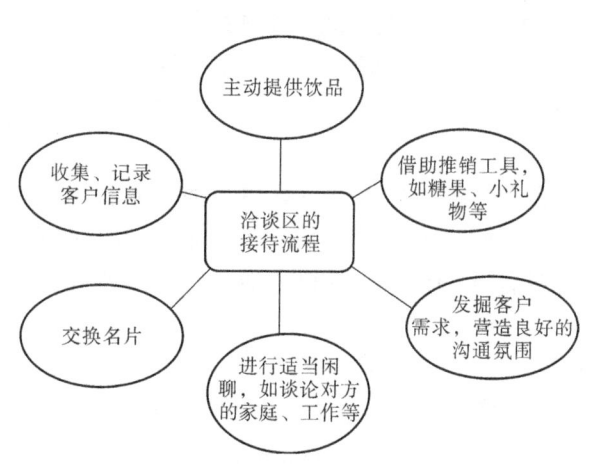

图7-10　邀请客户去洽谈区的流程

4. 接待服务中需要用到的礼仪

汽车销售顾问每天都在与客户打交道，不仅要具有丰富的专业知识技能，还要懂得客户接待礼仪的要点，从而提升客户满意度。

1）陪同礼仪

汽车营销活动中，陪同客户是一项极其重要的工作。礼仪彰显细节，细节决定成败，汽车销售顾问掌握并遵守陪同礼仪才能有效提升成交率。

（1）汽车销售顾问陪同客户处于步行状态时。

汽车销售顾问一般应在客户的左侧，以示尊重。

如果中途需要领导陪同客户，领导作为主陪陪同客户时汽车销售顾问要并排与客户同行。

如属随行人员，应走在客户和主陪人员的后边。

（2）陪同客户参观展车的过程中。

汽车销售顾问陪同客户参观展车的过程中应走在客户的右前方，并超前两三步，时时注意引导，在进出门户、拐弯或上下楼梯时应伸手示意。

（3）客户进车体验时。

① 接待一位客户时，陪同的汽车销售顾问要先打开车门，请客户上车，并以手背贴近车门上框，提醒客人避免磕碰，待客户坐稳后再关门。

客户出展车时，汽车销售顾问要先下车打开车门，再请客户下车。

② 接待两位客户时，汽车销售顾问应先拉开后排右边的车门，让尊者先上，再迅速地从车的尾部绕到车的另一侧打开左边的车门，让另一位客户从左边上车。只开一侧车门让一人先钻进去的做法是失礼的。

2）引导礼仪

（1）引导的基本要求。

汽车销售顾问应懂得基本的引导礼仪，带领客户到达目的地。引导的基本要求如下：

① 寻找位置：汽车销售顾问应站在客户的左前方，距离客户0.5~1.5米，遵循"以右为尊、以客为尊"的理念。随行的客户人数越多，则引导的距离也应该越远，以免照顾不周。通常情况下，引导人员在客户的左前方。

② 保持步调：汽车销售顾问的步调要适应客户的步调。

③ 使用语言：引导时，多用语言提醒，多用敬语，引导时要注意客户，适当地进行介绍，注意保护客户的安全。

（2）引导的手势。

在引导时，大多使用"前摆式"手势，具体手势要领：四指并拢，拇指靠向食指，手掌伸直，由身体一侧自下而上抬起，以肩关节为轴，到腰的高度再由身前左方或右方摆去，手臂摆到距离身体15厘米且不超过躯干的位置停止，然后目视客户，面带微笑。

（3）引导的具体地点。

引导的地点不同，汽车销售顾问引导的方式也略有不同。具体引导礼仪见表7-1。

表7-1 具体引导礼仪

引导的具体地点	具体的引导礼仪
走廊处	1. 汽车销售顾问应走在客户两三步之前的左侧，让客户走在道路的中央。若左侧是走廊的内侧，应让客户走在内侧； 2. 走廊狭窄只允许一人通过时，汽车销售顾问应走在客户前方，与人相遇时，侧身点头微笑并相让，请对方先通过，如果对方相让，应该表示谢意

续表

引导的具体地点		具体的引导礼仪
楼梯处		1. 当引导客户上楼时，汽车销售顾问应在扶手的一边，让客户走在前面，自己走在后面；下楼梯时，则应该由汽车销售顾问走在前面，客户走在后面； 2. 上、下楼梯需要同时注意楼梯和自身与前后人员的距离，防止碰撞； 3. 上、下楼梯时不宜进行交谈，以免分散注意力，也不应该在楼梯上或者拐角处进行深入交谈，以避免妨碍他人通过； 4. 途中要注意提醒客户拐弯处或楼梯台阶等地，使用手势提醒客户并说"这边请""注意楼梯"等
电梯处	引至电梯口时	1. 有一位客户时，汽车销售顾问按住按钮，请客户进入； 2. 有两位以上客户时，汽车销售顾问与电梯成90°角站立，用靠近电梯门一侧的手采用直臂式手势护梯，另外一只手用回摆式手势邀请客户进入
	等待电梯时	靠电梯两侧站立，电梯到达后要遵守先下后上的原则
	陪同进入时	1. 有一位客户时，则请客户进入，然后紧跟进入，站到电梯内按钮附近，身体背对电梯，与电梯门成90°角； 2. 有两位以上客户时，先说"请稍等"，然后走进电梯，用另一只手邀请客户进入，在电梯内尽量侧对客户； 3. 当电梯无人管理时，汽车销售顾问应先进入电梯，一手按住开门键，一手挡在电梯门上框，以防电梯门自动关闭，等客户进入后关闭电梯门，电梯到达时，汽车销售顾问一只手作请出的手势，另一只手按住开门键，让客户先出电梯； 4. 进入有人管理的电梯时汽车销售顾问应后进先出； 5. 电梯内，汽车销售顾问应寻找合适的站位，若电梯内太拥挤，则不可和客户面对面或者背对背站立，要保持一定的角度错开站立
	出电梯时	按住按钮说"您先请"，等客户都走出去后，再快步走出去至客户左斜方进行引领
出入房间	拉、推、关门	1. 用手轻推、轻拉、轻关，不可用身体其他部位代劳； 2. 手拉门时，汽车销售顾问应先拉开门说"请稍等"，再靠近把手的手拉住门，站在门旁，用回摆式手势请客户进门，最后自己把门关上； 3. 手推门时，汽车销售顾问推开门说"请稍等"，然后先进门，握住门把手，用横摆式手势请客户进来
	出入门	1. 进门时，由尊者先进，不能用后背对着他人，如果里面有人应该侧身； 2. 出门时，由尊者先出，主动替对方开门，如果只是自己出去，则注意不要将后背对着他人； 3. 若出入门时恰巧遇到他人从相反方向出入门时，汽车销售顾问应该侧身相让

3）递接物品礼仪

汽车销售顾问在接待客户时经常递接物品，此时应遵守礼仪规范，在展现个人修养的同时给客户留下良好印象。

（1）递接物品原则。

递接物品的基本原则是举止要尊重他人，递接物品时双方互视，在特定场合或东西太小而不必用双手时一般用右手递接物品牢记以下口诀：

接物时，双手迎，表感谢，把礼行。

递物时，双手呈，接平稳，手再松。

（2）递接物品注意事项。

递接物品是汽车销售顾问工作中常见的动作，为了接待好客户，应注意以下事项：

① 基本事项：双方距离过远时，递物者应该主动走近接物者。在自己坐着的情况下需要递物的话，应起立。递物时，应给对方留出便于接物的空间。

② 资料：递交给客户文件或者资料的时候，应将资料的正面和文字的正面朝向对方，不可倒置。

③ 尖锐物：递尖利的物品时，需将尖端朝向自己握在手中，而不要将尖端指向对方。递送刀类物品时应用双手托住刀身，刀刃朝向自己或自己手握刀背，让刀刃向下，将刀把留给对方。

④ 饮品：招待客户用茶时，左手托杯底，右手扶住杯壁，将茶杯把朝向客户的右手边，并说"请用茶"，若茶水较烫，可将茶杯放到客人面前的茶几上。递送饮品（酒水）时，应将商标朝向客户，左手托瓶底，右手握在距瓶口 1/3 处。

4）座次礼仪

座次也叫位次。座次的排列，表面上排的是顺序，实际上排的是尊卑。汽车销售活动中常用的座次主要包括客户洽谈室座次和试乘试驾座次两方面。

（1）客户洽谈室座次。

汽车销售顾问接待客户时应按座次排序基本规则（图 7-11）安排客户入座，应尽量让客户坐在其中意或有意向的车型旁边或附近的洽谈桌旁，这样方便客户欣赏自己心怡的车辆，也方便汽车销售顾问向客户介绍车辆。

以右为上	居中为上	前排为上	以远为上	面门为上
遵循国际惯例	中央高于两侧	适用所有场合	远离房门为上	视野良好为上

图 7-11 座次排序基本规则

若情况允许，不要和客户采用相对式座次形式。这样的座次形式给人一种公事公办或者类似审讯疑犯的感觉。这对于汽车销售顾问给客户营造轻松的洽谈气氛与塑造个人亲和力带来很大的负面影响。

（2）试乘试驾座次。

在客户接待中，汽车销售顾问常会邀请客户进行试乘试驾，让客户实际感受车辆的性能，从而提高成交率，因此需注意试乘试驾座次。

① 让客户了解驾驶室的操作。

客户在接触一辆陌生的新车时都会有生疏感，不熟悉驾驶室的操作功能，所以一般情况下都是由汽车销售顾问先驾驶试乘试驾车，让客户就座于副驾驶位置，切记让客户系好安全带（以便进行加速、急刹车、急转弯等性能体验），然后向客户介绍车辆的常用功能。

如果客户有随行人员，应让其坐在汽车后排，安排坐后排的随行人员数量根据后排安全带数量确定。

② 客户自身体验。

试乘试驾的主要目的是让客户切身感受车型的各方面带给驾驶者或者乘坐者的体验，所以自身体验也是试乘试驾的主要组成部分。

试乘体验：如果客户对后排的乘坐体验有强烈的体验要求，可以让其坐在车辆后排进行体验；如果客户的随行人员数量是后排安全带数量的最大极限，那么应安排随行人员其中之一在副驾驶位置体验。

试驾体验：试驾体验时应让客户坐在主驾驶位置，汽车销售顾问坐于副驾驶位置，以便在发生意外的时候汽车销售顾问进行驾驶补救来保护客户。

5）茶水礼仪

我国为茶叶的原产地，茶叶产量堪称世界之最。饮茶在我国不仅是一种生活习惯，更是一种源远流长的文化传统，"客来敬茶"也是我国的习俗。

在现代社会，以茶待客更成为人们日常社交和家庭生活中普遍的往来礼仪，由此可见茶与礼仪已紧紧相连，密不可分。汽车销售顾问掌握茶水礼仪，不仅是对客户的尊重，也能展现自己的修养。

（1）备茶礼仪。

储茶：储茶用具应防潮、避光、隔热、无味。以特制的茶叶罐（铝罐、锡罐、竹罐等）为最佳。单罐单茶，不可混装，混装会混淆各茶种的茶香，影响茶的品质。

茶叶和茶具：

①多备几种茶叶，以方便客户选择，如江浙人喜欢饮清芬的绿茶，闽粤人则喜欢浓郁的乌龙茶。

②询问客户偏好哪一种茶，并为之准备。若只有一种茶叶，则应事先说明。

③茶具可以精美独特，也可以简单质朴，但必须保证茶具配套完整，无破损，无污渍。

泡茶注意事项：

①不当着客户的面泡茶，忌用手抓茶叶，以免手汗污渍影响茶叶的品质。要用勺子取茶，或直接以茶罐将茶叶倒进茶壶、茶杯。

②按照茶叶品种决定其投放数量，若客户偏好浓茶，则应根据其喜好决定投放茶叶的数量。

③泡茶前应用开水冲壶，以温热壶体。

（2）续茶礼仪。

续茶是一个很重要的过程，其具体要求如下：

① 俗语说"上茶不过三杯"。第一杯叫作敬客茶，第二杯叫作续水茶，第三杯则叫作送

客茶。如果一再劝人用茶，而又不说话，表示提醒客户"你应该打道回府了"。

② 为客户续水时，应右手拿起茶杯，使茶杯远离客户的身体、座位、桌子，左手把水续入。

姿态要领：添水时，若用有盖的杯子，则以右手中指和无名指将杯盖夹住，轻轻抬起，以大拇指、食指和小拇指将杯子取起，侧对客户，在客户右后侧用左手容器填满，再按照原位摆放。

续茶时机：一般来讲，客户喝过几口茶后，即应为之续上，绝不可以让其杯底茶叶露出。

6）咖啡礼仪

（1）应给喝咖啡的客户额外送上一杯冰水，以方便客户清洁口腔，更好地激活味蕾，品尝咖啡的味道，这是国际通用的喝咖啡礼仪。

（2）将糖和奶油球放在咖啡碟上，使客户能够根据自己的偏好适量加入。

（3）盛放咖啡的杯碟应当放在客户的正面或右侧，杯耳应朝向客户正坐时的右方。

（4）不要在客户喝咖啡时提问题，可以在客户放下咖啡杯后提问题。

5. 恭送客户离店

客户来时以礼相迎，客户走时也应当以礼相送，这样的方式可以巩固汽车销售顾问在接待前期给客户留下的良好印象。具体的送客礼仪如下：

（1）婉言相留，不过要尊重客户的意愿，不能强行挽留，以免耽误客户的生活日程；

（2）等客户起身之后，自己再起身相送，不可客户一提出告辞请求，汽车销售顾问就立刻起身；

（3）放下手中所有事物，陪同客户走向展厅大门；

（4）进行短暂的话别，也可赠送一些小礼品给客户；

（5）提醒客户不要落下自己的随身物品及接待过程中给客户的相关资料；

（6）尽量让客户留下联系方式（如果之前没有要到）；

（7）询问客户下次来店时间，以方便预约，表达汽车销售顾问很乐意为其服务的态度；

（8）为客户来店表示感谢，期待下次接待该客户；

（9）客户离店时，汽车销售顾问应微笑挥手，目送客户离去，直到看不到客户或客户的车辆为止。

三、接待后的工作

这是整个接待流程的最后一步。汽车销售顾问要做到尽善尽美，不能虎头蛇尾。接待后的工作对于开展下一次接待是有很大帮助的。

1. 展车

（1）将车辆位置调整至原始位置。

（2）清洁车辆，注意细节处的卫生。

2. 洽谈区、办公区

（1）将水杯清洁后放回吧台，并排放整齐。

（2）清洁烟灰缸。

(3) 将洽谈区的座椅摆放回归原位。
(4) 检查客户是否有遗落的东西。若有遗落的东西，则应及时联系客户，并表示自己会妥善保管，下次客户来店就可以取回。

3. 客户信息
(1) 将客户信息录入汽车4S店的客户管理系统（CRM系统）。
(2) 划分意向客户级别。汽车销售顾问应根据接待客户时客户的情况进行分析判断，对客户意向级别进行划分。
(3) 跟进意向客户。根据客户特点和客户联系方式对意向客户进行跟进（电话回访、发邮件、发短信、上门拜访、展厅约见等，根据意向级别的不同，跟进的频率也不同。）

4. 汽车销售顾问自身准备
(1) 整理仪容仪表。
(2) 调整心情和心态。
(3) 准备迎接下一位客户。

课堂实训

［实训目标］
掌握汽车销售顾问接待礼仪。

［实训内容］
三位学生以小组方式进行实训，一人扮演客户，一人扮演汽车销售顾问，模拟展厅接待流程，另一人则扮演考官进行考核。学生展厅接待实训场景如图7-12所示。

图7-12 学生展厅接待实训场景

［实训操作］
(1) 实训分组。
学生自行分组，并分配好个人角色，进行考核前准备。
(2) 汽车销售顾问按照展厅接待流程进行接待，并注意接待礼仪。
(3) 派一名学生全程用摄像设备进行拍摄，作为点评依据。

［成果要求］
学生根据要求完成展厅接待，并将得分填入接待礼仪考核评分表（表7-2）中。

表7-2 接待礼仪考核评分表

序号	评分项目	评分标准	分值	得分
1	接待流程	(1) 致欢迎辞,作自我介绍递送名片; (2) 询问客户称呼、来店所为何事; (3) 按客户要求接待	15	
2	陪同礼仪	(1) 陪同时的站位:步行时在客户左侧前方2~3步位置; (2) 陪同时话术的应用	15	
3	引导礼仪	(1) 引导手势的正确应用; (2) 引导手势在电梯、走廊等不同地方的应用	15	
4	递接物品礼仪	(1) 递接物品的原则; (2) 针对不同事物灵活应用递接物品礼仪:递接文件时应字面朝向客户,递接尖锐物品时尖锐侧朝向自己	15	
5	座次礼仪	(1) 客户洽谈室座次; (2) 试乘试驾座次	15	
6	茶水礼仪	(1) 接待客户时询问客户需要哪种茶,根据客户需求奉送; (2) 递茶时要以右手捧上,左手随上,递杯子时切忌手碰到杯口; (3) 注意递茶顺序	15	
7	接待文明礼仪三要素的灵活应用	(1) 接待三声; (2) 文明五句; (3) 热情三到	10	
		合计	100	

考核小组意见:

练习与思考

一、单选题

1. 在引导过程中,汽车销售顾问应站在被引导者的( )。
   A. 前侧   B. 后侧   C. 左侧   D. 右侧

2. 在引导客人时,手部动作有"大请""小请"之分,"大请"是指手部送出后的高度为( )。
   A. 腹部   B. 胸部   C. 眼部   D. 胸部以下

3. 在引导客人时，手部动作有"大请""小请"之分，"小请"是指手部送出后的高度为（　　）。
   A. 腰下　　　　　　B. 腹部到胸部　　　C. 胸部以下　　　　D. 肩膀以上
4. 在引导客人时，手掌摆出后，应与地面呈（　　）角。
   A. 0°　　　　　　　B. 30°　　　　　　　C. 45°　　　　　　　D. 90°
5. 以下不属于接待文明礼仪三要素的是（　　）。
   A. 接待三声　　　　B. 文明五句　　　　C. 热情三到　　　　D. 规范言语

二、判断题
1. 按商务礼仪，汽车销售顾问应在客户的右前方引路。　　　　　　　　　　　　（　　）
2. 按商务礼仪，座次的横向排列规则是内侧高于外侧。　　　　　　　　　　　　（　　）
3. 按商务礼仪，座次的纵向排列规则是前排高于后排。　　　　　　　　　　　　（　　）
4. 汽车销售顾问向客户递送尖锐物品时，尖锐的部位应朝向自己。　　　　　　　（　　）
5. 汽车销售顾问向客户递送名片时，应双手递送，并将有字的一面朝向客户。　　（　　）

第八章

汽车销售顾问电话礼仪

学习目标

（1）熟悉电话礼仪的基本要求、基本原则和步骤。
（2）能够在汽车营销活动中利用电话这一通信工具正确规范地与客户交流。
（3）能够养成文明的通话习惯，塑造个人和单位的良好形象。

案例引导

小赵是公司新来的实习生，有一天办公室的电话响了，电话那头说要找王姐，当时王姐不在，小赵瞅了一眼王姐的位置，发现王姐没在，直接说："王姐不在，你等会儿再打过来。"当王姐回办公室后，小赵把有人打电话找王姐的事忘记了，并没有将此事告知王姐。过了一会儿，电话又打过来了，又是小赵接的，对方表明还是找王姐。小赵看到王姐在座位上，在没有捂住电话的情况下，大声招呼王姐说："王姐，有个外地口音的男人找你，找你好多回了，快点！"整个办公室的人都听到了有个男人找王姐，大家都抬起头看着王姐，王姐非常不好意思地过去接电话，而电话那头的男士听到电话这边说自己是外地口音，感到被歧视了，而那名男士就是小赵公司的经理，从此小赵在王姐和经理的心里留下了很不好的印象。

思考：小赵在接听电话的过程中犯了哪些错误？

第一节 电话礼仪

当今社会，电话成为人们沟通的便捷工具，随着科学技术的发展和人们生活水平的提高，电话的普及率越来越高，人们每天要接听、拨打大量的电话。表面上看，打电话很容易，对着话筒同对方交谈和当面交谈一样简单，其实不然，打电话大有讲究，并不是每个人人都懂得电话礼仪。电话礼仪不仅反映了每位接听者的情绪、文化修养和礼貌程度，同时也展现了整个汽车4S店的形象，因此汽车销售顾问应当使用正确的电话礼仪与客户进行沟通，这能够给其留下良好的印象。

一、电话礼仪的含义及其重要性

电话礼仪是指接打电话的人通过语言的传递方式给予对方应有的、可以感受到的尊重和理解，以及对自身工作态度和工作方式的认知。一般来说，电话礼仪是由使用电话的人在使用电话时的态度、表情、语言、内容以及时间等各个方面组合而成的。

打电话时，双方虽然不能看见对方的面容，但会根据在电话交谈中的细节来推测并感受对方的素质、修养、内涵和为人处世的风格，并作出大致的判断。在日常工作中，使用电话礼仪很关键，它直接影响着一个企业的形象和声誉。在日常生活中，人们通过电话礼仪也能粗略判断对方的人品和性格。

汽车4S店中的每个部门都会与客户进行电话沟通，尤其是直接面向客户的一线销售部门的汽车销售顾问。电话沟通涉及面很广，与日常的会话和书信联络相比，电话沟通具有即时性、经常性、简洁性、双向性、礼仪性等较为突出的特点。电话沟通必须以礼待人、克己敬人，不可失礼于人，因为每通电话在工作上都代表着汽车4S店和员工个人的服务质量，在生活中也会影响个人的人际关系，因此，掌握正确的电话礼仪是非常有必要的。熟知并正确应用电话礼仪是汽车销售顾问必须掌握的一项工作技能。

二、电话礼仪五要素

电话礼仪五要素包括时空选择、语言要求、态度要求、通话内容以及通话举止。它们塑造了个人和单位的形象。

1. 时空选择

1) 通话时间

（1）工作时间：若因为工作上的事情需要打电话，则应尽量选择在工作时间打电话。工作时间办公事，效率更高。

（2）休息时间：早上8点以前，晚上22点之后若无大事、急事，则不要打电话。万一有急事需要打电话应注意措辞，接通电话后应说："很抱歉这个时间打扰您，实在是事关紧急。"

（3）就餐时间：在就餐时间尽量不打电话。

（4）休假时间：尽量不要占用对方的休假时间，除非是十分重大的事，否则会让他人产生厌恶感。

（5）时差问题：如果要打国际长途电话（尤其是欧美国家），那么必须注意时差问题。

（6）适宜时间：双方预约时间，在对方方便的时间打电话。

通话三分钟原则：除情侣、亲人、朋友闲聊家常之外，通话时间应控制在3分钟内，打电话时把重要的事情放前面说，尽量长话短说，不说废话。

2) 通话空间

（1）私人空间：私人电话应在私人场合打。

（2）办公空间：工作电话应在办公场合（如办公室）打。

（3）公众空间：开会、接待客户、听音乐会等时最好关闭手机或将其设置成静音、振动状态。切忌在公共场所打电话。

2. 语言要求

1）规范

（1）问候语：不可在早上说下午好。

（2）自我介绍：如"我是××4S店的××汽车销售顾问"。

2）文明

以不影响他人工作为主要原则。通话双方都应控制自己说话的音量和方式，不可大声喧哗、高声阔谈，以免打断他人工作。

3）礼貌

（1）整个过程：在整个通话过程中始终使用敬语、谦语和褒义词。

（2）开始和结束：在通话的开始要用问候语，在通话结束时要用道别语。

4）温婉

通话时通话者的语气会直接让对方感受到你对他的态度，所以语气应尽量热诚自然、亲切温和，语速平缓、音调适中更有利于工作交流的顺利进行。

3. 态度要求

具体要求如下。

1）拨打电话时的态度要求

（1）耐心等待对方接听电话。应等铃响过六遍或半分钟时间，才可推断无人接听并挂断电话。

（2）忌急不可待，如铃响不过三声就断定对方无人接听而直接挂断电话。

（3）忌"捉迷藏"。铃响两三下立刻挂断电话又重拨，如此不断循环，让对方把握不定。

（4）忌不耐烦。对方长时间铃响才接听时，不可埋怨指责对方，等待对方接听电话时不可念念有词责怪对方。

2）接听电话时的态度要求

汽车销售顾问接电话应专业、及时，立即停止手中工作，拿起纸笔准备记录。慢吞吞地接电话会让对方认为被怠慢他，长时间铃响也会影响其他人的工作。

3）拨错电话时的态度要求

（1）自己拨错：态度诚恳，向对方道歉，不可一声不吭或者突然挂断电话，更不可口出怨言。

（2）对方拨错：不可责骂对方，应耐心告知本人或本单位的信息。如果知道对方寻找的人的正确电话号码，则应告知对方。

4）转接电话时的态度要求

对方找的人是自己的同事时，不可不耐烦，对对方不理不睬，态度冷漠，应告知对方稍等，态度热情并迅速帮对方找到接话人；接话人暂时不在时，应做好记录，并告知对方可稍后致电，而自己也会等接话人来了就把情况告知接话人并让其第一时间回电。

5）通话中断时的态度要求

因线路问题或者其他客观原因暂时通话中断时，由发话人迅速发起通话，并诚恳道歉，耐心解释。接话人也应守候在电话旁，不转做其他事务，不抱怨对方。

4. 通话内容

(1) 自我介绍：主要介绍自己的单位、部门、姓名。

(2) 主要内容：罗列内容清单，避免丢三落四，说话没条理，应简明扼要地表达内容。

5. 通话举止

(1) 不对着话筒咳嗽、打喷嚏、打嗝等。

(2) 不能边吃东西边接打电话。

(3) 不在嬉笑或争吵时接打电话，应等情绪稳定后再通话。

(4) 通话时应有正确的站姿或坐姿。

(5) 通话时应面带微笑。

三、电话基本礼仪

在日常生活中，电话不仅是传递信息的工具，还在很大程度上体现通话者个人的修养和素质。汽车销售顾问要想在工作中展现自己良好的电话形象，应掌握以下电话基本礼仪。

1. 重要的第一声

致电某单位时，若电话一接通就能听到对方亲切、优美的声音，拨打电话的人一定会很愉快，并对该单位产生较好的印象。因此要记住，通话的"第一声"就代表了自己的素质和单位的形象，汽车销售顾问在拨打电话时要树立"电话第一声代表单位形象"的意识。

2. 喜悦的心情，微笑的面容

接打电话时要保持良好的心情，这样对方从语调中能感受欢快，从而给对方留下极佳的印象。由于面部表情会影响声音的变化，因此要保持愉快的心情，面带微笑地接打电话，而且展厅中的其他客户见到汽车销售顾问连接打电话都能保持微笑和耐心，对汽车销售顾问和汽车4S店的好感会增加。如果有客户刚进店或者在注视正在打电话的汽车销售顾问，汽车销售顾问应该点头示意并微笑。

3. 清晰明朗、简洁标准的语言，端正的姿态

汽车销售顾问在接打电话的过程中应使用标准的普通话，如果对方使用方言，而汽车销售顾问恰好听得懂又会说，也可以用方言沟通。另外，时间就是金钱，应节约时间，商务电话内容应简洁。

在接打电话的过程中，使用懒散的姿势对方是能够"听"得出来的。若打电话时躺在椅子上，则对方听到的声音就是懒散和无精打采的；若坐姿端正，声音也会亲切悦耳、充满活力，因此，打电话时，即使看不见对方，也要当作对方就在眼前，使用正确的坐姿和站姿来接打电话，不要将电话夹在脖子上，话筒和嘴应保持5~10厘米的距离。

4. 尊重他人隐私

无论接听还是拨打电话，都需要尊重他人隐私，这是为人处世的基本原则。当他人拨打或接听电话时，要做到不故意旁听、偷听，更不要插嘴。本人接听电话、帮他人代接电话、转接电话或者拨打电话，都应做到不随意传播通话内容，更不可在大庭广众之下大声转述电话内容。

5. 可报价不可谈价

汽车销售顾问经常会遇到有人咨询汽车价格的情况，正确的做法是在电话里给客户报出大致的价格，最终邀请客户来店商谈。

6. 正确地自我介绍

电话接通后，应首先向对方进行自我介绍。对于私人电话，则报上本人姓名；对于公务电话，则报上本人姓名以及所在的单位、部门和职务。

7. 了解对方来电话的目的

上班时间打进单位的电话几乎都与工作有关，不可敷衍。如果对方要找人，即使其要找的人不在，也不应只说"不在"就立刻挂电话，要尽可能问清楚，以避免误事。如自己无法处理，应认真记录下来，态度友好，以赢得对方的好感。

8. 用心倾听，认真清楚地记录

接打电话时要用心倾听客户所述内容，如中途有事必须要离开一段时间，应征得对方同意，并道歉，请求其原谅。随时牢记 5W1H 记录技巧。电话记录既要简洁又要完整，利用 5W1H 技巧记录下来的内容在工作中是十分重要的。5W1H 电话记录内容如图 8-1 所示。

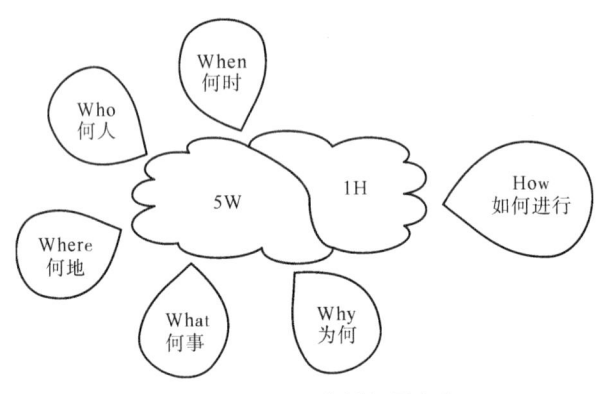

图 8-1　5W1H 电话记录内容

9. 挂电话的基本礼仪

1）尊者先挂电话

电话交谈结束时，一般由拨打电话的一方提出，但按商务礼仪的规则是地位高的人先挂电话。

（1）对于私人同辈、同职位的同事，可由女士先挂电话；同性别的由年龄大的一方先挂电话。

（2）对于单位内部，无论性别、年龄，均应由上级先挂电话。

（3）对于单位与单位之间，无论通话双方的职位高低，均应由上级单位一方先挂电话。

（4）商务交往中，客户永远先挂电话。

（5）请求他人办事时，被请求者先挂电话。

（6）对于特殊情况，接听电话者由于自身原因，如有重要的事或者突发特殊事件导致不宜继续通电话，应向对方说明原因，并告知对方："有空就会立刻给您回电话。"

2）使用礼貌的结束语

一声不吭，只管自己讲完或者仅说一句"好的"，就结束通话，会让对方觉得莫名其妙，所以应说一声"再见"。对于客户来电还应该送上"祝您生活愉快"等祝福语，然后说"再见"，再挂电话。

3）挂电话行为

（1）通话结束后，应轻放话筒，不可因某些电话内容影响心情而把不好的情绪发泄在电话设备上。

（2）通话结束后，即使对方有错，也不可咒骂或者抱怨。

四、影响电话接听质量的因素

影响电话接听质量的因素如图 8-2 所示。

图 8-2 影响电话接听质量的因素

第二节 接打电话的具体礼仪

由于电话在商务活动中的应用越来越广泛，因此，汽车销售顾问非常有必要了解接打电话的具体礼仪。

一、接听电话

汽车销售顾问在销售汽车的时候会大量使用电话。其中，接听电话这项看似简单的工作所涉及的礼仪有很多种。接听电话有本人接听电话、代人接听电话、转接电话三种形式。

1. 本人接听电话

1）本人接听电话的流程

本人接听电话应该遵循图8-3所示的流程。

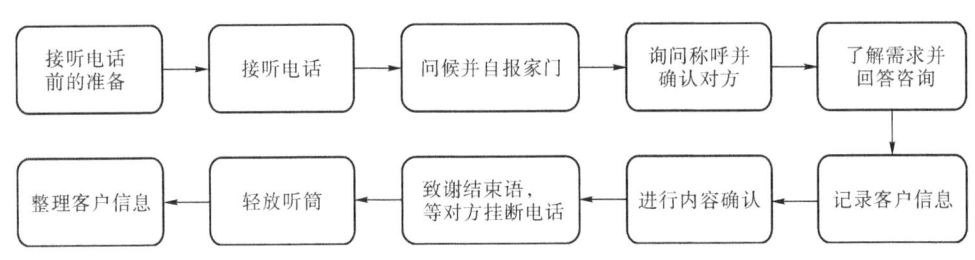

接听电话前的准备 → 接听电话 → 问候并自报家门 → 询问称呼并确认对方 → 了解需求并回答咨询 → 记录客户信息 → 进行内容确认 → 致谢结束语，等对方挂断电话 → 轻放听筒 → 整理客户信息

图8-3 本人接听电话的流程

2）本人接听电话的具体工作内容

（1）接听电话前的准备。

接听电话前汽车销售顾问应做好充足的准备。

① 个人准备。

a. 调整好情绪，确保接听电话时态度亲切、声调柔和、语速适中、吐字清晰。

b. 调整表情，保持微笑，表情可通过声音让对方感受到。

c. 端正接听电话的姿势，带给对方更有精神的声音感受。

d. 只有具备扎实的专业知识储备，对汽车信息和优惠政策了如指掌，才能准确回答客户的咨询。

② 工具准备。

a. 准备好纸和笔，以便记录信息。

b. 电脑保持开机，以便随时调取客户需要的资料和客户相关的信息资料。

（2）接听电话。

汽车销售顾问必须在电话铃响三声内接起电话。如果铃响超过三声，在接起电话之后应向对方致歉，可说："不好意思，刚才在忙，让您久等了，很高兴为您服务。"

（3）问候并自报家门。

作为汽车销售顾问，对客户的服务应是主动热情的，所以接起电话后应主动问候客户，如"上午好（下午好）""您好"等。

问候之后应自报家门。自报家门时最忌讳说"你是谁呀？你找谁？喂？"这样的质问性话语。自报家门的内容必须包括单位、部门、姓名和职务，如"我是××4S店的（销售部的）汽车销售顾问××，请问有什么可以帮到您呢？"

（4）询问称呼并确认对方。

作为汽车销售顾问，向客户展示亲和力的方式之一就是通过亲切的称呼与客户拉近距离，如果在整个通话过程中都不知道对方如何称呼或者一直用"您"来代替称呼，会让对方觉得不受重视，不利于接下来沟通工作的进行。所以汽车销售顾问应礼貌地询问对方如何称呼，如果是老客户还应及时调出客户相关信息资料以确认其身份。

（5）了解需求并回答询问。

明确客户来电目的并回答询问是整个接听电话流程的核心，所以汽车销售顾问应主动询问，明确客户需求，然后专心听对方讲话。对客户提出的需求的重点要作出一定的重复、附和和肯定，并要说"好的""是的""清楚了""明白了""请放心"等话语向客户反馈自己认真在听，已经了解并会满足其需求，以此鼓励客户继续说出其需求与目的，给客户良好的电话沟通体验。

（6）记录客户信息。

汽车销售顾问在接听电话时应养成随手记下对方来电重要信息的习惯，这样可以避免因为事忙或者记忆力不好而遗忘对方交代的重要信息或者细节，从而不耽误客户的时间和计划，为和客户继续交往打下坚实基础。

（7）进行内容确认。

汽车销售顾问在客户提完需求后，应再次和对方确认此次来电的主要内容，对重要的内容应重复一遍，确认完毕之后，再询问客户是否还有其他需要帮忙的事情，这样既可以避免信息的接洽出现错误，又可以提醒对方是否还有其他需要帮助的事情忘记提出来了，省去客户再次致电的麻烦。如此，既为客户考虑，又提高自己的效率，还给客户留下了专业、贴心的良好印象。

（8）致谢结束语，等对方挂断电话。

汽车销售顾问在一开始接电话时对客户应热情耐心、精神饱满。有了良好的开头，也应有良好的结尾，才算是有始有终。汽车销售顾问应热情真诚地向客户表示感谢，并送上吉祥的祝福语，如"祝您生活愉快"等。挂断电话前，可重复一下汽车4S店的名称和自己的姓名，以加深客户对汽车4S店和自己的印象，然后耐心地等待客户先挂断电话。

（9）轻放听筒。

等对方挂断电话后，汽车销售顾问需要轻放听筒，这是一个很容易被汽车销售顾问忽略的细节，尤其在听了客户的某些抱怨甚至指责话语的时候，汽车销售顾问不应该态度恶劣地重摔听筒来发泄心中的不满。

轻放听筒不仅是个人素质的显示，店里的其他客户看到汽车销售顾问温文尔雅地放下听筒，也会对汽车销售顾问和汽车4S店产生良好的印象，而且电话属于汽车4S店的办公设施，应予以保护，因此，轻放听筒是很重要的。

（10）整理客户信息。

为了节约客户的时间，汽车销售顾问在记录客户询问内容时难免比较杂乱，而且不同的客户来电目的不同，因此，接听电话的最后一步是做好客户来电信息的整理，做完客户信息整理后，整个接听电话的流程才算结束。

2. 代人接听电话

通常每位汽车销售顾问的办公桌上都会有一部电话，一些汽车销售顾问事务繁忙时可能不在办公室，但总有其他汽车销售顾问在办公室处理事务，所以当不在办公室的汽车销售顾问桌上的电话响起时，就需要在办公室的汽车销售顾问代接电话，这样的情况在工作中很常见,因此了解并掌握代接电话礼仪很有实用性。

1) 代人接听电话的流程

代人接听电话应遵循图8-4所示的流程。

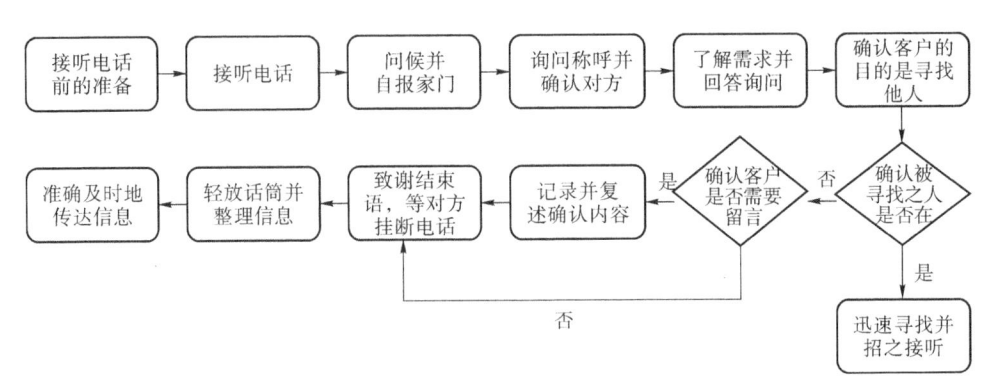

图8-4 代人接听电话的流程

2) 代人接听电话的具体工作内容

由于代人接听电话和本人接听电话的流程有很多相似的步骤,所以在此只详细讲述代人接听电话和本人接听电话在流程上不同的步骤及具体的工作内容。

(1) 确认客户的目的是寻找他人。

在询问客户需求时,若客户告知其寻找的是他人,不可表现得不耐烦,而应该热情相助。

(2) 确认被寻找之人是否在。

代人接听电话的情况分为三种,每一种在礼仪的细节上都有差别,具体的内容如下:

第一种:对方寻找的受话者就在身边,这时应告知致电者稍候,然后捂住电话听筒并将电话交给受话者,轻声告知受话者:"你的电话。"切记对着话筒大声喊人。

第二种:对方寻找的受话者在附近,这时应向致电者说明受话者就在附近,需要致电者给自己时间去寻找受话者,时间并不长,请对方稍等,然后迅速寻找到受话者,然后让受话者前来接听。

第三种:对方寻找的受话者不在,这时需要接着走完代人接听电话的以下流程:

如果致电者寻找的受话者是领导,应告知致电者稍等,然后告知领导是谁打来电话,并把已知情况全部简洁迅速地传达给领导,以避免致电者再次重复,这除了节约致电者和领导的时间之外,还能让领导有个思想准备。若领导不愿意接该致电者的电话,则应巧妙应对,恰当地把握说话分寸,按领导的意图妥善处理。

(3) 确认客户是否需要留言。

当致电者寻找的受话者不在时,应询问致电者是否需要留言,这一步骤存在两种情况,汽车销售顾问应区别对待。

第一种:如果对方不愿意留言就不要一直追问,可致谢结束语,等待对方挂断电话,告知致电者自己一定会转告受话者,致电者曾找过受话者,并询问致电者是否要求受话者回电，最后将致电者的姓名、联系方式和致电者曾打电话找过受话者这一事情告知受话者即可。

第二种：如果致电者需要留言，那么汽车销售顾问就需要仔细记录致电者的相关信息和留言内容，并与致电者再次确认信息和留言内容，确保传达给受话者的信息与留言内容无误，并告知致电者一定会将信息和留言内容正确传达给受话者。

(4) 准确及时地传达信息。

这是代人接听电话的最后一步，需要把记录的信息完整、准确、及时地传达给致电者寻找的那个受话者。

3. 转接电话

1) 转接电话的流程

转接电话应遵循图 8-5 所示的流程。

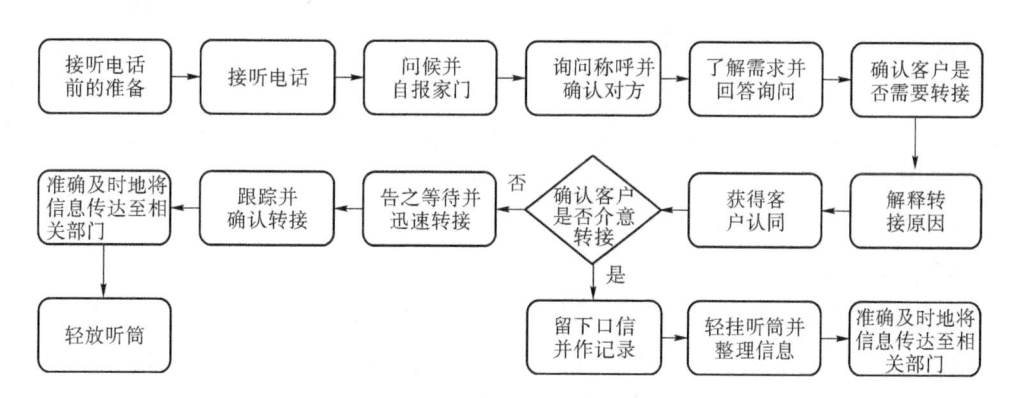

图 8-5 转接电话的流程

2) 转接电话的具体工作内容

(1) 确认客户是否需要转接。

了解客户需求，并对自己能解决的问题作出合理的回答，但若客户的问题涉及其他部门工作，而自己对相关内容并不熟悉或者根本不了解，此时，为了给客户提供更为周到专业的服务，就需要为客户转接电话。

(2) 解释转接原因。

需要转接电话的时候应耐心地向客户解释转接电话的原因，若不解释，会让客户认为被敷衍，没有得到诚心的帮助。

(3) 获得客户认同。

向客户解释转接原因的另一目的就是获得客户的认同，让客户理解转接电话的行为，也是在和客户互动。多询问并尊重客户的意见，才能不引起客户不必要的误会，才能给客户提供更好的服务，给客户留下良好的印象。

(4) 确认客户是否介意转接。

客户认同转接电话的原因，并不代表不介意转接，所以还要询问客户是否介意转接电话，而且尽量不要进行多次转接。

(5）留下口信并作记录。

如果客户表明不想转接电话，不要质问客户不愿转接电话的原因，应征得客户的同意后留下客户的口信并作详细记录，并告知客户自己会及时将信息传达至相关部门，相关部门会及时联系客户，请客户放心，然后轻挂听筒，整理信息，并及时落实对客户的承诺，准确及时地将情况传达至相关部门，让相关部门主动联系客户。

（6）告之等待并迅速转接。

如果客户不介意转接电话，则应告知客户耐心等待片刻，因为转接电话后，等待其他部门相关人员接听电话也需要短暂的时间，需要把这一情况先和客户说明。转接电话应迅速及时，一般情况下应在20秒内完成转接。这样在节约客户的时间的同时也向客户展示了自己积极服务的态度。

（7）跟踪并确认转接。

应细心周到地跟踪并确认电话是否转接到位，因为偶尔会出现转接部门人员暂时有事没能及时接听电话的情况存在。为此，应确认电话是否转接成功，以方便在电话转接不成功的情况下向客户说明情况并安抚客户的情绪。接通电话以后，应简洁准确地向相关部门描述转接电话的客户的情况，在节约双方时间的同时，也让被转接电话的部门有思想准备，有思考解决问题方法的时间。

4. 接听电话的注意事项

1）迅速准确地接听

汽车销售顾问业务繁忙，听到电话铃声时应迅速准确地接听，最好在铃响三声之内接听。电话铃声响一声的时间约为3秒，若长时间不接电话，则会让对方久等，是很不礼貌的。对方在等待时心里十分急躁，从而对汽车销售顾问和汽车4S店产生不好的印象。

如果电话铃响超过五声才接听，应该先向对方道歉。

2）确认对方身份

哪怕手机里已存有对方的名称或者来电显示的号码是自己熟悉的，为了不认错人，接电话时也应确认对方身份。

3）接听电话要主次分明

接听电话应主次分明，这主要体现在以下三个方面：

（1）来电时正在接待客户。

当电话铃声响起时，若汽车销售顾问正在与客户交谈，则应首先接电话，并事先对正在与自己谈话的客户表示歉意。

（2）来电时正在参加会议或办重要事情。

在参加重要会议或办重要事情时有电话打来，应先表示歉意再告知客户正在处理重要的事情，另约时间主动联系对方。

（3）通话时又有电话打来。

正在通话时，若又有另一个电话打来，则千万不可置之不理，应先告知目前的通话者有电话打来，表示歉意，请对方稍等，然后接听后打来的电话，询问何事。如果事情能快速解决,那么就及时解决并挂断电话;如果事情比较复杂,那么就和后来电者说稍后拨打其电话,然后继续与前者的通话。

4)态度要耐心,处理问题要专业

接听打错的电话时要热情耐心,有礼貌地告知对方自己的身份,并让对方确认其所拨打的电话号码是否有误。

面对客户来电投诉时,更要耐心聆听,不可打断,并记录令客户不满的相关内容。对于自己不了解、不能解决的问题,记录应该更详细,然后转交相关人员处理。

需搁置电话或让客户等待时,应给予说明并致歉。

5)内容要通俗

接听电话时应尽量避免使用对方难以理解的专业术语或者简略语,应使用通俗易懂的语言,以保证通话顺利愉快地进行。

二、拨打电话

汽车营销活动中,接听电话属于汽车销售顾问的被动行为,拨打电话则可以作为汽车销售顾问邀约客户的利器。

1. 拨打电话的流程

汽车销售顾问拨打电话时代表的是公司形象,应遵循拨打电话的流程(图8-6),以提升公司形象。

拨打电话前的准备工作 → 核实号码,拨打电话 → 问候并确认对方身份 → 陈述致电内容

回顾电话 ← 结束通话,轻放听筒 ← 作好已打电话标注 ← 再次确认致电内容

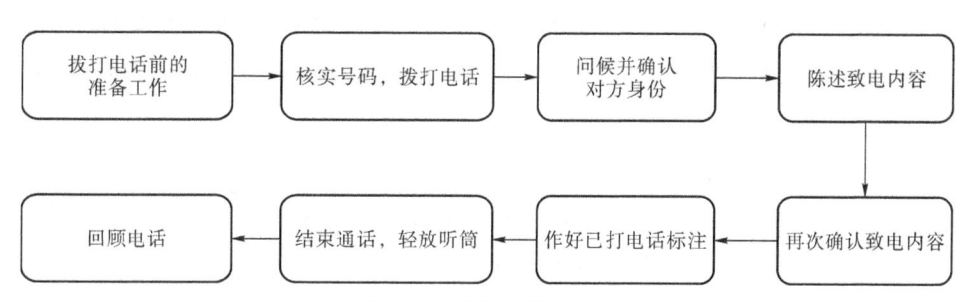

图8-6 拨打电话的流程

2. 拨打电话的具体工作内容

1)拨打电话前的准备工作

凡事有所准备才能从容应对,处理事情时才不会手忙脚乱。在拨打电话之前做好充分的准备工作,才能胸有成竹,为后面的良好服务打下坚实的基础,给客户留下良好的印象。

(1)个人准备。

① 调整情绪和表情,端正姿势。

② 准备扎实的专业知识,熟知各项优惠政策。

③ 查阅要致电客户的档案。

④ 把需要告知对方的事情整理好,把握说话要点,明确通话目的。

（2）工具准备。
① 准备好纸和笔，以方便记录。
② 使电脑保持开机状态，以方便建立客户的电子档案。
③ 准备要拨打的电话号码。
④ 准备所需文件及相关资料。

2）核实号码，拨打电话

汽车销售顾问做好拨打电话前的准备后，在拨打电话之前还需要核实号码，以保证电话号码是正确的，以免打错电话，给他人造成不必要的骚扰，这也提高了汽车销售顾问拨打电话的工作效率。

3）问候并确认对方身份

首先问候对方，然后确认对方身份，即便在拨打电话前已经核实过电话号码，但为了保证接听电话的人就是要找的人，还是要和对方确认身份。确认对方身份之后，应加上对方的尊称重新再问候对方一遍。

4）陈述致电内容

确认对方身份之后，应自报家门，然后根据事先准备好的提纲进行阐述，使内容简洁完整，切记不可现说现想，导致丢三落四，缺少条理，切不可"煲电话粥"。

陈述内容的时候应保持良好的态度、温和的语气和适中的语速，端正姿势，避免使用专业复杂、让人难以理解的词汇或者术语。如果陈述的事情比较复杂或者需要多方代为转告，那么要礼貌地请求对方做好记录，要说"劳驾您了""麻烦您了"等，并向对方表示感谢。不要认为他人的帮助理所当然。尤其对时间、地点、数字，还有要点，需要和对方多次确认。

5）再次确认致电内容

陈述致电内容之后，应主动礼貌地询问对方是否已经记清，是否需要再重复一下陈述的内容。如果对方需要，那么就可以再次重复致电内容。

6）作好已打电话标注

汽车销售顾问事务繁忙，拨打的电话数量很多，所以每拨打一个电话，就应作相应的标注来表示此电话有无拨打、拨打后是否有人接听。

7）结束通话，轻放听筒

完成以上步骤之后，就可以结束通话，结束通话的时候要给对方送上结束祝福语，感谢对方接听。等待对方收线之后，再轻放听筒。

8）回顾电话

只有不断对自己的行为进行反思总结，人才会进步，所以汽车销售顾问在放下听筒以后，还应该反思一下自己刚刚拨打电话的经过和具体细节，看是否有哪些地方做得还不够到位，下次应该改进，从而为客户提供更好的服务，让客户对汽车销售顾问和汽车4S店产生良好的印象。回顾电话的具体内容如图8-7所示。

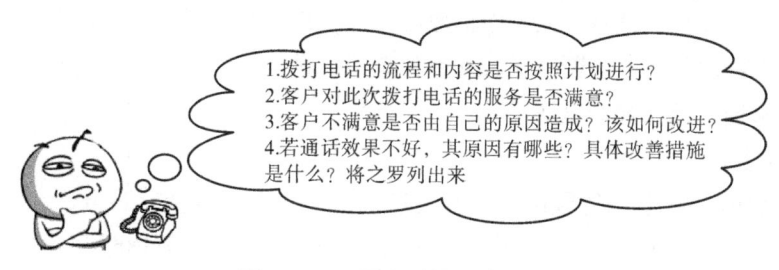

图 8-7　回顾电话的具体内容

思考气泡内容：
1. 拨打电话的流程和内容是否按照计划进行？
2. 客户对此次拨打电话的服务是否满意？
3. 客户不满意是否由自己的原因造成？该如何改进？
4. 若通话效果不好，其原因有哪些？具体改善措施是什么？将之罗列出来

3. 拨打电话的注意事项

1) 时间适度

(1) 通话时段应适宜。

作为汽车销售顾问，拨打电话时要以客户为尊，要注意拨打电话的时段选择。不应在对方刚上班、快下班时拨打电话，除非拨打电话的目的是取得联系、邮寄资料等简单的事项，尤其是周一上午10点前更不能拨打电话，因为这个时间段为大多数企业开每周例会或者处理重要事务的时候。另外，周五下午下班前也是绝对不可轻易拨打电话的，因为临近周末的下班时间点，人们的心理状态很疲劳。

拨打电话时段的选择要点如图8-8所示，适宜或不适宜拨打电话时段如图8-9所示。

拨打电话时段的选择要点：
(1) 对方休息时间不选择；
(2) 对方刚上班、快下班的时段尽量不选择；
(3) 公事公打，私事私打；
(4) 对于国际长途要注意时差；
(5) 避开对方通话高峰期；
(6) 避开对方业务繁忙期；
(7) 避开对方生理厌倦期

图 8-8　拨打电话时段的选择要点

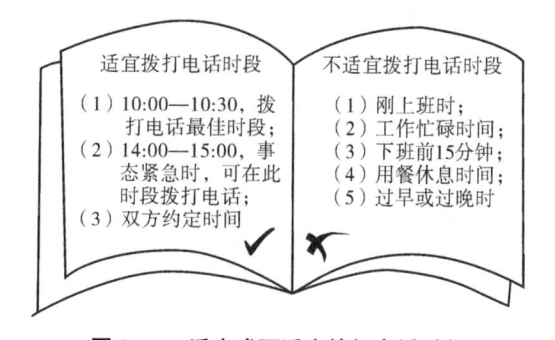

适宜拨打电话时段	不适宜拨打电话时段
(1) 10:00—10:30，拨打电话最佳时段； (2) 14:00—15:00，事态紧急时，可在此时段拨打电话； (3) 双方约定时间	(1) 刚上班时； (2) 工作忙碌时间； (3) 下班前15分钟； (4) 用餐休息时间； (5) 过早或过晚时

图 8-9　适宜或不适宜拨打电话时段

(2) 通话时长应适宜。

通话时长需要由发起通话的人进行有意识的控制，最好控制在3分钟内，即通话的"3分钟原则"，陈述致电内容时采取5W1H技巧，使通话内容完整简短。

汽车销售顾问需要注意尊者先挂电话原则，以客户为尊。可先等待客户挂断电话，如果通话结束超过5秒对方还不挂断电话，那么汽车销售顾问便可挂断电话。地位平等的两人通话时，则由发起通话的人挂断电话。

2）体谅对方

通话开始之前，汽车销售顾问往往应主动询问对方是否方便接听电话，并告知对方此次通话大概占用对方多长时间。如果对方表明不方便，那么就另约时间；如果在节假日、休息或用餐时间等不适宜拨打电话时候拨打电话，则应及时说明拨打电话的原因。

在通话开始不应咄咄逼人地询问对方自己想要了解的信息，这样很容易引起对方的反感，应比较含蓄委婉、态度诚恳地对对方进行适当的引导性提问。

3）斟酌通话内容

在通话过程中，需要注意尽量不要说敏感或有歧义的词汇，应用尊称。如不可说"您姓孙，是孙子的孙吗？"可说："您姓孙，是孙悟空的孙吗？"

通话的态度也需要斟酌，忌不耐烦和大吼大叫。

第三节 手机使用礼仪

现今社会，手机已经成为人们沟通交流的必不可少的工具，手机的使用比座机频繁得多。作为汽车销售顾问，应掌握手机使用礼仪。

一、安全使用手机

使用手机的目的是方便需要联系自己的人能迅速联系到自己，所以一般情况下手机需要保持开机状态，但在某些特殊场合尽量不要使用手机，最好将手机关机。这些特殊场合如下。

1. 医院、机场、加油站

不要在医院或机场的相关禁地使用手机，以免影响医院及机场的电子设备。在加油站是禁止使用手机接打电话的，因为手机的使用会增加加油站意外爆炸的概率。

2. 开车时

开车的时候，尤其在高速公路上开车的时候，是不允许使用手机的，一旦发生交通事故，后果很严重。

3. 燃气泄漏时

不应在泄漏燃气的场合直接用手机拨打求救电话，这会导致爆炸和火灾。

二、文明使用手机

1. 在公共场合

在餐馆、酒吧、楼梯、电梯、人行道等人来人往的地方不适合使用手机，因为环境太过嘈杂，会影响通话质量；在剧院、电影院、教室、图书馆、会议室等地方，应将手机关机或者调至静音（振动）模式，接听电话时应俯身低声说话，在开会时除非重要电话否则不得接听。

2. 在和他人洽谈时

在和他人洽谈时应告知对方需要接听电话，但是不会太久，接起电话后，如果致电者事情比较复杂，那么应等和洽谈者洽谈完再回电。如果有短信或微信等消息，那么不应在对方注视的时候翻看回复，不然会让对方认为不被尊重。

3. 在上班期间

上班期间无故拨打私人电话或者回复私人信息是不专心工作的表现，也会打扰其他同事工作。

三、正确使用手机铃声

随着科技的不断进步，手机铃声越来越丰富多样。汽车销售顾问应注意手机铃声的使用，要合乎自己的身份和所处的场合，比如工作时的铃声不可以设置成搞笑的，年长的人也不应该选择前卫和过于个性化的铃声。

四、注意手机的携带和放置

在公共场合，应将手机放置在合适的位置，切不可放置在最显眼的办公地方，不能别在衣服外面，这会让人觉得手机主人在有意向他人炫耀手机，更不能把手机放在自己的手里随意地把玩。

手机正确的摆放位置一般有两种：一是自己的上衣口袋，着套裙或者套装的时候切不可把手机挂在腰间，否则撩起上衣取手机时很不雅观；二是公文包，外出没有比公文包更合适放手机的地方了。

由于手机内有大量私人信息，所以手机不宜长时间交由他人保管；借用他人手机的时候，应当着他人的面使用，使用完立即归还。

五、有效使用手机短信

手机短信是无声且有效的沟通方式，当有些话不好意思说出口，难以表达自己情感的时候就可以采用手机短信的形式表达。汽车销售顾问经常会编辑手机短信为客户送上祝福问候、温馨提示等，所以手机短信内容一定要健康，不能有讽刺名人、伟人和革命烈士的内容出现，而且署名要完整。

六、及时回话

手机需要放在自己容易拿到的地方。有时，因为特殊情况不能及时接听电话或者回复信息，当看到未接来电和未阅读的信息时，应及时回电和回复信息。

七、不要频繁更换手机号码

频繁更换手机号码容易导致他人联系不到自己。

如果偶尔更换手机号码，那么应及时、准确地告知重要的联系人，如家人、朋友、重要合作伙伴等。

课 堂 实 训

[实训目标]

掌握电话礼仪。

[实训内容]

由学生分别扮演客户和汽车销售顾问，进行电话礼仪测试。

[实训操作]

（1）电话礼仪实训分组。

2人为1小组。其中，1人扮演客户，1人扮演汽车销售顾问。电话礼仪实训场景如图8-10所示。

图8-10 电话礼仪实训场景

（2）电话沟通环节。

客户拨打电话内容的分类：

① 客户询问汽车4S店地址、车型；

② 客户询问最近是否有优惠活动；

③ 客户询问维修保养相关知识；

④ 客户打错电话。

汽车销售顾问拨打电话内容的分类：

① 邀约电话：店内有活动、试乘试驾、签约提车等；

② 回访电话：询问购车以后的使用情况；

③ 其他（生日祝福等）。

（3）派一名学生全程用摄像设备进行拍摄，作为点评依据。

[成果要求]

学生根据电话礼仪要求完成考核，并将结果填入电话礼仪项目评分表（表8-1）中。

表 8-1 电话礼仪项目评分表

序号	评分项目	评分标准	分值	得分
1	接听电话前的准备	（1）调整好姿势，保持周围环境安静； （2）准备好纸笔，以方便记录	10	
2	接听电话细则	（1）在铃响三声内接听电话； （2）自报家门并问候客户； （3）确认客户来电目的，并做好记录； （4）确定客户是否有其他需求； （5）致谢并让客户先挂断电话	20	
3	接听电话的后续工作	（1）需要转达的事情去转达； （2）需要给客户发送短信的发送短信	10	
4	拨打电话前的准备	（1）选择拨打电话的时间； （2）准备好纸笔，以方便记录； （3）根据"金字塔"原则罗列事项	15	
5	记录要点	采用5W1H技巧	15	
6	通话过程中的语音、语速、言辞等	语音、语速适中，言辞符合规范	15	
7	使用手机	能够说出手机使用过程中的注意事项	15	
	合计		100	

考核小组意见：

练习与思考

单选题

1. 在拨打电话的过程中，可以同时做的事情是（　　）。

 A. 喝水　　　　B. 操作电脑　　　　C. 吃东西　　　　D. 抽烟

2. 打电话时，不恰当的方式是（　　）。

 A. 用免提功能拨号，通话后再拿起话筒

 B. 左手拿话筒，右手拨号

 C. 利用重播功能拨号

 D. 用免提功能拨号，通话前就拿起话筒

3. 打电话时，若对方无人接听，则不恰当的处理方式是（   ）。

A. 若对方使用手机，则改用短信联系

B. 不停地拨打

C. 稍后再给对方拨打电话

D. 如果对方使用公司电话，则换一个号码致电

4. 打电话时，若对方无人接听，则电话留言时不恰当的方式是（   ）。

A. 留下自己的姓名和联系电话

B. 说明自己要联系的人

C. 简要说明致电的原因

D. 埋怨为什么没人及时接听电话

5. 打电话时，话筒与口部最规范的距离是（   ）。

A. 5～6 厘米　　　　　　　　　　B. 4～5 厘米

C. 2～3 厘米　　　　　　　　　　D. 1～2 厘米

6. 打电话时，相对比较恰当的通话时长是（   ）。

A. 越短越好　　　　　　　　　　B. 越长越好

C. 3 分钟　　　　　　　　　　　D. 随意

7. 打电话时，以下用语中比较恰当的是（   ）。

A. 你好！我是×××，请问方便接电话吗

B. 我要找×××

C. 是×××吗

D. 我有×××事

8. 对于打电话时谁先挂断，电话礼仪的规范做法是（   ）。

A. 对方先挂断　　　　　　　　　B. 自己先挂断

C. 地位高者先挂断　　　　　　　D. 以上都不对

9. 当客户不满意服务、产品质量时，汽车销售顾问应使用的话语是（   ）。

A. 谢谢您　　　　　　　　　　　B. 请您慢走

C. 不说话　　　　　　　　　　　D. 对不起，非常抱歉

10. 当帮不在的同事接电话时，应该（   ）。

A. 先问对方是谁

B. 先记录对方陈述的重要内容，待同事回来后告诉同事处理

C. 先问对方有什么事

D. 先告诉对方其要找的人不在

11. 关于电话礼仪，以下说法中不正确的是（   ）。

A. 应迅速准确地接听电话

B. 应用清晰明朗的声音接听电话

C. 应以不同的态度对待不同的客户

D. 应认真清楚地记录电话内容

12. 关于电话留言，比较恰当的处理方式是（   ）。

A. 待工作忙完时再收听

B. 及时收听

C. 及时收听，对重要的电话留言在 24 小时内回复

D. 及时收听，对所有的电话留言均在 24 小时内回复

13. 接听电话时，拿起话筒的最佳时机应在铃响（   ）之后。

A. 一次　　　　　　　　　　B. 两次

C. 四次　　　　　　　　　　D. 五次

14. 结束电话交谈时，不恰当的方式是（   ）。

A. 客气地道别　　　　　　　B. 直接挂断电话

C. 待对方挂断电话后再挂断电话　　D. 询问对方对自己的服务是否满意

15. 接听电话时，不恰当的态度是（   ）。

A. 热忱　　　　　　　　　　B. 真诚

C. 主动询问对方的需求　　　D. 被动地回答问题

第九章

汽车销售顾问沟通礼仪

学习目标

（1）熟悉基本语言礼仪的内容和要求。
（2）掌握沟通与应对的技巧和方法，在沟通中能有效选择话题。
（3）掌握聆听的技巧，能对客户的异议进行处理。

案例引导

乔·吉拉德向一位客户销售汽车，交易过程十分顺利。当客户正要掏钱付款时，另一位销售人员跟乔·吉拉德谈起昨天的篮球赛，乔·吉拉德一边跟同伴津津有味地说笑，一边伸手去接车款，不料客户突然掉头而走，连汽车也不买了。乔·吉拉德苦思冥想了一天，不明白客户为什么突然放弃了已经挑选好的汽车。

思考：乔·吉拉德为什么会失去这个客户呢？

第一节 基本语言礼仪

人际交流主要有三种方式：语言、文字、肢体手势。语言是人际交流最普通、最重要的一种形式。狭义的语言，是指有声语言（口语），通常称为"说话"。广义的语言，不仅包括口语，还包括用文字记录下来的口语（书面语）以及伴随口语而出现的体态动作，即体态语。

在认知和交往活动中，语言是人类沟通的有效工具，如图9-1所示。

礼貌用语，是指在语言交流中使用表示尊重与友好的词语。礼貌用语是尊重他人的具体表现，是友好关系的敲门砖。

"良言一句三冬暖，恶语伤人六月寒。"礼貌用语就属于"良言"。礼貌用语在公关活动中起着非常重要的作用。

中国曾有"君子不失色于人，不失口于人"的古训，即有道德的人待人应该彬彬有礼，不能态度粗暴，也不能出言不逊。礼貌待人，使用礼貌语言，是中华民族的优良传统。

图 9-1 语言是人类沟通的有效工具

1. 技巧——语言使用的艺术

约翰·洛克说过，礼貌是人类交际中言语和举止谦恭、得体的表现。随着社会的发展变化，由于不同社会文化传统的相互影响，礼貌在不断地改变。语言的礼貌概括为"四有""四避"，即有分寸、有礼节、有教养、有学识；避隐私、避浅薄、避粗鄙、避忌讳。

1）"四有"

（1）有分寸。

讲话要注意分寸，这是语言得体、有礼貌的首要条件。要做到语言有分寸，必须配合以非语言要素，要在背景知识方面知己知彼，要明确交际的目的，要选择合适的交际方式；同时，还要经常注意用言辞行动恰当地表述自己的观点。说话时应注意自己和对方的身份。主次不分、没大没小都是不礼貌的。

（2）有礼节。

语言的礼节就是寒暄。最常见的语言的礼节有五种形式，即问候、致谢、致歉、告别、回敬。

（3）有教养。

教养，表现在一个人的言谈举止、衣食住行、为人处世方面。就言谈而言，包括说话有分寸、讲礼节，内容富于学识，词语雅致，这是言语有教养的表现。尊重和谅解他人，是有教养的人的重要表现。尊重他人符合道德和法规的私生活、衣着、摆设、爱好，在他人的确有缺点时委婉而善意地指出。谅解他人就是在他人非礼时要视情况加以处理。

俗语说"说者无意，听者有心"。说话时要顾及他人的情感，不要在无意中刺伤他人的自尊心，令其难堪。要将心比心，说话要有善意。还要注意在聚会场合不要冷落那些社会地位低、长相欠佳、有自卑感的人。

（4）有学识。

高度文明的社会必然十分重视知识，十分尊重人才。有学识的人会受到社会和他人的敬重，而无知无识、不学无术的、浅薄的人得不到社会和他人的敬重。

2)"四避"

(1) 避隐私。

隐私是指不可公开或不必公开的某些情况，有些是缺陷，有些是秘密，因此，在交际中避谈避问隐私是有礼貌、不失礼的重要表现。欧美人一般不询问对方的年龄、职业、婚姻、收入之类，否则被认为不礼貌。

(2) 避浅薄

浅薄是指不懂装懂，不懂而不知不懂，自以为很懂。社会、自然是知识的海洋，每个人都不可能成为"万能博士"或"百事通"，要谦虚谨慎，对不懂的知识不可妄发议论。

(3) 避粗鄙。

粗鄙是指言语粗野，甚至污秽，满口粗话、丑话、脏话。言语粗鄙是最没礼貌的表现。

(4) 避忌讳。

忌讳是指人类视为禁忌的现象、事物和行为，避讳语同它所替代的词语有约定俗成的对应关系。

下面是一些重要避讳语：首先，是对表示恐惧事物的词的避讳，如关于"死"的避讳语相当多，与"死"有关的事物也要避讳，如将"棺材"说成"寿材""长生板"等；其次，是对谈话对方及有关人员生理缺陷的避讳，如现在将有严重生理缺陷者通称为"残疾人"；最后，是对不便公开的事物或行为的避讳，如把到厕所大、小便叫作"去洗手间"等。

2. 情感——语言使用的关键

人是富有情感的高级动物，因此，说话必须讲究情感。

(1) 态度诚恳。与人交谈时，神情应专注，态度应诚恳亲切；表示祝贺时，表情应热情，如果仅是言语动听，而表情冷冰冰，就会被认为是敷衍甚至讽刺；与人交谈时，神态应专注，如果东张西望、漫不经心、答非所问，则很失礼。

(2) 善于聆听。当对方说话时，应认真听，并经常有一些交流的体态语，如点头等，这样可使对方觉得自己受到重视。千万不要表现出不感兴趣或打断对方的话语。

(3) 细微有别。人类的语言是丰富多彩的。一字之差，所表达的情感便可能大不相同，如坐、上座、请坐、请上座以及茶、喝茶、请喝茶、请用茶，就能明显使人感受到所获礼遇的差别。

(4) 严于律己。说话者要有换位思维，设身处地为他人着想，严于律己，宽以待人。

3. 称呼——与人沟通的开始

在人际交往中，称呼反映着自身的教养，体现着双方关系的程度和社会风尚。

(1) 亲缘性称呼：爸爸、妈妈、叔公、婶婆、三叔、二伯、大哥、二姐、姑妈、舅舅、姨妈、表哥、表姐之类，这些称呼在家庭生活、亲族聚会时常用，按辈分称呼，显得亲切温馨。

(2) 职场性称呼：以交往对象的职务、职称等相称，如"孙院长""林教授""郑老师""陈经理""王医生"之类，以示身份有别、尊敬有加，属于常见称呼。

(3) 姓名性称呼：其一，连名带姓称呼显得比较生硬，只在开会等少数场合使用。其二，只呼其姓，并在姓前加上"老""小"等前缀，如"老张""小黄"，比较尊敬随和，也较常用；姓加后缀，如"王老"之类则尊敬有加，只能用于德高望重者。其三，只称其名，比较亲切，常用于长辈称呼晚辈，在亲友、同学、同事、邻里之间使用。泛称性称呼：对未知其姓名、职务、身份者，可用泛尊称。在公司、服务行业对男士称"先生"，对未婚女性称"小姐"，对已婚女性称"女士"；在购物、问路等场合常用"同志""师傅""老板""服务员""小姐""小妹""小朋友"之类的泛称，也可用"大哥""大姐""叔叔""阿姨"之类带亲缘性的称呼，显得更为亲切。

4. 寒暄——有情有礼不尴尬

寒暄是会面时的开场白，是交谈的序曲与铺垫。常见的寒暄方式有以下几种：

（1）问候式。如"您好""早上好""新年好"之类的常见礼貌语；"好久不见十分想念""最近忙吗？身体好吗？"等关切问候语。

（2）触景生情式。如"晚上好！这时散步很好""今天天气真好，这里风景很好"，这是日常生活中常用的寒暄方式。

（3）赞美式。如"多年不见，您风采依然""小王，你这个发型可真漂亮"之类的语言对方听了肯定高兴。

（4）敬慕型。如"久仰大名""拜读过您的大作""很高兴见到您"等。

5. 雅语——学识修养的表露

尊敬是礼仪的核心内涵，体现在语言上为要常用敬语。

"令""尊""贤"用来尊称对方亲属。"令"通用，"尊"称长，"贤"用于平辈和晚辈，但称对方配偶时"尊""贤"通用，如"令尊""令堂""令郎""令爱""贤弟""贤妹""贤侄""尊夫人""贤夫人"等。

"家""舍""小"用来称呼自己的亲属。"家"用来称呼长者、大者，如"家父（母）""家叔（伯）""家兄（嫂）"。"舍"用来称呼比自己小的平辈和晚辈，如"舍弟（妹）""舍侄"。对子女可称"小儿""小女""小婿"。

已去世的父母亲可称"先父""先母"或"先严""先慈"。

"贵"字现代仍常用来尊称对方及其单位、公司，如"贵处""贵公司"等。另外，还可以询问年龄，对年轻人可问"请问贵庚多少"，对长者可问"老人家高寿几何"。

6. 电话——闻其声可知其人

打电话的人作为主动行为者，应该考虑接听者的感受。

（1）不打无准备的电话。打电话时要有良好的精神状态，站着最好，坐着也行，但不要躺着或歪靠在沙发上，那样势必发出慵懒的声音，更不能边吃东西边打电话。拿起听筒前，应明白电话接通后该说什么，思路要清晰，要点应明确。

（2）选择适当的通话时间。原则是尽量不打扰对方休息。一般而言，早7点（假日早8点）以前，晚10点以后；对方临出门上班时、临下班要回家时，都不宜打电话，除非万不得已的特殊情况。通话时间也应控制，尽量长话短说。

（3）注意说话的礼貌。音量要适中，以对方听得清晰为准。语速要缓慢，语气应平和，给对方以亲切感，但不可拿腔拿调、装腔作势。

礼貌、礼仪是人们在频繁的交往中彼此表示尊重与友好的行为规范，而文明礼貌用语则是尊重他人的具体表现，是友好关系的敲门砖，所以在日常生活中（尤其在社交场合中）使用文明礼貌用语十分重要。多说客气话不仅可以表达对他人的尊重，而且可以表明自己有修养；多使用文明礼貌用语，不仅有利于双方气氛的融洽，而且有益于交际。

第二节　有效选择话题

在商务沟通时要善于有效选择话题。有人说："沟通就是要学习没话找话的本领。"所谓"找话"就是"找话题"。写文章，有了好题目，往往文思如泉涌，一挥而就；交谈，有了好话题，就能使谈话气氛融洽。好话题是初步沟通的媒介，是深入细谈的基础，是纵情畅谈的开端。好话题的标准是：至少有一方熟悉，能谈；大家感兴趣，爱谈；有展开探讨的余地，好谈。

一、破冰话题

不知道和对方说什么是社交障碍者的常见问题。只要用心观察，不管对方的穿着打扮还是携带物品，都可以成为开场白的好题材。

1. 天气

天气是安全的话题，预测多变的天气甚至是一种乐趣。无论是谁都可以谈论此话题，天气是跟陌生人见面时的最佳话题之一。

2. 个人信息

询问个人信息也是一个非常不错的选择，这个话题像一把钥匙，可以打开话题的缺口。应询问比较安全的个人信息，如出生地、毕业学校等，但涉及年龄、收入等隐私话题，对于陌生人不可贸然询问。

3. 交通情况

交通情况也是比较安全的话题，尤其在大城市中，共同抱怨一下交通问题，一般都会获得共鸣："今天实在是太堵了，早早就出门了，可还是迟到啊！"若对方接话，则两个人就可以热络起来，逐渐打开局面。

4. 各类新闻

在各类媒体持续发力的时代，每天都会有新闻爆出，时事新闻、娱乐新闻都是比较安全的话题，不但不涉及个人隐私，而且还可以互相交换看法和意见，使陌生人变得熟络起来。

5. 美容养颜

如果对方是女士，那么选择美容养颜为话题最容易打开局面。分享一些美容养颜的小方法，推荐一些自己用过的比较好的护肤产品，顺便夸奖对方的皮肤状态，这样，对方一定愿意继续聊下去。

6. 运动减肥

生命在于运动，现在人们都非常重视个人健康和形体，城市白领们大多都会运动健身，这类话题用于暖场也是非常适合的。

7. 手机软件

现在手机已经成为人们生活的一部分，每个人的工作和生活都离不开手机。讨论自己喜欢的手机软件，也是比较有趣安全的话题。

8. 兴趣爱好

有兴趣爱好的人，一般都比较有趣，会对某些事情投入高度的热情和感情。可以多观察，简单了解对方的秉性，以便与其深入交谈。比如音乐、电影、艺术品收藏、阅读等都是不错的话题。

9. 保健养生

年龄稍长的人通常非常注重保健养生。所谓"身体是革命的本钱"，随着人们生活水平的提高，保健养生越来越受到重视。分享一些比较好的保健养生方法也是非常好的话题。

10. 不吝啬赞美

赞美，可说是破除冷漠、解除拘谨最好的方法，因为人们听到他人的赞美时，通常会感到开心，也会将之视为善意的表示。

赞美是百试不爽的妙招，每个人都喜欢被人认可、赞美。无论是年轻人还是老人，获得赞美都会感到很愉快。如"你这对耳环好漂亮！上面镶的是哪种宝石？""你的吉他弹得真好！你以前曾经玩过乐团吗？""这是你新买的包包吗？这个颜色真好看！"。相信这些赞美能帮助人们打开话题。

11. 请求帮助

若一时找不出话题，则可先说明自己对某件事的立场或看法，再请对方帮忙或出主意。

提出一个需要对方提供建议或协助的问题，几乎可以确保对话顺利开展，例如"最近项目管理的资格证书考试好像很火，你是怎么准备的？会很难考吗？"。

二、对方感兴趣的话题

在销售场合，尤其跟陌生客户说话时，若要使交流畅通无阻地进行下去，打破紧张所导致的隔阂，避免产生沉闷而尴尬的气氛，有效选择话题是最关键的一步。在话题的选择上，需要把握住一个原则，那便是发现对方的兴趣，谈对方感兴趣的话题，尤其在跟对方初次见面时，若想让对方敞开心扉，就要善于发现对方的兴趣，并沿着这方面的话题讲下去。

1. 从细节中寻找对方感兴趣的话题

寻找对方感兴趣的话题不仅需要具备良好的口才和精湛的语言技巧，还需要有敏锐的洞察力，能够非常细腻地观察和捕捉对方身上的每一个细节。因为对方在言行举止中所表现出的每一个细节，都有可能成为双方交流的桥梁，比如对方佩戴的首饰、对方的手机款式。如果以此作为谈话的切入点，那么很可能引起对方的兴趣，逐渐使谈话的氛围变得轻松愉快，从而拉近彼此的距离。

2. 采取"投石问路"的策略寻找对方感兴趣的话题

选择令对方感兴趣的话题，并且沿着该话题谈下去，就可以轻而易举地打开对方的话匣子，使双方的交流在轻松随意的气氛下畅通无阻地进行。有时候可能在毫无准备的情况下接触一个陌生人，对其一无所知，一时不能发现其兴趣所在，那么这时不妨采取"投石问路"的策略。

所谓"投石问路"的策略，就是尽量提出一些问题让对方回答，鼓励其多说话，当其表达自己的观点时，就会不经意地谈到自己的兴趣爱好。

即使知道对方的答案是错误的，也不要当着对方的面反驳，因为询问的目的并不是得到正确答案，而是在"顺藤摸瓜"，找到对方感兴趣的话题，然后逐渐将这个话题引入谈话，使交流气氛变得越来越和谐融洽。

3. 从一些共同关注的事情中寻找对方感兴趣的话题

在向客户推销商品时，汽车销售顾问最好能与客户找到共同话题，聊一些双方都感兴趣的事情，这样才能更深入地与客户交谈下去，让客户很自然地接受汽车销售顾问的建议。

与客户讨论一些共同关注的话题，是拉近彼此心理距离的最好方法之一。优秀的汽车销售顾问对大众喜好的事情都要略知一二，并能从共同话题入手来印证自己的产品和对方兴趣的关联。当需要用到较为专业的知识时，汽车销售顾问应能及时补充，以赢得客户的认同，打动客户，说服客户下定决心购买汽车。

4. 从客户需求中寻找对方感兴趣的话题

不懂得沟通的汽车销售顾问，在刚开始与客户交谈时就埋下了失败的种子。为什么还没推销就失败了呢？原因在于他们完全站在自己的立场考虑问题，只希望将自己所推销产品的信息迅速灌输到客户的头脑中，根本不考虑客户是否对这些信息感兴趣。这种完全着眼于自身愿望的销售方式注定要失败，因为客户往往会打断介绍，即使客户允许介绍完全，其也不会把这些东西记在心里。

实现与客户互动的关键，就是找到客户感兴趣的话题，以此作为与客户建立感情的纽带。当能够与客户融洽地交流后，再从彼此的共同话题入手介绍产品，这样会更容易成功。

5. 寻找彼此都感兴趣的话题

只有找到能引起客户兴趣的话题，才可能让整个销售的沟通过程充满生机。一般来说，客户不会马上就对产品或服务产生兴趣，除非其事先了解产品或服务，或者对此有迫切的需要。汽车销售顾问需要在最短的时间内找到客户感兴趣的话题，然后伺机引出销售目的。比如，汽车销售顾问可以从客户的工作和家庭及重大新闻时事方面谈起，以此活跃气氛，增加客户对自己的好感。

对于一些客户十分感兴趣的话题，汽车销售顾问不妨通过巧妙的询问和认真的观察与分析进行多方面了解，然后引入共同话题。因此，在与客户进行沟通前，汽车销售顾问有必要花一些时间和精力对客户的特殊喜好和品位等进行研究，这样才能在销售过程中有的放矢。

不过，汽车销售顾问在寻找客户感兴趣的话题时也要注意，要想让客户对某种话题感兴趣，最好自己对该话题也同样感兴趣。因为整个沟通过程是互动进行的，如果只是客户对某种话题感兴趣，而汽车销售顾问表现得兴味索然，或内心排斥却假装很喜欢的样子，那么客户会觉察到汽车销售顾问的情绪，与汽车销售顾问交谈的热情和积极性也会因此而消减，这样很难达到良好的沟通效果。

所以，汽车销售顾问应多培养兴趣爱好，多积累各方面的知识，至少应该培养一些比较符合大众口味的兴趣爱好，如体育运动、积极的娱乐方式等，平时多读书看报、听广播、看电视，关心时事、政治、经济、艺术、体育等。这样才能保证在与客户的沟通中不至于无话可说。

三、禁忌话题不可提

汽车销售顾问在面对客户时，如果一直说汽车的话题，那么总会有词穷的时候，也会让客户觉得话题单一，但如果话题找得不准确，甚至是客户不想谈论的，则可能让客户产生厌恶感，所以话题内容的选择至关重要。

1. 用词不雅

汽车销售顾问应该避免使用不雅的词汇（尤其是面对年长的客户时），应时刻注意自己的言行，这是最基本的行为规范。

2. 涉及政治、宗教的话题

并不是说政治话题不能谈，而是要斟酌尺度，而有关宗教的话题应尽量避免，如果汽车销售顾问与客户的观点相悖，那么客户必定会非常生气。

3. 涉及客户个人隐私的话题

每个人都有自己的隐私，比如女士的年龄和体重、男人的工资和零用钱额度。汽车销售顾问不要一直追问客户的具体工作内容、月收入、家庭氛围等问题。当然，如果客户愿意谈及这些，必定会在谈起相关话题的时候就展开讨论，但是如果当谈及相关话题的时候客户一语带过，那么就应该立刻终止这个话题。

4. 过度夸大事实

一是不要过于夸大自己的能力，二是不要过度夸大汽车的优点。对于汽车销售顾问，客户经过交谈能判断其能力高低，若一味夸耀，则只能显得浮躁、华而不实。

要懂得适可而止，可以简单提及自己之前的成功案例，同时也要对汽车的优点进行有据可依的介绍，不能只是单纯地说这汽车好，却给不出理由。

5. 诋毁同行

对客户来说，一个行业的某一家公司出了问题就意味着整个行业都有问题，所以不要诋毁同行来抬高自己。

如果客户自己提到了某些行业问题，那么汽车销售顾问也应该表明每个行业都会出现一些问题，但这不是普遍现象，然后表明自己公司的实力以化解客户的不良看法。

四、言谈礼仪注意事项

1. 六不谈

（1）不非议党和政府。

（2）不非议交往对象。

（3）不谈个人隐私。

（4）不涉及国家和商业秘密。

（5）不谈论格调不高的话题。

（6）不背后议论领导、同事和同行。

2. 五不问

（1）不问收入。

（2）不问年龄。

（3）不问家庭婚姻。

（4）不问健康问题。

（5）不问个人经历。

3. 四不准

（1）不准打断。

（2）不准补充。
（3）不准纠正。
（4）不准质疑。

4. 讲普通话

讲普通话有助于有效沟通。

第三节 销售沟通技巧

销售沟通技巧的提高不仅对销售活动有着明显的促进作用，对人际关系的改善也有明显的作用。在销售的核心技能中，沟通技能是一个非常重要的技能。

一、沟通与应对技巧

1. 与他人保持适当的距离

说话通常是为了与他人沟通思想，要达到这一目的，首先应注意说话的内容，其次必须注意与他人保持适当的距离。从礼仪上讲，说话时与对方离得过远，会使对话者误认为不愿向其表示友好和亲近，这显然是失礼的，然而，如果在较近的距离和人交谈，稍有不慎就会把唾液溅在他人脸上，这是最令人讨厌的。有些人有近距离和别人交谈的习惯，又明知别人顾忌被自己的口沫溅到，于是先用手掩住自己的口。这样做形同"交头接耳"，样子难看，不够大方，因此，一般与对方保持两个人的距离最为适合。这样做，既让对方感到亲切，又符合"社交距离"。

2. 恰当地称呼他人

恰当地称呼他人，能让他人更容易接受；而不恰当地称呼他人则可能让他人不舒服，影响接下来的交流。

在社交中，称呼是必不可少的。在职场中，人们对称呼是否恰当十分敏感。尤其对于初次交往，称呼往往影响交际的效果。称呼不当会使交际双方产生感情上的障碍。不同时代、不同国家、不同地区、不同社会集团之间都有不同的称呼，但也有共同的称呼，如太太、小姐、女士、先生等，因此，必须懂得恰当地称呼他人，这样才会使他人感到舒服，进而增进双方的感情。

3. 及时赞扬对方

在谈话过程中，当双方的观点类似或基本一致时，应迅速抓住时机，用溢美的言词，中肯地肯定这些共同点。赞同、肯定的语言在交谈中常常会产生异乎寻常的积极作用。当交谈一方适时中肯地确认另一方的观点之后，会使整个交谈气氛变得活跃、和谐，陌生的双方从众多差异中开始一致感，进而将心理距离拉近。当对方赞同或肯定己方的意见和观点时，自己应以动作、语言进行反馈。这种有来有往的双向交流有利于促进谈话双方的感情，从而为达成一致奠定良好的基础。

4. 扬长避短

鬼谷子说："与智者言依于博，与博者言依于辩，与辩者言依于要，与贵者言依于势，与富者言依于豪，与贫者言依于利，与贱者言依于谦，与勇者言依于敢，与迂者言依于锐。"只有这样，才能在交谈中掌握一定的主动权。

5. 主动表达，化解沉默的僵局

沟通中难免产生僵局，这会令人不安，关键是如何应对。要避免僵局，应主动表达，缩短思考时间，或者重复以前讲过的话进行沟通的确认，如"您的意思是……""也就是说……""您能重复刚才的意思吗""我是这样理解的，你听是否正确"等，也可通过微笑、重新说一个话题来化解僵局。

谈话的技巧还有很多，如：急事慢慢地说、大事清楚地说、小事幽默地说、没把握的事谨慎地说、没发生的事不胡说、做不到的事不乱说、伤害他人的事不能说、讨厌的事对事不对人、开心的事看场合说、伤心的事不要见人就说、他人的事小心地说、自己的事听听自己的心怎么说、未来的事以后再说。

6. 沟通与应对的注意事项

沟通与应对的基本原则是尊敬对方和谦逊，具体要注意以下事项。

1）态度诚恳亲切

说话时的态度是决定谈话成功与否的重要因素，因为谈话双方在谈话时始终相互观察对方的表情、神态，反应极为敏感，所以谈话时一定要给对方认真和蔼、诚恳的感觉。

2）措辞谦逊文雅

措辞谦逊文雅体现在两个方面，一方面，对他人应多用敬语、敬辞；另一方面，对自己应多用谦语、谦辞。谦语和敬语是一个问题的两个方面，前者对内，后者对外，内谦外敬，礼仪自行。

3）语调平稳柔和

语言美是心灵美的语言表现。有善心才有善言，因此要掌握柔言谈吐，应先加强个人的思想修养和性格锻炼，同时，还要注意在遣词用句、语气语调上的一些特殊要求。比如应注意使用谦辞和敬语，忌用粗鲁污秽的词语；在句式上，应少用否定句，多用肯定句；在用词上，要注意感情色彩，多用褒义词、中性词，少用贬义词；在语气语调上，要亲切柔和、诚恳友善，不要以教训人的口吻或摆出盛气凌人的架势与他人谈话。在交谈中，要面带真诚的微笑。微笑可以增加感染力。

4）谈话要掌握分寸

哪些话该说，哪些话不该说，应怎样说才更符合人际交往的目的，是交谈礼仪应注意的问题。一般来说，善意的、诚恳的、赞许的、礼貌的、谦让的话应该说，且应该多说。恶意的、虚伪的、贬斥的、无礼的、强迫的话不应该说，因为这样的话只会造成冲突，破坏关系，伤及感情。有些话虽然出于好意，但若措辞不当，则好话也可能引出坏的效果，因此，必须对说的话进行有效的控制。只有掌握说话的分寸，才能获得好的效果。

5）交谈时要注意忌讳

在一般交谈时要坚持"六不问"原则。年龄、婚姻、住址、收入、经历、信仰，属于个人隐私的问题，在与他人交谈中，不要好奇询问，也不要问及对方的残疾和需要保密的问题。在谈话内容上，一般不要涉及疾病、死亡、灾祸等令人不愉快的事情；不谈论荒诞离奇、耸人听闻、黄色淫秽的事情。与人交谈时还要注意亲疏有度，"交浅"不可"言深"。这也是一种交际艺术。

6）交谈时要注意姿态

交谈时除注意语言美、声音美之外，姿态美也很重要。双方应互相正视、互相倾听，不要东张西望，左顾右盼。在交谈过程中，眼睛不应长时间地盯住对方身体的某一位置，这样会让对方感到不自在。交谈时不要懒散或面带倦容，也不要做一些小动作，如玩指甲、弄衣角、搔后脑勺、抠鼻孔等。这些小动作不仅猥琐、不礼貌，而且会向他人传递心不在焉、傲慢无礼的信号。

7）用建议代替直言，用提问题代替批评

谈话时应顾及他人的自尊，让对方说出期望，谋求共同的利益。提建议时不要说"我认为""你应该"，而应说"我们是否可以这样考虑……"。

8）站在他人的角度，讲出自己的道理

"己所不欲，勿施于人。"在谈话时换位思考，站在他人的立场讲出的道理更容易被接受。也可以用比喻的方法委婉地表达自己的想法或以讲故事的方式争取他人的认同。

二、聆听的技巧

沟通高手在尝试让人倾听和了解之前，会把倾听他人和了解他人作为第一目标。如果能做到认真倾听，对方便会袒露心声。掌握他人内心世界的第一步就是认真倾听。在陈述自己的主张说服对方之前，先让对方畅所欲言并认真聆听是解决问题的捷径。

倾听不仅是耳朵听到相应的声音的过程，而且是一种情感活动，需要通过面部表情、肢体语言和话语的回应，向对方传递一种信息：我很想听你说话，我尊重和关心你。

传奇人物约翰·洛克菲勒说："我们的政策一直都是耐心地倾听和开诚布公地讨论，直到最后一点证据都摊在桌上才尝试达成结论。"洛克菲勒以谨慎著称，而且经常很久才作出决定。他拒绝仓促作决定，其座右铭是："让别人说吧。"

汽车销售顾问可以尝试以下倾听技巧。

1. 倾听是一种主动的过程

在倾听时要保持高度的警觉性，随时注意对方倾谈的重点，就像飞碟选手打飞碟一样，要站在对方的立场仔细地倾听。每个人都有其立场及价值观，因此，必须站在对方的立场仔细地倾听其所说的每一句话，不要用自己的价值观去指责或评断对方的想法，要与对方保持共同理解的态度。

2. 鼓励对方先开口

首先，倾听他人说话本来就是一种礼貌，愿意听表示愿意客观地考虑他人的看法，这会让说话的人觉得他的意见得到尊重，有助于建立融洽的关系，彼此接纳。其次，鼓励对方先开口可以降低谈话中的竞争意味。倾听可以营造开放的气氛，有助于彼此交换意见。说话的人由于不必担心竞争的压力，也可以专心掌握重点，不必忙着为自己的矛盾之处寻找遁词。最后，让对方先提出看法，这样就有机会在表达自己的意见之前掌握双方意见的一致之处。这就可以使对方更愿意接纳自己的意见，从而使沟通变得更和谐、更融洽。

3. 切勿多说话

同时说和听并不容易。亿万富翁富卡以听得多、说得少而闻名。他在重要的业务会议中从开始到结束一语不发。有一次他告诉身边的人："上帝给了我们两只耳朵，却只给我们一张嘴是有原因的，我们应该听得比说得多。"

4. 切勿耀武扬威或咬文嚼字

倾听的对象可能会因为你的态度而胆怯或害羞，他们可能因此进入自我保护模式，所以应学会保持沉默，同时表示自己希望了解得更多。

5. 表示兴趣，保持视线接触

聆听时必须看着对方的眼睛。人们一般根据是否被注视来判断是否被聆听。没有比真心对人感兴趣更使人受宠若惊的了。

6. 控制好自己的情绪，让对方把话说完

在交谈过程中，可能会涉及一些与自身利益有关的问题，或者谈到一些能引起共鸣的话题。这时要切记，对方才是交谈的主角，即使有不同观点或很强烈的情绪，也不要随便表达出来，更不要与对方发生争执，否则很可能引入很多无关的细节，从而冲淡交谈的真正主题或导致交谈中断。

应该在确定他人的完整意见后再作出反应，他人停下来并不表示其已经说完想说的话。让人把话说完并且不插话，这表明看重沟通的内容。人们总是把打断他人说话解释为对自己思想的尊重，但这却是对对方的不尊重。

虽然打断他人的话是一种不礼貌的行为，但是"乒乓效应"则是例外。所谓"乒乓效应"，是指听他人说话的一方要适时地提出许多切中要点的问题或发表一些意见和感想来响应对方的说法；听漏了一些内容，或者有不懂的问题时，要在对方的话暂时告一段落时迅速提出疑问。

7. 善于引导，鼓励对方多说

在交谈过程中，可以说一些简短的鼓励性的话语，如"哦""嗯""我明白了"等，以向对方表示自己正在专注地听其说话，并鼓励其继续说下去。当谈话出现冷场时，也可以通过适当的提问引导对方说下去，例如"你对此有什么感觉""后来又发生了什么"等。对于精辟的见解、有意义的陈述或有价值的信息，要以诚心的赞美来夸奖说话者，例如"这个故事真棒"或"这个想法真好""您的意见很有见地"等。

8. 懂得与对方共鸣

有效的倾听还要做到设身处地，即站在说话者的立场和角度看问题。要努力领会对方所说的题中之意和言辞所要传达的情绪与感受。有时候，对方不一定会直接把真实情感相告，这就需要从其说话内容、语调或肢体语言中获得线索。如果无法准确判断对方的情感，那么也可以直接问："那么你感觉如何？"询问对方的情感体验不但可以更明确地把握对方的情绪，也容易引发更多的相关话题，避免冷场。当真正理解对方当时的情绪后，应该给予对方肯定和认同，如"那的确很让人生气""真是太不应该了"等，让对方感觉我们能够体会其感受并与其产生共鸣。

9. 使用并观察肢体语言，注意非语言性的暗示

在与对方交谈时，即便还没有开口，人们内心的真实情绪和感觉就已经通过肢体语言清楚地展现在对方眼前了。如果人们在倾听时态度比较封闭或冷淡，那么对方自然就会特别注意自己的一言一行，比较不容易敞开心胸。反之，如果人们倾听时态度开放、充满热情，对对方的谈话内容很感兴趣，那么对方就会备受鼓舞，从而谈兴大发。激发对方谈兴的肢体语言主要包括自然微笑（不要双臂交叉抱于前胸，不要把手放在脸上）、身体略微前倾、时常看对方的眼睛、微微点头等。

对方说的话实际可能与非语言方面的表达互相矛盾，因此，应学会解读情境。与对方谈话时，即使对方还没开口，其内心的感觉就已经透过肢体语言清楚地表现出来了。

10. 接受并提出回应

要能确认自己所理解的是否就是对方所讲的，可以复述对方所讲过的内容，以确认自己所理解的意思是否和对方一致，如"您刚才所讲的意思是不是……""我不知道我理解得对不对，您的意思是……"。

11. 暗中回顾，整理出重点，并给出反馈意见

与他人谈话的时候，可以用几秒钟的时间在心里回顾一下对方的话，整理出其中的重点。谈话时必须删去无关紧要的细节，把注意力集中在对方想说的重点和对方主要的想法上，并且在心中熟记这些重点和想法，然后，在适当的情形下给对方以清晰的反馈意见。

12. 营造轻松、舒适的氛围

在紧张、拘束的沟通气氛中，谁都不愿意把自己的真实心声说出来，也就自然谈不上倾听。倾听需要营造轻松、舒适的氛围，这样说话者才能放松心情，把内心的真实想法、困扰、烦恼等毫无顾虑地说出来。因此，在与他人交谈时，最好选择一个安静的场所，如果有必要，最好将手机关掉，以免干扰谈话。

三、客户异议处理

客户异议是指在销售过程中，客户对汽车销售顾问表示不赞同，提出质疑或拒绝。例如，汽车销售顾问要去拜访客户，客户说没有时间；汽车销售顾问努力询问客户的需求，客户却隐藏其真正的动机；汽车销售顾问向客户解说产品，客户却带着不以为然的表情。提出异议的客户是潜在客户，这些异议既是成交的障碍，也是成交的信号，换句话说，在客户有需求的情况下，只要解决客户的异议，成交的概率会大大提高，因此，正确对待并妥善处理客户的异议是汽车销售顾问必备的能力。汽车销售顾问只有正确地分析客户异议的类型和产生的原因，并针对不同的异议，把握处理时机，采取不同的策略，妥善处理，才能达到促成交易的目的。

在销售的过程中，客户异议的产生不可回避，汽车销售顾问要清楚异议的类型及其原因，遵从异议处理的四个原则，掌握异议处理的五个技巧，进行灵活处理。

1. 客户异议的产生不可回避

实际上，在汽车销售过程中，客户有异议非常正常，是不可回避的。

从另外一个角度来讲，客户有异议也是件好事情。当客户提出异议时，汽车销售顾问根据客户异议可以分析出客户的真实情况。

2. 客户异议的类型及其原因

客户异议按心理原因大致分为以下三种。

1）误解

例如，过去进口车有召回的现象，国内现在也慢慢地引入了这种机制。召回是件好事情，是对客户负责任的一种表现，但是客户不这样想，客户认为召回的车肯定有问题。其实客户不了解，任何汽车都不是完美无缺的。奔驰、宝马汽车也有召回的时候。召回是主动的，是为了对客户负责任和提高产品质量，但是客户往往会误解。

2）怀疑

怀疑是指客户由于听到一些不真实的信息而对汽车公司产生怀疑。

3）虚假

虚假的客户异议往往是最有代表性的。例如客户有时会直截了当地说："这个价格太高

了。""你若觉得价格高了，那么您希望降价多少？"在这种情况下，有些客户本身不想买车，就故意说一个不可能的价格。还有的人因为天热，来到汽车4S店乘凉，假装跟汽车销售顾问讨论汽车。

汽车销售顾问应分析客户的购买动机是真的还是假的，如果是假的，就不要浪费时间。

3. 处理客户异议的四个原则

1）做好准备工作

"不打无准备之仗"是汽车销售顾问面对客户异议时应遵循的一个基本原则。销售前，汽车销售顾问要充分估计客户可能提出的异议，做到心中有数。这样，即使遇到难题，也能从容应对。

2）选择恰当的时机

优秀的汽车销售顾问往往能选择恰当的时机对客户异议提供满意的答复。

3）忌与客户争辩

不管客户如何批评，汽车销售顾问永远不要与客户争辩。与客户争辩，失败的永远是汽车销售顾问。

4）给客户留"面子"

客户的意见无论是对是错、是深刻还是幼稚，汽车销售顾问都不能给对方留下轻视的感觉。汽车销售顾问要尊重客户的意见，讲话时面带微笑，正视客户，听对方讲话时要全神贯注，回答客户问话时语气不能生硬。

4. 处理客户异议的五个技巧

在处理客户异议的时候，应先认识到客户异议的两面性。客户异议既是成交障碍，也是成交信号。

汽车销售顾问通过对客户异议的分析可以了解对方的心理，从而按病施方，对症下药。日本一位推销专家说得好："从事销售活动的人可以说是与拒绝打交道的人，战胜拒绝的人才是销售成功的人。"

有效处理客户异议的技巧有以下五个：

第一，认真听客户的问题。站在客户的立场，让客户感觉到被理解。

第二，重复客户提出的问题。为了表示认真听客户说的话，可以把客户说过的一些问题重复一遍。

第三，认同和回应。可以对客户说："你有这样的想法，我认为这是可以理解的。"

第四，提出证据。

第五，从容地解答。

5. 处理客户异议的注意事项

1）正视客户异议产生的原因

在整个销售过程中，汽车销售顾问从接触客户、商谈、介绍产品到结单，每一个环节都可能遭遇客户异议。客户异议的产生通常是因为客户对销售人员不信任，客户对自己没有自信，或者客户的期望未能满足。有时客户拒绝改变、情绪处于低潮、没有意愿、预算不足等，也会产生异议。另外，汽车销售顾问无法满足客户的需求、无法赢得客户的好感、做了夸大不实的陈述、使用过多的专业术语、事实调查不正确、进行不当的沟通、展示失败、姿态过高、让客户理屈词穷等，也会使客户产生各种异议。只有了解并正视客户异议产生的可能原因，汽车销售顾问才可能有的放矢。

2）以平常心对待客户异议

汽车销售顾问在处理客户异议的时候必须认识到，客户异议是很正常的，提出问题的客户才是最有可能购买产品的客户，因此，汽车销售顾问要控制好自己的情绪，以平常心对待客户异议，继续努力。遭到客户拒绝的时候，汽车销售顾问不应该自暴自弃或放弃继续努力。真正优秀的汽车销售顾问总是善于从拒绝中总结经验，为下次的成功做好准备。

3）秉持正确的态度

汽车销售顾问应秉持下面的态度：

异议表示客户仍有需求；将异议视为客户希望获得更多信息；注意聆听客户的话，分辨真异议、假异议及隐藏的异议；没有异议的客户才是最难处理的客户；不可用夸大不实的话处理异议要诚实恳切、充满自信、灵活机智、避免争论。

4）放松情绪，不要紧张

既然客户异议是必然存在的，那么对于客户异议，汽车销售顾问应保持冷静，不可动怒，也不可拿出抗拒的态度，必须继续以笑脸相迎，并了解客户异议的内容和重点。

当然，要想轻松地应对客户异议，汽车销售顾问应先对产品、市场及竞争者有深刻的认识，这是处理客户异议的必备条件。

对于客户异议，汽车销售顾问应表示真诚的欢迎，并聚精会神地倾听，千万不可强行加以干扰。要带有浓厚的兴趣听取客户异议，使客户感到自己受到重视，同时，要在语言和行为、表情上给予适时的反应，鼓励客户把心中的疑问说出来。认真倾听是对客户的尊重，有利于化解对抗、寻求共识。只要客户不是无理取闹，汽车销售顾问最好先承认客户的反对意见，以示尊重，并让客户感觉到被重视，这样当汽车销售顾问提出相反意见时，客户更容易接纳。

5）把异议看成成交的机会

客户提出异议，说明其认真听取了产品介绍，而且对汽车销售顾问所介绍的产品有兴趣，所以才会根据自己的要求提出异议。每个客户都担心自己买错东西，但又必须购买自己需要的东西，所以在下决心购买之前会存在各种疑虑，这就需要汽车销售顾问助他们一臂之力，帮他们作出正确的选择，因此，汽车销售顾问要抓住机会，尽量鼓励客户提出他们的问题，了解他们的想法，帮助其解决疑虑。

课堂实训

[实训目标]

掌握沟通礼仪，能有效处理客户异议。

[实训内容]

由班级学生扮演客户和汽车销售顾问，客户提出异议，汽车销售顾问进行处理。

[实训操作]

（1）模拟实训分组。

2人为1小组，1人扮演客户，1人扮演汽车销售顾问。学生实训场景如图9-2所示。

图 9-2　学生实训场景

（2）客户异议环节（模拟解决以下情形）。
① 这辆车的价格太高了，我在其他店看的同样的车比你这里便宜。
② 你这辆车有没有现车？如果没有现车，那么我今天就不买了。
③ 你这辆展车是不是二手车？为什么门柱这里有刮擦的痕迹？
④ 这辆车有哪些颜色？我比较喜欢红色，如果没有红色，那么我再去其他店看看。
（3）派一名学生全程用摄像设备进行拍摄，作为点评依据。

[成果要求]
同学们根据沟通礼仪要求完成考核。

练习与思考

一、多选题

1. 下列哪些方式表明你对他人说的话感兴趣？（　　）
   A. 保持视线接触　　　　B. 表示赞同　　　　C. 全神贯注
   D. 让人把话说完整　　　E. 东张西望
2. 不善于倾听的原因在于（　　）。
   A. 观点不同　　　　　　B. 时间不足　　　　C. 有成见
   D. 急于表现　　　　　　E. 情绪消极　　　　F. 不喜欢对方

二、判断题

1. 有效沟通就是让他人认同我们的想法及目的。　　　　　　　　　　（　　）
2. 有效沟通就是希望他人照我们的意思去做。　　　　　　　　　　　（　　）
3. 有效沟通就是彼此理解与认同。　　　　　　　　　　　　　　　　（　　）

三、简答题

1. 简述沟通的力量。
2. 简述如何倾听。
3. 简述处理客户异议的原则和方法。

参 考 文 献

[1] 石虹. 汽车销售礼仪 [M]. 北京：北京理工大学出版社，2016.
[2] 孟晋霞. 汽车商务礼仪 [M]. 北京：清华大学出版社，2015.
[3] 夏志华，姬虹，孔春花. 汽车营销服务礼仪 [M]. 北京：北京大学出版社，2016.
[4] 董明. 商务礼仪 [M]. 杭州：浙江大学出版社，2012.
[5] 刘丽霞. 商务礼仪 [M]. 成都：西南交通大学出版社，2013.
[6] 黄琳. 商务礼仪 [M]. 北京：机械工业出版社，2017.
[7] 刘建伟，郭玲. 服务礼仪 [M]. 北京：人民交通出版社，2015.
[8] 尹喜艳，熊畅. 商务礼仪 [M]. 北京：北京大学出版社，2014.
[9] 王宗湖，孙玲，顾秀英. 商务礼仪实务与操作 [M]. 北京：对外经济贸易大学出版社，2014.
[10] 许湘岳，蒋璟萍，费秋萍. 礼仪训练教程 [M]. 北京：人民出版社，2012.
[11] 陆玉慧，唐玉藏. 商务礼仪实训 [M]. 北京：机械工业出版社，2016.
[12] 金正昆. 礼仪金说——金正昆教你学礼仪 [M]. 西安：陕西师范大学出版社，2008.
[13] 金正昆. 商务礼仪教程 [M]. 北京：中国人民大学出版社，2013.
[14] 赵颖. 汽车商务礼仪 [M]. 北京：人民交通出版社，2017.